天下文化

BELIEVE IN READING

IS YOUR WORK WORTH IT?

HOW TO THINK ABOUT MEANINGFUL WORK

你的工作值得嗎？

AI時代重新思考工作與生活的意義

麥慶誼

CHRISTOPHER WONG MICHAELSON

珍妮佛・托斯蒂—卡拉斯

JENNIFER TOSTI-KHARAS—著

卓妙容—譯

獻給從前只是埋頭工作，

卻從未質疑過自己的工作是否值得的前輩工作者，

因為你們的奉獻，讓我們終於有餘裕去追問：

我的工作是否值得？

名家推薦

一本發人深省的好書，探討工作為何如此重要。這本書不會提供你正確的答案，卻會幫助你提出正確的問題。

──亞當·格蘭特（Adam Grant），《隱性潛能》（*Hidden Potential*）作者、Podcast《WorkLife》主持人

一本睿智、美好、充滿啟發且雄心勃勃的好書，帶領我們探索和思考工作的意義，以及工作在我們的生活中扮演的角色。值得一讀！

──艾美·艾德蒙森（Amy C. Edmondson），哈佛商學院諾華（Novartis）領導力學教授，《正確犯錯》（*Right Kind of Wrong*）作者

探索工作，與你的頭腦、心靈和靈魂開啟對話。本書能啟發你的人生，是一本不可錯過的好書！

──多莉·楚弗（Dolly Chugh），《你想成為的那個人》（*The Person You Mean to Be*）作者

兩位作者巧妙的探討人如何透過工作，尋找人生目標和生命意義這個關鍵性問題。在這個工作模式快速演化的世界裡，本書提供來自個人經驗和學術專業知識的真知灼見。對於任何在職涯之旅中尋求人生使命的工作者來說，本書猶如珍貴的指南針。

——修伯特．喬利（Hubert Joly），百思買（Best Buy）前執行長，《企業初心》（*The Heart of Business*）作者

秉承斯特茲．特克爾（Studs Terkel）在其著作中所叩問的議題，本書兩位作者用引人入勝的文字，講述工作者們的精采故事，並以哲學見解調味，深刻探索是什麼讓工作具有價值。作者挑戰讀者的思維方式，帶領每個人反思自己的工作、為何而工作，以及工作與自我價值、財富淨值之間的關係。

——喬安娜．席拉（Joanne B. Ciulla），羅格斯大學（Rutgers University）倫理領導研究所教授兼所長，《工作，承諾與背叛》（*The Working Life*）作者

在這本內容豐富、引人入勝的書中，作者暢談從哲學家亞里斯多德對工作的思考，到歌手桃莉．巴頓等名家看待工作的見解，引導讀者思考一系列關於工作意義和人生價值的深刻問題。書中並不提供我們一個適用於所有人的答案，而是以深度同理心和洞察力，訴說每個真實人物和他們的工作故事。極力推薦！

──瓦萊麗．提比略（Valerie Tiberius），明尼蘇達大學保羅．W．弗倫澤（Paul W. Frenzel）文學講座主席，《你想從生活中得到什麼？》（*What Do You Want Out of Life?*）作者

無論你正處於職業生涯的初期、中期或即將退休，本書都能幫助你解決關於工作與生活之間的平衡、工作的意義與價值等重要問題。兩位作者將個人故事、哲學和心理學巧妙融合在一起，為工作者提供寶貴的指引，做出更明智的生涯選擇。

──凱蒂．米爾克曼（Katy Milkman），《零阻力改變》（*How to Change*）作者

人們初次見面經常會問的第一個問題往往是：「您從事哪一行？」但很少人在聽到回答後會接著問：「為什麼您會選擇這個工作呢？」本書深入探討這個關鍵問題，並以生動且引人入勝的故事，一步步引導讀者思考從事有價值的工作的意義。書中提供的不是標準答案，而是一個又一個我們很少花時間細想的問題：我們為什麼要工作？我們為何選擇做目前這份工作？我們可以在工作中扮演何種角色，共同創造一個真心期待看見的未來？

——雪倫・史凱勒（Shannon Schuyler），普華永道首席使命與包容長

目錄 contents

第三部　有價值的工作

自序

「告訴我，在這珍貴且充滿無限可能的一生中，你打算做些什麼？」

——瑪麗·奧利弗（Mary Oliver），〈夏日〉（The Summer Day）

想像一下，有一份充滿價值的工作，讓你願意一直做下去，直到「珍貴且充滿無限可能的一生」結束。那會是怎樣的工作？是你現在的工作，還是你計畫未來要做的工作？你能想像有這樣的工作存在嗎？

大衛·鮑伊（David Bowie）擁有一個漫長且充滿生產力的職業生涯，然而，在事業處於巔峰期時，他卻因為心臟病發作，因而決定放慢工作步調。他不再參與那麼多工作項目，減少巡迴演出的次數，還改掉熬夜的工作習慣，以便和家人共度更多美好的夜晚。

幾年後，他獲頒象徵樂壇最高榮譽的葛萊美終身成就獎。這時的他將近六十歲，經濟上富足無虞，對大多數人來說，這正是認真考慮退休的好時機。然而，鮑伊與大多數人不同。他曾說：「如果你在工作中感覺有安全感，那就表示你不在正確的位置上。永遠要試著去比你認為所能承受的水域更深一點的地方，直到你覺得快走到深度的極限時，然後再往前走兩步。等你感覺自己的腳幾乎無法碰到地，這就是你可以大展身手，做一些令人興奮的事的正確位置了。」

百變巨星鮑伊喜歡以角色扮演來降低自己的焦慮感。他曾在職業生涯中，創造出一個迫降在地球的星際旅行者舞台人設。在那段時期，他濫交、吸毒，表現得就像「一個瘋了的小伙子」。他化身外星搖滾歌手，想要拯救人類，卻因為失控的生活方式，在成名後形象一落千丈。這位二十一世紀的唱片銷售冠軍在六十六歲時發行一張全新專輯，封面是他年輕時發行專輯使用過的照片，卻刻意以白底黑字的標題遮住自己的臉。之後，他寫了一部音樂劇，實現人生願望清單上的一項目標。故事主角是一個被復活的男人，至於為何要讓他復活？原因就如同扮演這個角色的演員所說的：「為了讓他準備好面對死亡。」

據說，這位幻想中的星際旅行者在年輕時經常吸食毒品，他將自己喜好迷幻世界的傾向和專業的藝術表現融為一體，彷彿那種風險不過是工作的一部分。到了老年，他依舊在服用藥物，不過這些由醫師開立的處方，目的是為了對抗癌症。

「流行音樂的原創變色龍」對自己的診斷結果保密，只告訴最親近的朋友和家人。而在接受治療的同時，他開始接觸爵士樂，仍孜孜不怠的渴望開拓新的創作領域。在他得知自己已經病入膏肓，同一週，他到電影製片廠拍攝〈拉撒路〉（Lazarus）的音樂錄影帶。他在片中的大部分表演，都躺在一張看似醫院的病床上完成。顯然，他決心工作到生命最後一刻。

三個月後，在鮑伊六十九歲生日當天，收錄〈拉撒路〉的《黑星》（*Blackstar*）專輯甫發行便廣受好評。短短兩天後，世人得知這位與朝九晚五工作看似完全沾不上邊的時尚搖滾偶像，已永遠的離開這個世界。人們開始重新認識他的人生與作品，並對〈拉撒路〉歌曲開頭那句「抬頭看看這裡，我正身處天國」，有了更為震驚的全新理解。

對於這位不甘於「一生只做搖滾巨星」的人來說，工作從來不是一種選擇，而是一種必然。他的創作就是他的本質，正如他曾說過的：「永遠記住，你最初開始工作的原因，是因為覺得自己心底有某些東西。如果能夠用某種方式表現出來，你就會更了解自己，以及知道如何與社會中的其他人共存。」

前言

工作值得你付出這麼多嗎？

「人生變化如此之快，轉瞬之間人事全非。

來不及吃過晚飯，你即棄我而去。」

——瓊·蒂蒂安（Joan Didion），《奇想之年》（*The Year of Magical Thinking*）

世界變了

那是一個星期二的早晨。一名男子穿著相較之下顯然太過厚重的精紡羊毛西裝，從華盛頓市中心的酒店退房離開，準備前往這趟出差之旅的下一個城市；與此同時，留著一頭紅色長髮的女子在紐約上東區的公寓中醒來，昨晚熬夜加班的她還穿著睡衣。這名男子和女子就是本書的兩位作者，當時的我們還不認識彼此，分別隸屬於兩家彼此競爭的公司，但我們都是在紐約工作的管理顧問，而且此刻都在問自己同一個問題：我的工作值得嗎？

我們始終兢兢業業、認真規畫自己的職業生涯，相信唯有如此，便能讓我們順利走上一條向上攀升的軌道，朝著那個遙遠的合夥人職位前進。

我們有幸擁有穩定的工作和晉升的機會，所以對我們而言，思考「我的工作值得嗎？」這個問題並沒有急迫性。當時的我們將它視為一種奢侈的提問，而非必須回答的問題。就像思考「如果我們選擇別的工作，一切會有什麼不同？」這個問題並不會帶來真正的傷害，不回應它也不會招來真正的風險。我們都覺得自己還有很多時間，如果今天想不明白，總還有明天可以想想工作所帶來的回報，是否真的超過它所帶走的一切。

然而，那個早晨改變了一切。我們得知九一一恐怖攻擊事件奪走兩千九百七十七名無辜者的生命，其中大部分罹難者都位於我們生活的城市。《紐約時報》（*New York Times*）隨後開設一個名為「悲傷的肖像」（Portraits of Grief）的專欄，並在接下來幾個月中，持續報導罹難者們的人生故事。我們和紐約人及世界各地的許多人一樣，每週都會閱讀到這些文章。災難發生的那天早晨，許多罹難者早早就來到工作崗位，他們或許與我們同樣懷抱著對工作是否值得的困惑，同樣悉心照料著自己的職涯發展，同樣有工作之外的生活需要照顧。

在他們之中，有些人是對工作及生活深思熟慮後做出選擇的員工。例如風險控制經理派翠西亞・科迪（Patricia A. Cody）選擇遠從澤西海岸（Jersey shore）通勤上下班，因為「她覺得只要可以住在海邊，通勤時間長一點也很值得」；夜班保全安吉洛·阿馬蘭托（Angelo Amaranto）剛到雙子星大樓工作時曾說：「這是值得的，因為這是一棟更棒的大樓」；還有剛進公司不久的蘇珊·博奇諾（Susan Bochino），擔任保險客戶專員的她工作時是如此快樂，以至於即使身處在大風中會輕微搖晃的九十二樓辦公室，依然覺得「這樣的犧牲非常值得」。

還有一些人明知可能有危險，卻依然選擇他們覺得值得冒險的工作。例如彼得·布倫南（Peter Brennan）是第一批趕到現場的四百多名救難人員之一，大樓倒塌時，他和夥伴們正在樓梯間奮力往上爬，試圖營救他人。他從小就立志成為消防員，十六歲開始擔任志願消防員，成年立即進入紐約消防局工作。在生命的最後一天，他依舊是自願出勤，放棄休假為同事代班。布倫南去世後，他的妻子表示，他對工作的熱情值得他做出這樣的犧牲：「他是在做自己最熱愛的工作時離世。這可能是他遇過最大規模的火災，我能想像他坐在趕往救災現場的消防車上摩拳擦掌、蓄勢待發的樣子。」

大部分罹難者所從事的工作，並不需要面對太多風險。邁克爾·韋伊（Michael H. Waye）是位資料中心經理，當時正在威達信集團（Marsh & McLennan Companies）中努力攀登職涯階梯。九一一當天，這家保險巨頭共失去三百多名正式及約聘員工。韋伊去世後，他的妻子不禁想著他過去的職涯成就與抱負，是否真的值得他耗費那麼多已經無法挽回的寶貴時光。為了實現成為執行長的夢想，他在下班後仍辛苦攻讀企管碩士課程，幾乎沒時間陪伴妻子和稚子。她想知道：「他的所有成就與犧牲，到底是為了什麼？好不容易經歷過這一切，他卻已經離我們而去。」

在悲劇發生後，有許多專業人士表示，九一一事件促使他們決定轉調壓力較小的職位，或是選擇提前退休，實現環遊世界的夢想。事件過後一年，有調查顯示，許多人選擇離開原本的工作，轉而從事心目中能展現個人使命或能對社會做出貢獻的工作。

九一一事件讓許多工作者開始質疑：「為了工作所做的犧牲，是否值得？」即使只有少數人真的有能力換工作或不工作，但大家多少會開始想像：「如果能夠做出改變，甚至擁有提出這個問題的餘裕，我的人生將會有什麼不同？」當時我們不知道的是，將近二十年後，我們將再次回到思考「我的工作值得嗎？」的位置，而且相較於從前，我們也具備更多同理心、企圖心和迫切感來看待這個問題。

九一一事件發生不到一年，我們都轉換到與之前截然不同的工作。擔任管理顧問前已經獲得哲學博士學位的麥慶誼（Christopher Wong Michaelson）正式展開人生中第一個專任教職，在賓州大學華頓商學院（Wharton School）教授企業責任課程。他每週仍有一天會留在原本的顧問公司，以獲取實務經驗及更高收入，同時也為日後若教職生涯不順利時留條後路。至於已經從華頓商學院拿到學士學位的珍妮佛．托斯蒂－卡拉斯（Jennifer Tosti-Kharas，以下稱珍妮佛）則決定申請研究所，打算專攻組織行為學，後來更決定針對「有意義的工作及被視為天職的工作」進行研究。

九一一事件發生幾年後的某一天，我們在一場學術研討會上相遇。在大家利用會議空檔前往會場附近山區散步時，我們開始交談，並且成為朋友。在那時，我們便意識到兩人擁有相似的職場經驗及截然不同的專業領域。這個發現，促成我們在幾年後展開第一次的研究合作。

管理學教授蘿拉．安普森（Laura Empson）曾將企業中一群專業人士稱為「充滿不安全感的人生勝利組」（insecure overachiever），這些人是那些受過高等教育、爭強好勝、雄心勃勃，不斷努力試圖證明自己配得上組織職位和社會地位的工作者。巧合的是，我們兩人各自在擁有「充滿不安全感的人生勝利組」裡兩種不同行業中，累積超過四十年經驗。其中一種行業是管理顧問，我們觀察到許多極具潛力的同事，為了攀登那座邁向合夥人的晉升階梯，總是辛勤工作、不停出差；諷刺的是，當上合夥人後，最令人垂涎的獎勵卻是可以提早退休。另一個充滿「不安全感的人生勝利組」行業就是我們目前身處的學術界，即使我們已經取得終身教職，依舊得面對「不發表論文就得死」的典型壓力。

我們對工作的看法儘管多少受到過去在頂尖機構任職和學習的影響，但它同時也與個人出身與成長經驗有關。麥慶誼在紐約唸研究所時，將他超快的打字技巧運用在多份兼職工作上。這項技藝其實是從他母親那兒學來的。母親是位語文教師，在她父親的培養下，十四歲從巴西送到美國前就已經具備嫻熟的文書技能。麥慶誼的爺爺則是很年輕就開始擔任電話公司夜班接線員，整個職涯都在擔心會因為當年謊稱擁有八年級學歷而遭到解雇。他退休時，薪水比兒子剛當律師第一個月領的薪水還要少。

珍妮佛從小在賓州斯克蘭頓（Scranton）郊區長大。那裡是熱門電視劇《辦公室瘋雲》（*The Office*）的設定地點，這部電視劇以「沒有價值的工作」為故事主軸，使斯克蘭頓的名聲不佳，但即使如此，她從小受到的教育仍始終強調工作對成年人的重要性，以及努力工作具有的重要價值。她的父母、祖父母、外祖父母的工作性質五花八門，有藍莓分揀員、百貨公司店員、藥劑師，也有煤礦工、教師和藝術家。珍妮佛開始打工賺錢後，曾擔任過圖書館員、夏令營輔導員、女服務生、外送員、檔案管理員和電話客服專員。我們相當清楚，現在我們之所以有餘裕去問自己的工作是否值得，全是因為我們的父母和祖父母在努力埋頭工作時從未質疑過為什麼，這多少會讓人感到有些荒謬，卻是個不爭的事實。但我們希望，我們的後代子孫能夠受到我們的激勵，去追求一份更值得做的工作，不僅讓自己的生命變得更有價值，也能為提高他人的生命價值盡一份心力。

當世界再次改變

二〇二〇年三月十二日，當世界衛生組織（WHO）宣布新冠病毒疫情進入「全球大流行」的第二天（也就是美國實施封城防疫的三天前），麥慶誼寄出一封電子郵件給珍妮佛，簡單描述他在近期研究中的一些想法，這些內容後來成為本書的一部分。我們平常一週會相互發送好幾次這類電子郵件。

然而當時的情況一點也不平常。隨著新冠肺炎死亡人數以驚人的速度攀升，第一線醫療人員被納入「必要服務工作者」（essential workers）之列。洛杉磯護理師西莉亞．馬科斯（Celia Marcos）在為病患進行心肺復甦術後，不幸染疫身亡。紐約醫師洛娜．布林（Lorna Breen）在被「照顧染疫病患」和「保護基層醫護人員」兩種相互矛盾的挑戰壓垮後，選擇結束自己的生命。醫護人員在第一波疫情期間被推舉為英雄，但鎂光燈退去後，他們依舊必須在後續一波波疫情中默默工作，直至筋疲力竭。

還有許多更少被注意到的「必要服務工作者」，包括銀行出納員、送貨司機和肉品加工廠工人，他們經常被迫上班，否則就有失去工作的風險。奧古斯丁．羅德里格斯．馬丁內斯（Agustin Rodriguez Martinez）發著高燒，卻依舊在蘇瀑市（Sioux Falls）一家豬肉加工廠中拖地，最終成為該工廠第一個染疫死亡個案。該工廠在疫情高峰期仍透過「責任獎金」來鼓勵員工完成輪班，最終染疫工人們所蒙受的損失，遠超於五百美元獎金的價值。

還有一些人是英語不甚流利的新移民，難以承擔不去上班所帶來的經濟壓力。於是工作不平等現象在疫情期間反而更加明顯：一個人工作的危險程度，往往與工資呈反比。白領工作通常比勞力工作更適合遠距工作安排，許多習慣辦公室生活的工作者被隔離在家，上身穿著襯衫、下身搭配睡褲參加視訊會議。但相較於第一線工作者，他們面臨的風險根本微不足道。在 Zoom 視訊會議上失態，頂多成為社群媒體上的短暫熱門話題，例如不小心在同事面前暴露私處的記者，或是在視訊法庭上誤開貓咪濾鏡卻不知如何關閉的律師。

這種新工作型態固然方便，卻也帶來一些困擾。例如：有些新同事從未當面見過任何一位同事；隨著工作生活與家庭生活的界線變得模糊，人們發現省下通勤時間和可以在家午餐的喜悅迅速消退，因為他們意識到閒暇時光的消失，所有可運用的時間幾乎變成潛在的工作時間；孩子們「居家學習」的日子似乎看不到盡頭；過去被同事打擾而感到厭煩的辦公室生活，如今回想起來卻變得彌足珍貴。

九一一事件和新冠肺炎都對受害者及其親友帶來不可逆轉的改變，除此之外，它們也喚醒我們對拯救生命工作的重視，讓我們注意到那些被長期低估、卻不可或缺的工作的重要性。儘管兩場災難都促使我們從存在的本質角度，思考自己的工作是否值得、為什麼值得，但新冠肺炎使我們更進一步去思考自己該如何工作、是否應該工作。二〇〇一年發生的九一一事件被視為一齣職場悲劇，因為當時我們多數人依舊習慣通勤去市中心摩天大樓工作、搭飛機參加商務會議、面對面與他人互動；然而歷經新冠疫情後，我們被迫質疑這些工作場所規範的必要性，甚至連工作本身的必要性都被畫上問號。

值得過的人生

一八九五年，哲學家兼心理學家威廉．詹姆斯（William James）在一場題為「人生值得過嗎？」的演講中指出，這個問題的答案取決於你是樂觀主義者還是悲觀主義者。百年之後，經濟諮商理事會（Conference Board）和蓋洛普（Gallup）針對美國勞工進行大規模調查，詢問他們是否認為自己的工作值得做。調查結果顯示，只有半數受訪者對自己的工作感到滿意，有三分之一受訪者認為自己積極投入工作。即使是樂觀主義者也能看出，這不過是對工作抱持「食之無味，棄之可惜」的態度。無論如何，這些數據證實一個普遍存在的問題：許多人認為工作不值得他們所付出的犧牲，既沒有感覺有意義，更沒有對「值得過的人生」產生任何正面貢獻。

一項經濟研究結果則進一步突顯工作與價值的問題，指出許多人將一生中最具生產力的歲月，浪費在根本不值得投入的工作上。研究者發現，世界各地人們的幸福感會在十幾、二十歲尚未開始工作時達到高峰，另一個高峰則是出現在六十多歲退休之後；至於賺最多錢的四十多歲，幸福感反而跌至谷底。這種在圖表上呈現U形的現象，被稱為「U形曲線」（U-bend）。如果你上網搜尋這個詞，就會看到一堆用來排放廢水的水管照片；老實說，水管倒是十分貼切的隱喻，畢竟人們工作的那些歲月，往往像被傾倒的廢水般轉眼消逝無蹤。

我們父母那代人普遍將工作視為自己為家庭所做的犧牲，而我們下一代的孩子，卻又被教育成應該將工作視為尋求人生目的和意義的工具，至於夾在中間的我們，都有過對自己的工作又愛又恨的經驗，不時會懷疑自己的工作是否具有價值。疫情來襲時，珍妮佛的孩子才上小學一年級和三年級，麥慶誼的孩子則分別在國中、高中和大學就讀。珍妮佛的丈夫在政府委任的實驗室從事研發工作，這種類型的工作是在高度控制的環境中進行，因此他的丈夫很快就被歸類為「必要服務工作者」。麥慶誼的妻子負責管理一個媒合高中生教導老年人如何使用科技產品的非營利單位，雖然這項工作在疫情期間變得比以往任何時候都重要，但她卻只能在家遠距上班。

本書中的許多故事都源自經典文學作品，因為正如麥慶誼在研究人文學科和商業世界的交叉領域時所發現的，對他人思想的深度探究，可以幫助我們看見他們的信念，以及他們為什麼會從事目前正在做的事的動機。另外一些故事則來自新冠疫情期間及之後發生的事，或是在我們寫作時都在不停改變的現實工作世界，還有一些故事則來自於我們在進行研究計畫時對專業人士的採訪。然而，書寫這本書的最初動機卻是在大流行病之前許久就已經出現，主要源自於九一一事件帶來的巨大衝擊，讓我們和許多人開始懷疑，為了工作，是否值得犧牲這麼多。根據歷史的幻象，人類總認為自己生活在不尋常的年代；諷刺的是，其實這些年代與其他時代都一樣平凡。當我們在九一一事件和新冠肺炎期間生活和工作時，我們都認為世界已經變了，所以我們必須重新評估生命的價值，重新考慮我們的工作是否值得。然而真相卻是，在工作的世界裡，不管是過去、現在或未來，現實永遠都會促使我們問出這個問題，只不過當災難發生時，我們不由得會更加關注罷了。

值得做的工作

美國政府在疫情爆發初期，並未提出任何聯邦層級的戰略，反而是由紐約州州長安德魯·科莫（Andrew Cuomo）一路引導整個國家對抗新冠肺炎；不過，科莫後來卻因為性騷擾多名女性，因而毀掉大好的政治前途。大約二十年前，一部九一一事件紀錄片曾訪問過他的父親馬利歐·科莫（Mario Cuomo），他曾任三屆紐約州州長，親眼見證雙子星大樓的興起和崩塌。當被問到從這場悲劇中學到什麼時，他引用哲學家皮埃爾·德日進（Pierre Teilhard de Chardin）的話：「九一一不會告訴你該對生活做出什麼改變，但它會告訴你要好好生活。」

同樣的，本書也不會告訴你該對你目前的工作做出什麼改變，但它會告訴你好好做值得做的工作，無論那是什麼工作。書中談論的是關於在值得過的生命裡，按照優先順序去做值得做的工作。正如斯特茲·特克爾（Studs Terkel）曾說的：「工作就是尋找日常的意義，以及每天食用的麵包。」但除此之外，我們還是有可能藉由工作，為這個世界留下些許影響。我們都知道，當人抱持著「有價值的工作實際上真的存在」的期望，會讓他對於未來充滿希望；但是，我們也很清楚，如果心中懷抱著希望，卻始終無法成功找到理想中的工作、獲得專業認可或有意義的使命，卻會令人萬念俱灰。最叫人傷心的莫過於將生命浪費在不值得的工作上，不管是因為工作過量、一路工作到死、沒時間思考這個問題，還是為了錯誤的理由不得不工作，或者是因為從未仔細考慮其他優先事項的輕重，抑或是從未思考自己的人生抱負，因而草率的選擇一份又一份錯誤的工作，因而浪費這彌足珍貴的一生。

工作可以提升我們的自我價值、財富淨值，還可以為周遭的人帶來重要的價值。只要我們還在工作，就會持續去質疑它是否值得、去思考自己得到的報酬是否合理、去想像除了工作要求我們做的犧牲之外，如何讓自己的人生更有價值、生命更加自由寬廣。讓我們透過工作，持續尋找能解決我們這個時代重要問題的方法，為社會做出更有價值的貢獻。

關於本書

在本書中，你會讀到許多人為了回答「工作是否值得」這個現實而必要的問題所做的努力，這些人的故事發生在過去、現在和未來，有真實的，也有虛構的。其中包括一位工作得筋疲力竭，卻已經「慢慢接受」工作模式就應該是這樣的公益律師；還有一位退伍軍人，他計畫開著改裝露營車，一路沿著泛美公路*，嘗試過著沒有工作的生活；以及一位

* 譯注：Pan-American Highway，貫穿美洲大陸的公路系統。北起阿拉斯加，南至火地島，全長四萬八千公里。

即將踏出校門的應屆大學畢業生，他坦承：「一想到這是我一生中第一次在對狀況不太清楚的情況下，就要採取下一步行動，我就會感到非常害怕。」

在這本書中，我們會提供一系列問題，以及有助於釐清你的「工作是否值得」的見解。提出這些問題的人，包括：冒著生命危險演出的窮困藝術家、被迫過著平淡生活的昔日英雄，以及語重心長告誡我們「時間一去不復返，務必認真看待與孩子及家人的相處時光」的退休工作狂。我們所提供的寶貴見解，則是來自深度探索這些問題的古今智者，包括：一切有奴隸代勞而無需親自勞動的古代思想家；被公認為「現代資本主義之父」的道德哲學家；以及探討工作、創作、過度工作、人生使命等議題的當代社會科學研究者。

這本書適合所有工作者閱讀，不論讀者的年齡大小、做的是什麼職業，或擁有何種職業抱負；也適合在企業中擔任管理階層者閱讀，例如組織領導者、有影響力的上位者和政策制定者。我們深知，自己有餘裕能提出「工作是否值得」的問題，顯然是一種奢侈，因為能夠問自己這個問題的人其實相當幸運，畢竟有太多人在面對工作時，並不具有選擇的自由。然而，我們認為每個人都應該有權利去問問自己：「我的工作是否值得？」任何有能力聘雇他人的人，也有責任自問：「我提供的工作是否值得？」並在員工需要更有價值的工作時，調整他們的工作內容。我們深信，任何未來將要工作、現在正在工作，或者已經退休的人，都應該問問自己：將來的工作、現在的工作、之前的工作是否值得？

如果你是即將從大學畢業的學生，你可能會想：「我做的一切值得嗎？」尚未踏入職場的你，正站在U形曲線最前端的峭壁上，你可能已經看見勞動市場中，有能力立即投入生產的人獲得的薪酬比懷抱熱情的人高出許多，但又不斷聽見有人對你說，你應該勇敢追求心之所向。你面對的不只是人生中職業生涯的第一個重大決定，甚至還可能背負著現實中的債務困境，這讓你在思考未來工作時，處在理想的浪漫情懷和現實的金錢考量之間左右為難。

如果你正處在職業生涯早期到中期，你可能會問：「我現在做的工作值得嗎？」你可能感覺到自己正在U形曲線的滑坡上，或打算從一份無法為自己帶來意義感的工作中重新振作起來（不管這種感覺是間斷性或是持續性的）。你甚至可能正在尋找一份能讓自己成長的新工作。處在這個人們頻繁轉換工作的時代，許多員工早已做好被資方有計畫裁員的準備，我們只能時刻留意，在必要時，做出更明智的生涯抉擇和改變。

如果目前的你已經退休或準備退休，你可能會想：「過去的一切都值得嗎？我還能做什麼，讓這一切變得值得？」此時的你，正站在職涯結束的U形曲線末端高峰進行反思。你可能會設法了解和評估自己的過往人生和留下的影響，同時思索自己是否真的要退休，還是在還有時間和精力前，發展出比之前的工作更加精采的「安可職涯」（encore career）。

處在一個工作怎麼做也做不完、擔憂自己的工作可能會因為自動化、人工智慧的出現或選擇退休而被取代，以及現代社會盛行一種被過度美化的「奮鬥文化」氛圍中，本書的出現可說是適逢其時，我們相信，書中提出的問題和故事，將隨著時間的淘洗而歷久彌新。書中有多處在探討「工作」在我們生活中占有的核心地位，畢竟我們不僅為工作花費人生中絕大部分的時間，還為了它做出各式各樣的犧牲；在精神層面上，職業身分更與自我認同與自我價值密不可分，應該沒有人會否認工作對於人的深遠影響。

這是我們職業生涯中一直想寫的書，是我們在職業轉換時一直在找的書，是我們希望職場新鮮人在求職過程中可以看到的書，是我們希望送給經歷職涯危機的人的書，也是我們希望父母親在退休時能夠讀到的書。「工作是否值得」這個問題並非我們首創，也不是特定時代、悲劇事件、技術進步下的產物，而是早在第一批人類開始工作時就已經存在。我們在職業生涯中經常問自己這個問題，或許你也曾如此問過自己。據說未來有一天會邁入「工作末日」，屆時科技將能代替人類完成所有工作，但我們相信即使那個時代來臨，人們依舊會持續問這個問題，甚至可能會選擇繼續工作。

值得慶幸的是，疫情終於逐漸平息，孩子們重返學校、大學恢復正常教學，我們也得以重新開始靜心寫作。這本書匯集我們（一個哲學家和一個心理學家）從自身及他人研究與經驗中獲得的觀點，探索工作的現實、價值和意義，讓生命不再為工作所吞噬，幫助你找到值得做的工作，創造值得活的人生。

第一部

工作

WORK

第一章

工作是什麼？

「你知道工作是什麼。如果你已經大到認得這個字，
你當然會知道，儘管你可能不用工作。
算了吧，其實你根本不懂。」
──摘自菲力普．萊文（Philip Levine）〈工作是什麼〉（*What Work Is*）

最卑微和最高尚的工作

一九六八年，王枕洲從他定居的巴西聖保羅家中出發，先前往美國明尼亞波利斯，順道探望女兒，並與出生僅十天的外孫合影留念。接著前往此行目的地洛杉磯，準備出售他在巴西以低廉價格取得的海藍寶、碧璽、黃玉等半寶石。事實證明，這趟商務旅行並不值得。當他在幾週後回到家時，賺到的錢根本不足以支付此行機票，沉甸甸的手提箱中還有一堆沒賣出去的存貨。然而，當他自豪的抱著外孫、望向鏡頭時，對女兒說了一句話，反映出華人祖父對子孫的典型期待：「這個孩子很聰明，將來或許會成為一名醫師。」

儘管這次旅行成為王枕洲經商生涯結束前的敗績之一，但那張祖孫合影被裝進相框，從此掛在外孫臥室的牆上，成為哲學家麥慶誼日後探索「什麼樣的人生值得過、什麼樣的工作值得做」這兩個問題時的靈感來源。

王枕洲向來堅持子孫們必須努力從事受人尊敬的職業，並經常向他們講述自己過去的故事。然而，直到這位麥慶誼口中的「外公」過世後，他才知道原來外公當年不是專程來美國探望他。直到這一刻，他才開始反思外公的工作，那是一個由奮鬥、成功與最終失敗所交織而成的故事。在麥慶誼的成長記憶中，外公一直是位已經離開工作崗位的退休人士，卻成為最後教會他找到「值得做的工作」的那個人。我們看待「工作」的方式，會影響收入多寡、能否獲得社會認可及工作時的感受。因此，我們如何定義工作與如何看待工作的價值之間，具有密不可分的關係。

一九〇七年，王枕洲出生於湖南一個自給自足的農民家庭。在他十五歲那年，母親去世、父親再婚，他選擇離家以減輕家計，前往省會長沙報考職業軍人，這是當時農民能夠實現社會流動的唯一途徑。他在國民黨軍隊中一路晉升至將軍，期間娶了國會議員的女兒，成功積累財富，但依舊無法在飽受戰爭蹂躪的社會中謀得安穩的生活。在那段歲月中，他陸續與軍閥、日本侵略者、背叛的同袍、人民解放軍戰鬥，直到一九四九年共產黨獲得勝利才逃離故土。他在年僅四十二歲時就登上職涯巔峰，但過程中卻遭遇不少人生悲劇，例如兩個孩子在嬰兒時期生病夭折，第一任妻子因手術失敗而離世。最終，他的軍隊戰敗，讓他同時失去國家、工作、財富和自我價值感。

再婚後，他與新婚妻子及六個倖免於難的孩子，帶著幾箱財物逃到香港，開始計畫下一步。台灣太危險，澳洲距離還是太近，美國的等待期又太過漫長，最後決定移民巴西。他們好不容易輾轉抵達里約熱內盧，當時正逢嘉年華期間，他們穿著羊毛針織服，與穿著清涼、在街上跳舞的巴西人形成鮮明有趣的對比。王枕洲幾乎賣光從中國帶到巴西的貴重物品，並聽從朋友的建議，舉家搬到民風較為勤奮的聖保羅市。在那裡，他開過洗衣店，經營過餐車，賣過蠶絲，還當過前面提到的半寶石經銷商，可惜最終皆以失敗收場。

王枕洲教導孩子們的儒家價值觀是：最有價值的工作，就是能夠幫助他人的工作。儘管軍旅生涯讓他為了保衛國家而付出極大努力與犧牲，長期與家人聚少離多，但也賦予他一定程度的社會地位與認可。在儒家社會中，醫療（他的兩個兒子皆成為醫師）和教育（他的三個女兒皆成為教師）工作者同樣備受尊重。相較之下，他認為銷售半寶石是缺乏意義的工作，這讓他不免感到自卑，覺得自己不過是個追逐利潤的中間商。總而言之，他認為商人追求個人利益，所以只配位居儒家社會價值觀中的最低階層。然而，他的孩子們在商業領域不僅經濟地位遠遠超越過他，還在他最後一次生意失敗後，給予他和妻子完全的經濟支持。

從那時到九十八歲壽終正寢前，他都不再有任何薪資收入，但他並沒有停止工作。他是一個大家族的族長，隨時接收各方資訊閱讀及觀察時事，形成個人觀點後，以權威姿態傳達給家人及朋友。他為子孫提供教育、工作和人際關係方面的建議。他將孫子孫女扛在肩上，散步去公園。他寫信給親友，分享他的人生智慧。他做運動，練習書法。他將戰爭期間與妻子往返的信件和照片整理編目，讓後人能進一步了解家族歷史。他擔心下一代的職業道德，以及他去世後他們的未來發展。他與子孫分享他從教育和經驗中學到的重要智慧，告誡他們：如果有必要的話，即使最卑微的工作也要努力去做；但如果情況允許，則務必選擇從事最高尚的工作。

有目的、需要費力且得到認可的工作

馬塞爾·杜象（Marcel Duchamp）於一九一七年向美國獨立藝術家協會（Society of Independent Artists）提交一個翻轉九十度的小便斗以供展覽，引發藝術愛好者超過一個世紀的爭論。「這是藝術嗎？」在人們憤慨質問的背後，預設著否定的答案。綜觀歷史，人們對於藝術作品的衡量標準包括：「應該具有美感」（小便斗只是放在展覽台上的實用性陶瓷容器，實在談不上什麼美感），以及「應該需要高度專業技巧」（它唯一出自創作者之手的部分，只有用黑色油漆潦草簽上化名「R. Mutt」及年份），更別提它與人類的排泄物有關，顯然並非藝術界所認可的最高藝術。然而，它就出現在那裡，成為知名藝術展覽的展品之一。儘管獨立藝術家協會早已公告該展覽不會設置評審，讓藝術家們自行決定什麼是藝術，但成員們依舊進行投票，最後以些微差距否決讓小便斗在中央大廈（Grand Central Palace）展廳中正式展出。為此，杜象憤而辭去協會理事一職。

或許他從一開始就有意引發爭議，甚至直到今日，人們仍很難確定這件作品是由他所原創，還是借鏡自德國藝術家洛琳霍芬男爵夫人（Baroness Elsa von Freytag-Loringhoven）的創意。無論真相為何，這位自稱「挑釁者」的藝術家，還曾透過將「現成物」（包括一個帽架、一把雪鏟，以及一瓶他從巴黎帶來的空氣）放在它們不該出現的地方，並聲稱它是藝術作品，成功贏得顯赫名聲與豐厚財富。至於那個被杜象戲謔命名為〈噴泉〉（*Fountain*）的小便斗早已遺失，但你仍然可以在世界上一些最受尊崇的藝術博物館中，看到在離洗手間極遠的位置展出它的複製品。〈噴泉〉被公認為現代藝術史上最具影響力的作品之一，但不是因為它的美感或創作技巧，而是因為它引發「必須符合哪些標準才能被認可為藝術作品」的爭論風暴。儘管杜象的「現成物」往往不被博物館參觀者視為藝術，但它們確實激發人們對於「藝術」

這個概念究竟可以延伸到什麼程度的深度論辯。

在英文中，藝術（art）和工作（work）不僅都出現在「藝術作品」（artwork）這個詞中，還具有一些共同之處。在學術界眼中，「藝術」仍是個具有爭議的術語，它不僅涵蓋書法、雕塑、表演等多種形式，還涉及視覺、聽覺、觸覺等多重感官。藝術作品的尺寸可小可大，甚至可以無法測量。藝術是無法被輕易歸類的。

「工作」一詞所包含的範圍更加多樣化，而且更難以定義。試想，怎麼可能光用一個詞，就能描述像是農民、殯儀館經理、金融分析師、網路紅人、外科醫師和銀器匠等五花八門的職業呢？然而，當我們將某件事歸類成「工作」時，似乎意味著它是值得做的事。既然我們要在書中探討什麼會使工作有價值，就必須先釐清什麼是工作、什麼不是工作。

就先假設我們知道工作是什麼開始吧。歷史上最偉大的四百公尺跨欄運動員埃德溫・摩西（Edwin Moses）將其成功歸功於「工作先於遊戲」的原則，兩者之間的區別不言而喻；工作有目的，遊戲沒有。化妝品巨頭雅詩蘭黛（Estée Lauder）創辦人曾對公司銷售人員說過一句名言：「我的成功不是來自祈禱或企盼，而是來自努力工作。」她想敦促員工明白，她的成功是經過努力才獲得的。至於科技市場行銷專家兼作家蓋伊・川崎（Guy Kawasaki）則認為：「它之所以被稱為『工作』，是有原因的。」清楚表明工作本質上就不該是令人愉快或嚮往的。這些人士對於工作的感受，剛好可以在《湯姆歷險記》（*The Adventures of Tom Sawyer*）中著名的粉刷場景得到呼應。主角為了欺騙其他鄰居小孩替他粉刷姨媽家的柵欄，假裝這項任務很有趣，說自己是自願去做的。小說以諷刺的口吻下了結論：「身體有義務去做的任何事情都是工作，而……身體沒有義務去做的任何事情則是遊戲。」

雖然小說裡的結論被認為是在暗示，決定工作是否具有價值取決於腦力，而非物質，卻也反映出主要以身體勞動的工作往往比由腦力執行的工作更不受重視。當工作與物質相關時，它指的是勞動時的體力消耗。「勞動」（labor）一詞起源於十四世紀，意思是一種負擔。正如亞當・斯密（Adam Smith）在《國富論》（*The Wealth of Nations*）中所描述的，早期資本主義的勞動者在黑暗、危險和沉悶的工廠裡工作，他們把注意力集中在「一些簡單的操作……使這項操作成為他一生中唯一的工作。」在查爾斯・狄更斯（Charles Dickens）的小說《艱難時代》（*Hard Times*）中，工人們在「一座將大自然堵在外面、將致命毒氣堵在裡面的醜陋城堡裡工作」。這個場景讓人想起新冠疫情大流行期間的肉類加工廠，工人們擠在狹小的空間裡屠宰、切割，完全接收不到疫情爆發的消息，然後病毒便像野火燎原似的蔓延開來。

相較之下，古代思想家顯然輕鬆許多，因為他們有僕人和奴隸代勞所有苦差事，才有餘裕可以撰寫關於「工作」的見解文章，不管是孔子或亞里斯多德都對腦力工作大加讚揚。古希臘文以「a-scolia」代表日常勞動，被視為休閒的反義詞；而休閒則是「skole」，也就是學校的字根；換言之，勞動的目的是使休閒成為可能，而休閒的目的則是智慧的啟蒙。在這種定義下，勞動和休閒被視為兩種不同形式的工作。

古希臘的「a-scolia」概念主要是由知識精英所提出，它代表一種認為腦力活動優於體力勞動的階級制度。直到今天，這種觀點仍然存在於對工作的傳統看法中，勞動被視為管理的附屬品。勞動者用雙手工作，管理者則用頭腦操控電子表格。關於這一點，我們從現代社會中所謂的「知識工作」（knowledge work）就能明顯看見，知識工作者通常受過高等教育或擁有豐富經驗，他們有資格成為管理者並獲得高薪；相反的，體力勞動者不僅通常薪酬較低，而且工人對其工作時間、方法和就業保障也比較缺乏主導權。

當然，並不是所有人都認同腦力勞動優於體力勞動的觀點。縱觀歷史，這種「頭腦優於雙手」的幾次例外，都牽扯到需要全員參與的民粹主義起義。例如在中國和蘇聯共產主義革命期間，宣傳海報上全都在歌頌工業生產，而精英分子和知識分子卻深受迫害，還必須被下放農村進行「再教育」。在《摩托車修理店的未來工作哲學》（*Shop Class as Soulcraft*）書中，擁有政治哲學博士學位的摩托車修理工也描述到，當聽見沉睡的引擎再度咆哮，心中油然而生的勝利滿足感是多麼的美好。

亞里斯多德認為，工作就是任何需要完成的事。印度詩人泰戈爾（Rabindranath Tagore）則認為，唯有當「欲望學會自律時」，人做起工作來才會變得容易。知名創作歌手桃莉・巴頓（Dolly Parton）在歌曲〈朝九晚五〉（9 to 5）中寫道，工作就是發生在這兩個時間之間的事，也就是社會傳統上認為的工作日。社會人類學家詹姆斯・舒茲曼（James Suzman）將工作定義為任何為了實現目標或滿足需求，而有目的的花費精力或努力完成的任務。他在書中，從第一批居住在地球上的單細胞生物為求生存和繁殖而做的「工作」說起，展開對工作的綜觀性歷史回顧。在結尾處，他甚至預測第一批人工智慧機器人將如何擾亂我們的工作世界。社會經濟學家保羅・蘭森（Paul Ransome）對工作的論述則著重在人類可完成的工作上，提出一套更符合現代需求的工作標準。他認為工作是「有目的的行動；需要付出腦力和（或）體力；是為換取工資或薪水才進行；是一種公共活動；是為滿足『官方目的』（例如稅收和保險）而被認可的工作。」

借用以上古今先賢的集體智慧，我們總結出關於工作的幾個要素，其中最基本的觀點是：不管我們是否願意做，一定已經有其他人認定它值得做。其次，每個人心裡對工作都有個大致的概念，儘管大家的想法可能並不一致。工作可能是知識分子的用腦特權，也可能是貧苦大眾的體力重擔；當然，也可能正好相反，工作是能力不足者的用腦重擔，是身強體壯者的體力特權。此外，工作與休閒或娛樂不同。即使無法清楚描述工作是什麼、不是什麼，但在關於工作的討論中，如果你願意給有價值的工作一個定義的話，它通常具有三個正式特徵：具有目的、需要費心費力、受到社會認可，這也意味著除了少數例外，它通常值得拿到報酬。可惜的是，我們對工作的定義並不總是與我們遇上的工作機會相互契合。

有目的或無目的的工作

有目的的工作是達成目標的手段，具有明確的目標、意義和特定用途。因此，有目的的工作具有合理的理由，來說明這項工作為什麼重要，以及世界為什麼會因為這份工作而變得更美好，如果沒有它，世界則會變得更糟。有目的的工作不僅能為個人帶來內在的滿足，也會因為知道自己所做的工作正在改變世界而感到喜悅。

在現代資本主義社會中，充滿許多「乏味但有目的性」的工作。如果你曾前往加勒比海和墨西哥某些區域度假，你可能會注意到，隨著氣候變遷、海水變暖，會散發臭味的紅棕色波紋狀馬尾藻的數量日漸增加。海藻堵塞了沿海水域，汙染了海灘，觀光客幾乎無法下水游泳。收費昂貴的海灘度假村當然不樂意看到原本純淨的沙灘，受到發臭的海藻所汙染，於是他們雇用許多清潔人員（通常是男性），費盡心思的移除它們，省得礙眼。這項任務一般會從黎明持續到黃昏，日復一日，只不過一批海藻被移走後，很快就有更多海藻隨著波浪湧入。他們的工作說穿了就是為了維持一種幻象，宛如希臘神話中薛西弗斯（Sisyphean）故事的翻版。然而，度假村顯然證明這種工作的存在和維護費用很合理，不必看著海藻占領海灘的觀光客也很高興的大方買單。換句話說，這份工作是有目的的。但我們可能會想：「那又有什麼意義呢？」然而，社會上有許多工作（從電話推銷員、傳教士或電視真人秀明星），都是有目的的。你也許想繼續爭論「每種工作目的是否具有相同的價值」，但請稍安勿躁，我們會在稍後討論這個問題。

另一方面，人類學家大衛・格雷伯（David Graeber）創造的「狗屁工作」（bullshit jobs）一詞，則對「無目的」的工作下了很好的註解：「這是一種完全沒有意義、不必要或甚至有害的有償就業形式，連受雇者也沒辦法證明它存在的合理性，但做為受雇條件的一部分，受雇者仍然認為自己有義務假裝它有價值。」換句話說，「狗屁工作」會迫使員工裝出他們的工作存在更大目的的假象。事實上，「狗屁工作」由來已久，主要存在於官僚體系中，目的是為了維持對上級逢迎拍馬的繁瑣流程。在大衛・福斯特・華萊士（David Foster Wallace）那本以美國國稅局（一個極度官僚的機構）為背景的小說《蒼白之王》（*The Pale King*）中，一位審查員將他能在這樣的工作場所生存，歸功於他那「超乎常人的痛苦忍耐力」。

不同於「狗屁工作」，「屎缺」（shit jobs）通常涉及那些必要完成的工作，雖然從業人員的薪資和待遇往往很差，卻是明顯對社會有益的工作。這類工作者通常屬於藍領階級，通常以時薪計酬；「狗屁工作」則通常以白領階級為主，領有穩定的薪水。老實說，世界上有這些「狗屁工作」並不會比沒有這些工作更好，這些工作雖然給人一種值得尊敬的感覺，但終究也只是錯覺罷了。

為了不讓大家覺得我們這兩個躲在學術象牙塔上的人，竟敢俯視並評判他人無目的的工作，我們必須承認，學者的工作有時也會讓人覺得毫無目的。珍妮佛在唸研究所時，有一天看到情境喜劇《超級製作人》（*30 Rock*）中由亞歷・鮑德溫（Alec Baldwin）飾演的角色面有難色的坦承：「我們的狀況可能不是最好的。」蒂娜・菲（Tina Fey）則回應：「可是我們也不是最糟的。」接著，他們異口同聲的說：「研究生的生活才是最糟的。」這段台詞正是珍妮佛當時的寫照。她的博士生津貼不足以滿足美國大部分地區的基本生活需求，更別說她生活在物價高昂的紐約市。至於她絕大部分的工作時間，都在試圖完成超過兩百頁的博士論文，即使最終可能只有五位讀者會讀它。許多研究所的財務狀況不佳，研究計畫難以維持，導致近年來有相當多博士生在學業完成前就離開學校。珍妮佛在紐約大學就讀期間，她的研究所同學開始推動籌組工會，這項艱難任務在珍妮佛畢業很久後才終於實現。

再來談談麥慶誼的哲學家生涯。他清楚記得身為研究生時的他，是怎麼站在令人生畏的學者面前（或者更確切的說，是站在他們腳下），緊張等待著他們審閱他提交的研究計畫，決定是否要讓他繼續完成博士論文。他們沉浸在起源自古老雅典街角的傳統哲學對話中，一如當年睿智的蘇格拉底在街頭與人辯論知識和正義的本質。只不過，蘇格拉底做的這些事對妻子和孩子來說毫無價值，因為他們每天都在挨餓受凍。當麥慶誼出言不遜的向一群專業哲學家宣稱，他希望他的工作會比……嗯，專業哲學家的工作更有用時，他們並沒有被嚇到，其中一位指導教授反而興高采烈的評論她和同事們的職業，並以奧斯卡・王爾德（Oscar Wilde）談論藝術時的口氣，自豪的宣稱：「它毫無用處。」她甚至對於麥慶誼的不敬表示同意：「我真不敢相信居然有人會付錢讓我做這種事！」畢竟，從來沒有人在遇到緊急狀況時會大喊：「趕快找個哲學家過來！」麥慶誼在畢業論文裡，宣稱哲學既是世界上最重要的、同時也是最不重要的工作。

上述幾個故事呈現出一些會讓工作者覺得工作沒有目的的因素：有些工作似乎不合時宜，在以前的時代也許有用，但放在現代就可能顯得無用，例如哲學家或人工收費站的收費員；有些工作看似沒有目的，因為它甚至無法維持基本生活開支，例如研究生或收入低於生存工資的零售業員工；有些工作似乎對自己以外的其他人都沒有意義，就像知識分子或社群媒體名人的自說自話。如果你曾經想過：「他們真的花錢請人來做這件事嗎？」你可能是對的，因為很可能被請來做那份工作的人也這麼問自己。然而，看不到目的的工作其實還是存在著目的，只不過這個目的的決定權，掌控在比我們更強大的力量手中。但即使它真的具有目的，工作者本身卻無法真心誠意的證明其合理性，那麼這份工作又能夠維持多久？

費力或輕鬆的工作

艱難的工作需要消耗腦力和（或）體力才能完成。詩人瑪姬・皮爾西（Marge Piercy）在詩作〈能為所用〉（To Be of Use）裡，向願意使盡氣力「在泥濘中……一次又一次，完成必須做的事情」的工作者致上敬意。雖然費力的活動未必是工作（例如健身），但工作確實不可能毫不費力。

然而，即使是必須付出極大努力才能完成的工作，也不一定具有明顯的用途或目的。奪得十六次「納森吃熱狗大賽」（Nathan's Fourth of July Hot Dog Eating Contest）冠軍，至今仍不斷刷新記錄的喬伊・切斯納特（Joey Chestnut）曾表示：「我從未想過這會成為我的全職工作。」為了維持自己在大胃王領域的優異地位，他到世界各地比賽，同時堅持進行具有潛在風險的嚴格訓練。他曾創下多項驚人紀錄，包括：十分鐘吃完十三公斤肉醬起司薯條、八分鐘吃完三百九十顆鮮蝦餛飩，六分鐘吃完一百二十一塊海綿蛋糕，以及一邊應付動物保護人士鬧場，一邊在十分鐘內吃完七十六個熱狗堡。他在某次比賽結束後接受採訪，他對自己工作的看法充滿哲理：「比賽結束後，我會感覺自己像一坨垃圾，但那又如何呢？大多數人在工作一整天後，都會覺得自己就是垃圾。」

人們時常會想像輕鬆的工作有多好。社會既歡迎又排斥像卡戴珊家族（Kardashians）之流的電視真人秀明星，他們拿著巨額報酬被攝影機跟拍，看似無緣無故就出了名，就像英國搖滾樂團「險峻海峽」（Dire Straits）唱的暢銷曲：「這樣就能賺大錢，還有泡不完的馬子！」英國王室大概是歷史悠久的家族企業，家族繼承者從出生那一刻就得開始工作，儘管能夠獲取相應的薪資和福利，但所有行為都會受到嚴格的規範與管束。這並不是說，要成為名人或受民眾歡迎的皇室成員不需要付出很大的努力（哈利和梅根就可以證明這一點），但是身為外人的我們難免不禁懷疑：他們付出努力的程度，真的值得世界給予如此巨額的回報嗎？

當然，有時候專業演出者如行雲流水般的表現，看在外行人眼中似乎是毫不費力就能完成的工作，但在攝影機前絲毫不能犯錯的龐大壓力，絕非一般人所能想像。努力，尤其是創造性的努力，往往很難被量化和察覺。博物館參觀者在看過傑克森・波洛克（Jackson Pollock）的滴畫或杜象的〈噴泉〉複製展品後往往會想：「如果這也能算藝術，那我也會做。」還有人對英國概念藝術家達米恩・赫斯特（Damien Hirst）的作品〈生者對死者無動於衷〉（*The Physical Impossibility of Death in the Mind of Someone Living*）批評為：任誰都能做出像「將一條鯊魚浸泡在充滿甲醛的玻璃櫃裡」這樣的創作。藝術家對此的回應是：「可是你並沒有這麼做，不是嗎？」順帶一提，據說這件作品的售價介於八百至一千兩百萬美元之間。暢銷作家麥爾坎・葛拉威爾（Malcolm Gladwell）曾提出「徹底掌握一項技能需要練習一萬個小時」的說法。在看到音樂家或運動員彷彿毫不費力的表現時，觀眾很難想像他們在背後付出的心力。畢竟當一份工作所需投入的時間、金錢、血汗和淚水等資源似乎多到不合理，或者遠超過工作的回報時，這項工作才有可能做得流暢到看似毫不費力。

許多「快速致富」騙局都會承諾能以最少的努力獲得最

大的回報。但上過當的人就會知道，背後總有一些蹊蹺，總是要付出某種代價，使得實際情況遠比想像得更加複雜及困難。有些人為了輕鬆賺錢而出售身體的某個部分（例如精子、卵子，甚至是腎臟），試圖將身體裡一些多餘物件拿來變現。儘管這些行為也有可能是基於人道主義考量，但它們能被出售的事實，卻也為剝削提供機會。隨著捐精者或代孕者成為匿名的生父生母，很可能為捐贈者、父母和孩子帶來額外的情緒勞動（emotional labor）；與此同時，不受監管的器官交易市場更可能剝削急需資金者，讓他們承受遠高於金錢回報的痛苦與折磨。

如今，我們從事的工作類型和方式正在不停進化，而工作的模式、時間和地點的變化又進一步使工作的費力狀況複雜化。整體而言，美國當代工人所做的重度體力活比上個世紀任何時候都要少，這可不是什麼隱喻的說法，而是活生生的事實。然而，雖然在室內坐著就能完成的工作曾一度被認為是一種奢侈，可是新的危險已經隨著工作場所的轉移而出現。從農場到工廠，再到辦公室，工作造成人們背痛的原因，也從實際的體力勞動變成不符合人體工學的辦公室設計。眼睛疲勞、腕隧道症候群和頸肩僵硬等都是辦公室白領常見的症狀。光是在美國，企業因為重複性勞損（repetitive stress injuries），每年就得付出兩百億美元的工傷賠償，更別提還有高達一千億美元的生產力損失。

在過去的二、三十年來，工作者的職業流動現象顯然變多，不像以前那樣一輩子只在一家公司服務。尤其近年來，不管是出於個人選擇或需要，零工經濟工作者（gig worker）的流動性可說是臻至極限，工作者有時甚至會在一個工作日內往返多個工作場所。新冠疫情期間和之後，許多不需要實體接觸的行業發現，遠距工作的效率有勝過在辦公室工作的潛力，這使得工作、娛樂、休閒和生活之間的界線愈來愈模糊。零工經濟工作者不必受公司束縛、自己當老闆、自己安排時間，還能視情況減少工作量，似乎是很理想的生活方式。然而，大多數研究卻不支持這樣的結論，自由工作者往往必須比傳統公司員工更努力，因為之前由公司負責的福利、培訓和發展、推廣和銷售等工作，如今都得靠自己。儘管如此，新冠疫情還是為有能力選擇彈性工時和地點的工作者帶來新的契機，進一步促成工作的多樣化，而非標準化。

被認可或不被認可的工作

許多零工經濟工作至今仍在爭取其合法地位，無論是贏得社會尊重的非正式認可，還是一些更為正式的認可，例如享有醫療照護、社會安全保障和有薪休假等就業福利。一個工作是否「有目的」和「需要費力」往往更容易辨識及達成共識，而「認可」則不然。什麼樣的工作能被認可，往往取決於個人主觀判斷，而且是社會建構的產物。

一個簡單而可悲的事實是：社會中許多必要、艱難、甚至有損尊嚴的工作，都沒有獲得社會認可。這類工作者辛苦付出卻得不到任何回報，儘管社會對這類工作的需求永無止盡，卻從未正式將其視為工作。於是形成一個負向迴圈：某項活動因為不被視為工作而無法獲得報酬，又因為無法獲得報酬而不被視為工作。

儘管「家管」（homemaker）一詞已經不再流行，但過去曾是女性描述自身職業的常見方式，尤其是當沒有外出從事有薪工作時。就像安瑪雅·安傑洛（Maya Angelou）在詩作〈女人的工作〉（Woman Work）中所描述的：「我有孩子要顧，有衣服要補。」如今，人們更常使用「全職父母」（stay-at-home parents）一詞，有些人還會在社群媒體個人簡介上幽默的以姓氏為公司名，自稱是「某某公司執行長」。操持家務的目的性和費力程度不容忽視，社會學家亞莉·霍希爾德（Arlie Hochschild）甚至創造「第二輪班」（second shift）一詞來描述職業婦女一天的日常，通常是先在有薪工作場合度過八小時，回家後繼續展開第二個八小時的勞務工作，負責照顧孩子及處理家務。儘管霍希爾德的著作早在一九八九年就已出版，但至今家務勞動仍然主要由女性承擔。令人樂見的是，男性開始承擔起比過去幾十年更多的家務，但即使女性伴侶與男性伴侶的收入相當或更高，女性平均花在家務上的時間仍是男性伴侶的兩倍有餘。在北歐等地區，兩性家務分工較美國更為平衡，但在印度等地則差距更大；同性伴侶的分工通常較異性伴侶平衡，不過一旦有了孩子，主要照顧者往往會承擔更多家務。社會之所以傾向不將家務及育兒視為工作，部分原因正是這些任務被女性化了。

雖然家務勞動是一種不被認可、無報酬的工作，但也有一些工作不被認可、卻有報酬，只不過是在檯面下給付。美國勞動力中有近五％屬於非法勞工，從事工廠生產線、餐廳內場乃至家務勞動，這些工作對社會運作至關重要，卻因為不被社會認可，使得雇主並沒有為勞工提供工作安全性和穩定性等保障。

當然，還有一些工作雖然被社會認可為「工作」，卻依舊沒能獲得應有的重視。有些勞動者就像字面上的隱形人，例如屋主不在時將貨物放在門前台階上的送貨司機，他們往往只存在於監視器畫面中；也有一些是象徵意義上的隱形人，例如忍受人們最私密氣味和聲音的廁所清潔工，他們幾乎不會被使用者正眼對待；有時，他們也可能是被刻意隱藏的隱形人，例如被社會掩蓋與忽視的性工作者。當一份工作從未被記錄或承認時，這群從事「隱形工作」的人，如何才能體驗到工作的回報？

總結上述，我們發現：什麼工作才能被視為「工作」，很大程度取決於由誰做出判斷。擁有權力及地位的人往往扮演著決策者角色，而弱勢者能做的，只有不顧一切與生活拚搏。在任何時代、地點及特定價值觀體系下，至少有歷史、文化、經濟等三股力量影響哪些工作可以得到認可。這些力量會影響雇主看待你的態度，以及他們願意給你多少報酬。如果有天你有幸擁有權力與地位，這些力量同樣會影響你判斷哪些工作較有價值，以及你願意為他人的工作付出多少報酬。

歷史和我們認可的工作

這是一個人們會說自己的工作是「狗屁」的世界；一個因為你是有錢的名人，所以你能變得更有錢、更出名的世界；一個男性開始願意與伴侶彼此平等分擔家務的世界。如果王枕洲看到這樣的世界，恐怕會驚訝到無法接受。對某件事物的認可在很大程度上是主觀的，和社會架構密不可分，因此我們今天認可的工作，與過去幾個世紀、甚至幾十年前的人們所認可的工作大不相同，也就不足為奇了。

這些隨著時間發生的變化，通常和科技進步及人們看待世界的方式發生改變有關。就像我們現在會閱讀網路新聞，不再依賴鎮上的報童；我們扔出保齡球後，不需等待有人將球瓶擺好，因為機器就可獨立完成；路燈全以電力點亮，不再經過點燈人的手。最近，境外轉移已經將美國大部分的製造產能移至海外，也帶走無數就業機會。從前街上常見到的百視達（Blockbuster）錄影帶出租店，如今員工都被遣散，只留下一家在奧勒岡州本德市（Bend）供人懷舊。展望未來，我們不禁要問，將來的工作會是什麼樣子？目前的工作像卡車司機、咖啡師、放射科醫師等會被機器人取代嗎？這些問題我們在後面的章節還會詳細討論。

西方研究「工作」的學者傾向將對待工作態度的轉變，描述為一種從「詛咒到使命」（curse to calling）的歷史進程。哲學家喬安娜・席拉（Joanne Ciulla）在《工作，承諾與背叛》（*The Working Life*）書中表示，將工作視為詛咒的觀點可追溯至古希臘，因為眾神讓人類「出於怨恨而辛苦勞作」。雅典民主只適用於貴族階層，他們認為體力勞動遠不如他們的統治和思考重要。時間一久，隨著政治民主的進步及公民權的擴大，愈來愈多人必須依靠自己的雙手謀生。幾個世紀後，政治經濟學家馬克斯・韋伯（Max Weber）觀察到，生產力逐漸被轉移到信奉資本主義原則的新教徒國家。他特別推崇喀爾文主義（Calvinism），將「踏實勞動、滿足物質生活」的世俗需求與「成為更好的人」的精神目標互相連結，鼓勵人們利用職業技能做出有價值的貢獻。

當然，我們有目的且費力的活動是否會被認可為工作、詛咒或使命，並不單單取決於所處的歷史時間點，但它確實會影響社會對工作的文化態度，以及決定工作回報的經濟體系。好消息是，相較於古代勞動者，我們有幸生活在一個受惠於科技及民主發展、能自由選擇工作的時代，這使得工作不僅僅只是一種詛咒；壞消息則是，一些糾纏古代勞動者的詛咒至今依然存在。而最令人擔憂的是，如果我們未能從歷史中汲取教訓，最終恐將重蹈覆轍。

文化和我們認可的工作

王枕洲繼承的文化傳統規定「男主外，女主內」，女人就該在家相夫教子，男人才出外工作賺錢，可是現實生活卻往往更加複雜。他在上海與第一任妻子墜入愛河，妻子原本是位在學校接受電報員培訓的非傳統女性，不過最終為養育兒女而選擇放棄這份工作。他與第二任妻子相遇時，她也還在上學，計畫畢業後外出工作，但後來同樣留在家裡照顧這個由繼子女、親生子女所組成的家庭。由於無力負擔八個孩子的教育，王枕洲和第二任妻子將部分孩子送去外地上高中和大學，接受家庭教育之外的專業教育。最終，他的五個女兒和三個兒子都投入職場，女兒們選擇教育和商業領域，兒子們則選擇醫學和商業領域。和大多數家庭一樣，王枕洲家族的工作選擇是綜合文化傳承、歷史背景和經濟機會等因素結合下的產物。

文化會深刻影響社會對工作的認可，文化的形式可能是國家、地區、種族和宗教在規範和態度上的差異。在自給自足的社會中，工作是指在任何特定的一天，由有空且有能力的人執行最需要完成的任務。一般而言，市場經濟愈進步，工作伴隨的職稱、明確的角色和責任，以及必要認證的要求也愈普遍，例如執行工作必須符合所需的教育程度等等，至於薪酬和福利之類的回報往往也是事先規定好的。

快速瀏覽世界先進市場，就會發現各國政府所認定的工作有時存在著意想不到的差異。在美國和印度，「護膚專家」是一個被認可的職業，所有人都認為這種職業具有大好前景。然而，「護膚專家」或類似職業完全沒有出現在歐盟的職業標準分類中。比較美國、歐盟和印度的職業分類，可以發現更多差異。印度承認「養蜂人」和「編籃工」為職業，歐盟只承認前者，而美國兩者都不承認；歐盟承認的「鐘錶匠」和「去毛匠」（fellmonger），美國則都不承認。寫到這裡，我們兩個美國人還得先查一查「去毛匠」是做什麼的，原來他們負責在製造皮革的過程中去除獸皮上的毛髮。印度則是將「毛皮修整工」、「制革工」和「去毛匠」列為主要職業類別，甚至還會細分為「剝皮工」和「手工剝肉工」等附屬類別。

文化還會影響女性是否可以外出工作、在什麼年齡應該畢業以從事全職工作，以及何時退休、是否該退休等規範。例如，中國目前規定女性退休年齡為五十歲（女職工）或五十五歲（女幹部），而男性退休年齡則為六十歲。和中國相較，美國自願退休年齡介於六十六到六十七歲之間（根據出生年份不同），但是許多人由於經濟考量，無法在他們想退休時就退休，況且美國普遍推崇過度工作文化，以至於人們可能永遠不會退休，無論動機是出於自願的選擇或是現實的必要。

我們對工作的期望，包括：工作時間、地點、工作量，以及最終的工作內容，也都由文化決定。然而，文化並不能決定所有關於工作的一切。這意味著雖然一般美國人不太可能考慮當一個去毛匠，但毫無疑問的，手工皮革匠所做的事囊括了去毛匠的工作。文化可以在短時間內發生變化，像是全球大流行病導致的遠距工作和彈性工時；文化也可以是經由長期社會變遷而發生的改變，像是父母雙方都能請育嬰假，而不再只局限於女性員工請產假。我們既塑造我們的文化，也被我們的文化塑造，這意味著每個人都有機會影響他們的文化，無論過程多麼緩慢。

經濟力量和我們認可的工作

王枕洲退休後，只要早晨天氣晴朗，他就會步行到伊比拉布埃拉公園（Parque Ibirapuera）打太極拳，然後順路買麵包和柳橙回家。午睡過後，他會利用下午練習書法，這種古老藝術是中國精英階層必學的三種技能之一。王枕洲花了數十年才能寫得一手好字，只可惜老年之後又逐漸喪失這項能力。對他來說，練習把最後一個字寫得和第一個字一樣美觀需要紀律，這是一件值得做的工作。這些書法作品如今掛在他的八個孩子和二十個內外孫家的牆上，這或許也象徵他人生的成就，他赤手空拳的養家活口，讓八個跟著他移民的孩子茁壯成長。可是，這能算是工作嗎？

他用毛筆仔細臨摹闡述儒家理想社會的〈禮運大同篇〉，這是一項費力的工作，需要高度集中注意力和極大的耐心，若有偶爾發生的錯誤或不小心潑出的墨點或水，便得重來，這使得少數有能力欣賞的人對他的墨寶讚不絕口。他認為如此大費周章是值得的。巴西稅務局不認為書法家是一份工作又如何？那些負責估價、評鑑、消費藝術品的人確實有資格決定什麼是藝術，但誰又應該坐在判定「什麼是工作」的評審團裡？

經濟市場不僅決定一項活動是否能被視為工作，同時也決定它的價值。工作的經濟價值和社會價值之間的關係相當複雜，想一想：工作所得的薪水就能代表它對社會的價值嗎？我們會在之後的章節中進一步探討這個問題，不過先預告一下，答案是：情況往往和預期的相反。許多商學院畢業生對投資銀行之類的高薪工作趨之若鶩，儘管大家對這種職業為社會帶來的貢獻與附加價值有些存疑。在導致數百萬名屋主面臨法拍和破產的金融危機後，當時世界上最有錢的投資銀行之一、高盛集團的首席執行長勞埃德．布蘭克芬（Lloyd Blankfein）曾無恥的戲稱，高盛集團之所以能在金融同業倒閉時大賺特賺，是因為他們做的是「上帝的工作」。

以薪酬判斷工作價值的傳統看法，可能會導致一些模糊地帶。例如，業餘音樂創作者每週花三十小時創作和錄製音樂，但只有在他去上班賺錢時才算是在工作；大學裡的研究助理和教學助理不被當成一份工作，但被認可為「工作」的博士生，拿到的津貼卻不足以維持基本生活所需；在家接案工作的父母，往往很難衡量到底要接多少工作，才能被視為「在職父母」；此外，大家都認為在家打掃廁所、粉刷牆壁不算是在工作，但如果你花錢請人代勞，那麼它們百分之百符合工作的定義。

因此，什麼是社會認可的工作，通常取決於經濟體系與歷史文化。至於怎樣才算是「有目的」、「費心費力」和「值得認可」，則通常是由薪酬決定。諷刺的是，這意味著世上最有目的、最費心費力、最值得認可的工作 —— 養育下一代，卻往往無法得到社會認可。

工作是什麼？

王枕洲的晚年生活並不富裕。他那間位於聖保羅馬科斯・洛佩斯街（Rua Marcos Lopes）十樓的公寓租金由子女們共同分攤，住了幾十年的公寓裡只有兩間小小的臥室和浴室，外加一間位於廚房後面的女僕房。以某些標準來看，雇用女僕似乎很奢侈，但它其實就是歷史、文化和經濟如何影響工作的好例子：巴西是西半球最後一個廢除奴隸制度的國家，擁有女傭在巴西一度是傳統中產階級的特權。

對他來說，公寓後方那個有著圓窗的書房因為光線太暗而無法工作，所以他通常會在用完午飯後，在廚房圓桌上擺上他的毛筆、墨水、宣紙或絲綢（視作品的重要性而定）。他的兒女們替他決定他應該退休了，畢竟，他從孩童時代就一路奮鬥，才建立起如日中天的軍旅生涯，只可惜最後他的軍隊戰敗了。他最終沒能從生意中賺到一分錢，但這並不減損他在事業上付出的努力。在經歷二、三十年的失意與痛苦後，如今王枕洲將全部的注意力投注在他真正的畢生事業，也就是他那不斷成長的家庭烏托邦。

王枕洲和外孫麥慶誼的初次見面，是因為王枕洲到美國工作；他們最後一次見面，則是因為麥慶誼去巴西工作，順道與外祖父共度一個下午。當時老人已經再度喪偶，並因視力問題而不能再寫書法，儘管他看起來依然身體健康、思緒清晰（還叮囑外孫要努力工作，為外孫初為人父而感到開心），但午餐後，他就坐在沙發上，閉著眼靜靜坐著（在人生最後三年時光中，他多半都維持這個姿勢）。他已經不太談論自己或他人的工作，但在長時間的靜默中，他是否在思考：是什麼讓這一切變得值得？在生命最後五十年間，為撫育下一代所付出的努力，背後存在著什麼樣的目的？他一生中最偉大的工作，是否是完成一項未被社會普遍認可的目標，也就是為養兒育女而努力奮鬥？

儘管每個人對於「工作是什麼？」有著不同的看法，但這個問題依舊非問不可。它能幫助我們反思歷史、文化、經濟因素對個人價值觀的影響，引導我們找出真正值得從事的工作，甚至挑戰我們既有的工作與價值觀。什麼將會成為你一生中最偉大的工作？若能發揮工作的最大價值，它將賦予我們清早起床的理由、讓每個人的獨特性得以發揮，並為比自己更加廣大的世界做出貢獻。我們辛勤工作所付出的努力，不僅能讓自己感到滿足、增強自己的耐力，同時也是在為未來那個更偉大的工作做好準備。在完美的勞動市場中，我們能夠獲得與所做貢獻完全相應的認可；但即使身處目前並不完美的勞動市場，我們所得到的回報依舊足以讓自我獲得滿足、充實我們的帳戶餘額。

然而，正如一個小便斗就足以顛覆傳統的藝術品判定標準，那些無用的、不費力的、不被認可的工作的幽靈，讓我們很難不去質疑工作到底是什麼。尤其在看到許多人不工作也過得很好，許多人努力工作卻得不到合理回報時，我們就更想要探問：努力工作真的值得嗎？

第二章

為什麼要工作？

「聽到這個你可能會大吃一驚，比恩，但並不是每個人工作都只是為了錢。」

「當然是為了錢。這就是為什麼我們稱它為『工作』。如果光是坐在那兒，看起來賞心悅目就能拿到報酬，我們就會以完全不同的名字來稱呼它了。」

──伊蓮諾．布朗（Eleanor Brown），《莎士比亞三姐妹》（*The Weird Sisters*）

值得為它死的工作？

二〇〇一年九月十一日美國發生恐怖攻擊當天，小布希總統在晚上向全國民眾發表談話。他表示「我們的同胞、我們的生活方式、我們的自由受到了攻擊」。他向全國人民保證，政府「運作一切如常」，美國的「金融機構仍然穩健」，並表示明天「所有美國的大小企業也將恢復運作」。

小布希總統在談話中承認，恐怖分子不僅奪走人命，並試圖摧毀象徵美國經濟實力的世貿中心雙塔，以及象徵軍事實力的五角大廈。他隨即清楚宣示，國家的經濟體系絕不會因此而停擺。這是相當典型的美式對抗行為，或許也是為什麼九一一事件至今尚未明訂為放假紀念日的原因之一。「自決」（self-determination）是「美國夢」不可或缺的要素之一，無論是出生在美國，或是為了追求更美好的生活而來到美國的人，都相信任何懷抱決心的人都能在美國實現夢想。至於這個夢想能否成真，則是一個更為複雜的問題，但追求夢想的第一步，往往是努力工作賺錢。

令人感到痛心又悲傷的是，九一一恐怖攻擊事件發生時，大多數罹難者正是這麼做。當天清晨，許多工作者早早來到紐約市雙子星大樓或附近的工作地點，期待在一天辛苦工作後的各種安排，例如：與家人團聚、與朋友碰面，或是趕到下一個地點兼差。雖然九一一事件帶來的影響波及全世界，但做為最直接受這場悲劇影響的核心城市，《紐約時報》特意開設「悲傷的肖像」專欄來紀念罹難者。專欄風格不採傳統的訃聞形式，而是由記者根據對罹難者家屬的採訪，速寫出罹難者的形象，文中尤其強調對於罹難者富有意義的事物。這種創新的報導在當時前所未見，但後來成為大規模傷亡事件常見的新聞報導格式。該專欄在襲擊事件發生後幾個月內分批刊登，讓讀者可以悼念逝去的生命，或許也能藉此反思自己的人生。這些文章最終被編輯成書，參與該專欄的一些記者認為這項工作極具意義，一共撰寫將近上百篇故事，有些記者卻在完成數篇後情緒潰堤，只能停筆退出。

在兩千九百七十七名無辜罹難者中，大多數是在雙子星大樓或五角大廈工作的人、第一線救難人員、飛機上的乘客或正要趕往會議的人。大多數人可能從未想過，在如常的上班日竟然會遭遇死亡風險；畢竟，如果恐怖分子沒有選擇雙子星大樓這個特定目標，這種風險自然不會出現。為了說明他們的工作地點（往往也是罹難地點），專欄裡通常會如實描述罹難者的工作地點和職業，有時記者也會從罹難者親友的視角，深刻剖析罹難者選擇那份工作的現實面或心理層面考量。

身為研究「人們為何工作」的學者，我們認為這些專欄故事可以為這個問題提供獨特的見解。當人們緬懷逝去的親人時（尤其許多人是在工作中離世的），總會談到工作在親人生命中所扮演的角色，例如：是為了獲得一份薪水、社會地位或是擁有成就感。當然，訪談內容無法告訴我們罹難者本人的想法，卻能揭露出親友是如何看待他們的工作。這些受訪者包括：由於伴侶工作和通勤時間過長，而不得不承擔雙倍家庭責任的配偶；希望孩子能有比自己更好發展的父母；以及注意到罹難者即使面對枯燥工作，卻始終保持積極投入的同事。正因訪談回顧的是一個個完整的生命歷程，即使這些生命不幸提早終結，他們賦予生命的意義卻顯得格外真實與重要。這就是一種終極意義（ultimate meaning），所謂「終極」不僅指涉事物的終結，還意味著事物所創造的意義與價值。

正如研究訃聞的新聞學教授珍尼絲·休謨（Janice Hume）所言，「悲傷的肖像」體現我們在重要歷史轉折點上的文化價值觀。這些人生故事不僅展現出某人的人生為何值得活、所從事的工作為何值得做，也促使我們重新思考：是什麼原因讓工作值得做、生命值得過。藉由深入了解罹難者的工作及故事，並以此做為回答「為什麼要工作」這個問題的起點，不只可以為我們帶來許多啟示，同時也是一種緬懷他們的方式。尋找這個問題的答案不僅是為了我們自己，其實也是為整個社會探究工作是有價值的理由。

儘管這些故事發生在一場劃時代的悲劇裡，但那些逝去的生命卻足以代表現代職場的多樣性。不同於那些通常偏向於富人和名人的傳統訃聞，「悲傷的肖像」以平等的方式紀念每一條逝去的生命。罹難者來自九十多個國家，代表不同的種族、宗教、族群和經濟階層。他們有老有少，平均年齡約三十多歲，既有新移民，也有一輩子都住在紐約的當地人，並從事各式各樣的工作。根據我們的分析，罹難者中最常見的職業是金融從業者和救難人員，其他人則做其他類型的工作並擁有不同的社會地位。

當然，每個故事、每條生命都有其獨特的價值，但做為研究者，我們尋找的只是其中的模式。從中我們發現，有些人工作主要是為了賺錢，但賺錢並非是工作的最終目的，而是實現其他更有價值的目的的手段，例如照顧家人。強納森・康納斯（Jonathan Connors）是一家投資銀行的資深副總裁，「喜歡賺錢、穿亞曼尼（Armani）、跳林迪舞（Lindy）、在高檔餐廳享受美食。」但在他的故事裡，你能看出他工作不僅是為了錢，而是為了照顧罹癌的妻子。

對於有些罹難者來說，像買房這類成功的物質象徵，有時就像美國夢的核心價值一樣重要。債券經紀人丹尼爾・阿夫利托（Daniel Afflitto）就是這樣的人，「喜歡炫耀他那又大又新的房子」，努力工作以購置新房子，是他身分地位的象徵。但房子不僅是財富的象徵，也是「每個人活動的地方，可以游泳、看球賽、在露台上閒聊」。對維修工人馬丁・喬維納佐（Martin Giovinazzo）來說，買房可能是提供經濟保障的一種形式。他與妻子育有三個年幼的孩子，他的遺孀在他去世後哀嘆：「我一直夢想能擁有一棟房子，讓孩子們擁有各自的臥室，而今，再也無法實現這個夢想了。」

九一一事件的罹難者中有不少是新移民。他們努力工作養家糊口，為的是讓下一代過上更好的生活。英娜・巴西娜（Inna Basina）為了逃離俄羅斯的宗教迫害而來到美國，為了成為專業會計，她白天上班，晚上上學。她的丈夫回憶妻子時這麼說：「兒子是我們的生活重心。來美國後，英娜並不是因為興趣而選擇做會計，她所做的一切都是為了家庭和兒子。」戈德溫・阿賈拉（Godwin Ajala）在事發時正在工作，他滿心期待籌到足夠的錢，讓妻子和三個孩子前來美國一家團聚。他在家鄉奈及利亞（Nigeria）是名律師，在《紐約時報》刊登的照片上，他戴著大律師出庭時配戴的白色捲曲假髮。為了維持生計，他一邊準備美國律師資格考試，一邊在世貿中心擔任保全。

還有一些罹難者透過努力工作來追求自己所熱愛的事物。例如在同一家保險公司工作的兩名行政助理：尤金．克拉克（Eugene Clark）「熱愛辦公室之外的生活」，他的伴侶說他「跳起舞來，就像搖滾女王蒂娜．透納（Tina Turner）」；凱莉．普羅根（Carrie Progen）則是熱衷於藝術，即使為兒童讀物繪製插圖的稿費根本無法維持生計，在她去世後，親友特地為她舉辦個人作品展。正如我們在這些故事中所看見的，藝術通常是人們生命意義的來源，雖然無法靠它賺取足夠穩定的收入來維持生計。這也是為什麼另一名罹難者伊麗莎白．格雷格（Elizabeth Gregg）在獲得耶魯大學中世紀研究博士學位後，又攻讀企管碩士學位（主修財務金融），並在雙子星大樓的一家證券公司上班的原因之一。

有時，人們將工作視為一種短期手段，期盼未來能將自己的興趣與愛好轉為職業，並以此謀生。胡安．西斯奈洛斯（Juan Cisneros）計畫「擔任債券交易員，直到能還清大學貸款，並為父母存一筆錢為止……他打算再去讀研究所，夢想是成為大學教授。」布魯克．傑克曼（Brooke Jackman）

則跟隨父親和兄長的腳步進入債券交易領域，但她「認為生活中有比賺錢更重要的事」，她的哥哥告訴記者，她的目標是取得社工碩士學位。艾倫·林頓（Alan Linton）同樣懷抱著助人的熱情，雖然他的職涯起點是華爾街，但最終目標是成為一名慈善家，因為他相信，「如果人們累積巨額財富卻不將它捐出行善，那麼仍然算是失敗者」。

有些人努力工作，是為了累積足夠財富以退休。佩吉·阿拉里奧（Peggy Alario）「總是最早抵達公司停車場，卻最晚離開的人」，因為她打算和丈夫同時退休。五十八歲的貿易公司執行副總裁詹姆斯·保羅（James R. Paul）的妻子說：「為了賺到足夠的錢得以提前退休，他每週工作六天。」六十三歲的李洋德（Yang Der Lee）負責運送肉類、鮮魚和蔬菜給世貿中心北塔頂層的世界之窗餐廳（Windows on the World），他一小時只賺十美元，而且將大多數薪資奉獻在慈善機構、佛寺和家人身上，他的孩子說服他在兩年後，也就是六十五歲時退休。約翰·達拉拉（John D'Allara）只有四十七歲，不過在紐約警察局（NYPD）的緊急事務辦公室裡已經是相當資深的員工。原本是學校體育老師的他原本計畫要重操舊業，他的弟弟說：「但他熱愛警察工作，最後決定待在這裡直到退休。」

這些故事充分證明，人們在為金錢而工作的背後，真正目的是追求各種價值觀與目標，而不單純是跟金錢有關。

但總括來說，這些故事也為我們揭露出一個再明顯不過的事實：對許多人來說，「人為什麼工作？」這個問題的答案其實很簡單，目的是為了提供自己和家人更理想的生活品質；在現代社會中，這通常意味著想要滿足居住環境、食物和衣物等人類基本需求，但從九一一罹難者故事中告訴我們，每個人追求的目標會因過去經歷而有很大的差異。當然，人們還會基於許多理由而工作，包括打發時間、獲得成就感、融入社會，以及創造個人價值。但相較於滿足家庭所需並為退休生活積攢足夠財富，這些理由就顯得微不足道。我們之所以工作，也許更大程度在於我們承擔不起不工作的代價。

談起賺錢背後的目標，你或許會問自己：「我賺到的錢，是否足以實現這些目標？」但更值得一問的問題是：**「我所追求的目標，是否值得我如此努力工作？」**

工作的原因其實與深刻的文化背景有關。在美國，對於「人為什麼要工作？」的答案，絕不是用隨便一句「為什麼不呢？」就可以打發，因為社會文化就是預設適齡且身體健康的人都應該要工作。當人們結識新朋友時，在知道對方名字後接著會問的第一件事就是：「你從事哪一行？」不過珍妮佛的同事朱莉．萊文森（Julie Levinson）喜歡挑戰這種說法，她總會反問對方：「你指的是哪一方面？」不管如何，工作通常定義我們是誰。在美國社會中，不工作是件嚴重違反規範的事，沒有工作的人更時常被扣上失敗、浪費或懶惰的帽子。關於這一點，我們會在後面的章節詳細討論。

雖然提升生活水準是美國重視的價值觀之一，但對許多人來說，追求更高的生活水準可能讓人陷入一種惡性循環，彷彿落入永無止境的「炫富攀比」。就連百萬富翁也覺得需要擁有至少比目前多一倍的錢，才能獲得最大幸福感。心理學有個專有名詞叫「享樂適應性」（hedonic treadmill），指的是無論我們身上發生多少好事，都會傾向於回歸幸福基準線。在一項一九七八年發表的研究中，研究人員發現，即使是贏得樂透大獎的人，經過多年後並不會比沒中獎的人過得更快樂，這也許可以解釋為什麼大多數中獎者仍然會繼續工作。我們經常以為，如果可以獲得升職、休假或一台法拉利，就一定會快樂無比；但研究顯示，這種快樂其實轉瞬即逝，我們在下一章就會提到，人類其實不太擅長預測自己的幸福指數。我們明明知道金錢買不到幸福，卻往往適得其反，正如美國知名饒舌歌手聲名狼藉先生（The Notorious B.I.G.）的名言：「我們遇到的錢愈多，我們看到的問題也愈多。」

許多報導千禧世代（Millennials）和Z世代（Generation Z）* 工作價值觀的文章中指出，與前幾代人相比，他們更關心工

---

* 譯注：千禧世代是指一九八一年至一九九六年之間出生人口，成長於經濟全球化和數位科技蓬勃發展的時代。Z世代則是指一九九七年至二〇一二年間出生人口，從小接觸網路和行動數位裝置的群體。

作是否具有意義與能否帶來改變，而不是只在乎金錢。如果一份工作無法讓他們感覺有意義，他們就會考慮辭職。也許他們所經歷的重大事件（從九一一事件、金融危機到大流行病等），是促使他們將有沒有意義放在首位的原因之一。不過，另一項長達近八十年的縱貫研究指出，當今年輕人對於賺錢的重視程度並不亞於過去任何世代，而且可能更甚以往。

當我們捫心自問：「我的工作值得嗎？」先了解「人為什麼要工作？」會有所幫助。從賺取日常所需支出到滿足個人成就感，抑或是介於兩者之間，我們到底希望透過工作實現什麼？現在就來看看人們各自抱持的工作動機，以及工作所能為他們帶來的回報，說不定你會在其中看見一部分的自己。另一個同樣值得思考的問題是：別人（例如親友）又是怎麼看待你的工作動機？他們的觀點會與你一致嗎？

努力工作是因為愛錢嗎？

如果工作基本上是為了賺錢，那麼讓人們更努力工作的方法，自然是給予他們更高的報酬。然而，九一一罹難者的故事和心理學的動機理論明顯挑戰這個概念。想要了解人為什麼工作，得先探究行為背後的動機。關於這個議題，一百多年來已經有無數心理學家投入心力進行研究，我們能從中學到些什麼？

大多數人最早接觸到的動機理論，可能是由亞伯拉罕・馬斯洛（Abraham Maslow）所提出著名的需求層次理論（hierarchy of needs）。需求層次理論通常是以金字塔形狀呈現，象徵一個嚴格的排序系統，表示人們在「生理」、「安全」等基本需求滿足後，才可能追求「愛與歸屬」等更高階需求。金字塔的最頂層是「自我實現」，也就是感受到意義、目的及成就感。從字面上理解，這意味著那些每天為生計辛苦奔波的人，無法從工作中尋求成就感，甚至無法從中得到珍貴的友誼。然而，我們從九一一事件罹難者紀錄中看到的卻不盡然如此，罹難者雖處在不同的社經地位，卻同樣努力追尋著自己的工作意義與生活價值。

近年來，許多研究對有關馬斯洛理論的流行理解提出質疑，其中最具震撼力的，是有學者指出，馬斯洛從未將其理論以金字塔形式呈現！雖然這聽起來像是少數教授才會關心的問題（事實也確實如此），但它攸關我們所有人能否正確理解該理論對自己的啟示。馬斯洛認為，大多數活動同時滿足多種需求，因此並非一定要等到特定層次需求完全獲得滿足，才能進展到更高層次的需求；他還認為，每個人的需求層次結構並不相同，例如有些人對「愛與歸屬」的需求可能更勝於「自尊」。事實上，我們都知道人們即使處於極度困難或卑微的處境，也會努力在險惡的環境中尋找意義。我們是如此熱衷於尋找意義，以至於精神醫學家維克多・弗蘭克

（Viktor Frankl）將其描述為「人類的首要動力」。如果假設為支付房租而努力的工作者並不尋求有意義的工作，就可能會讓只提供他們沒意義工作的雇主行徑合理化。

與馬斯洛同時代的心理學家菲德烈·赫茲伯格（Frederick Herzberg）以「雙因子理論」（two-factor theory）聞名於世。該理論將能激勵員工工作的因素分為兩類：一類是外在的工具性因素，如薪資、福利、與老闆和同事的人際關係、工作條件等；另一類則是內在的目的性因素，如晉升、成就感、被認可和工作本身的回報等。赫茲伯格的真知灼見在於，外在因素與員工的不滿意程度有關，而內在因素則與員工的滿意程度有關。他認為對於工作的滿意與不滿並非彼此對立的情緒，當員工得不到適當的薪資、工作條件或感覺被人監管時，會對工作不滿；然而，改善外在因素並不能提升其工作滿意度或產生工作動力，只能減低它們的不滿，關於這點，相信任何一個薪資低廉、但得到微薄加薪的人都能體會。真正能激勵員工的有效方式不是去解決外在因素，而是真正關切其內在因素，例如讓員工明白，自己的工作表現相當不錯，甚至稱得上很好，以及讓他們知道工作為何及如何重要，並讓他們的努力獲得認可，讓工作成為個人成長的舞台。赫茲伯格將這種做法稱為「工作豐富化」（job enrichment），也就是在工作中添加激勵因素。後來，經濟學家和心理學家更是以赫茲伯格的早期論述為基礎，深入探索這兩種動機之間的關係。

許多人都曾幻想有天辭掉工作，用自己真心熱愛的事來謀生，人們總會想，如果我這麼愛做這件事，為什麼不把它變成工作，這樣就能每天花幾個小時來做自己熱愛的事。「世界之窗」餐廳的飲品部經理史蒂芬・亞當斯（Stephen Adams）「一直不知道自己想從事什麼職業」，直到他將自己的嗜好之一變成工作，他從法國烹飪學院畢業，並學習成為侍酒師。儘管他的新職位「讓他第一次在工作時覺得很開心，並得到他人的讚賞」，但不是所有的嗜好都能如此輕易的轉化為有意義的有償工作。

舉例來說，你是否曾動手粉刷自家的房間，或是烘烤並裝飾一個蛋糕，然後在心裡想著：「這實在太棒了！我很喜歡做這件事。我可以想像靠自己的手藝過活，那該有多好！能夠結合創造力和生產力的工作，永遠不會讓人感到厭倦。」若是如此，你可能已經陷入一種錯覺，誤以為嗜好很容易就能轉變成具有內在動機的職業，錯誤的相信每個對自身嗜好具有熱情的人都應該努力以此謀生。確實，有人本來只是喜歡烘焙麵包，後來卻搖身一變成為專業烘焙師，例如位在奧勒岡州波特蘭市著名的「肯的工匠麵包烘焙坊」（Ken's Artisan Bakery）老闆肯・福克緒（Ken Forkish），他從待了二十年的公司銷售部辭職後，一心一意朝著開設法國麵包店的夢想邁進。他描述自己的創業是「走出企業舒適圈」，並表示「小商家比大企業更看得見真心」。但他也坦言，在創業的過程中遇到許多挑戰，包括鄰居抗議他在後院建造柴燒烤窯，堅稱「麵粉粉塵可能會引起爆炸」。雖然他確實在追求自己熱愛的事情上獲得成功，但相較於隨心所欲的烘焙、繪畫或從事其他嗜好，依照預定時間、地點、方法及在預算內做出令客戶滿意的成品，兩者之間還是有著極大的差別。

經濟學家和心理學家一直在探討外在因素（金錢）與內在因素（熱情）如何影響動機的問題。一九七〇年，公共政策教授理查·提墨斯（Richard Titmuss）針對美國提供捐血者金錢與英國單純依賴志願捐血者的不同做法進行研究，得出的結論讓他聲名大噪。鐵默斯認為，對於利他色彩濃厚、目的在於助人的活動，提供參與者報酬不但效果適得其反，甚至可能導致人們減少捐血。這項發現被稱為經濟學研究中最重要的反常現象之一；他更指出，提供外在獎賞會取代內在動機，並減少完成任務本身所產生的樂趣。如果將這個理論套用在工作上，與固定薪資相比，績效獎金和額外紅利也有可能降低工作動機。甚至有人曾提出一種觀點，認為金錢獎勵若是過於豐厚，真正目的可能是想要操控員工。

討論到這裡，或許你會懷疑，難道提墨斯是在暗示雇主應該聘用具有內在動機的人，而且只需要給他們微薄的報酬嗎？確實，我們常聽到這樣的說法：如果所做的工作能為自己帶來成就感又對社會有益，就不需要太介意薪資多寡。但這樣又該如何讓有內在動機的工作者避免被剝削？歸根究柢，就在於「公平」二字。家有兄弟姐妹的人都知道，我們對於自己是否受到公平對待極為敏感，這點不僅在成人身上得到驗證，在嬰兒身上也看得出來，甚至連靈長類動物都具有這項特質。心理學家約翰・斯塔希・亞當斯（J. Stacy Adams）提出「公平理論」（Equity Theory）來解釋員工的工作動機。你可以想像一個傳統的天平，中央基座左右各懸掛一個盤子，當兩邊重量相等時，兩個盤子便呈現平衡狀態。現在，我們在其中一個盤子放入從工作中獲得的東西，例如金錢、福利、穩定性、成就感等等；請注意，這些東西可以是內在獎賞和外在獎賞，只要是工作的回報都算數。接著，在另一個盤子放入我們衡量自己為工作投入的東西，例如時間、精力、努力、達成工作所需能力等等。在理想狀態下，我們會覺得天平應該是平衡的，也就是自己對於工作的付出和回報是相等的。有趣的是，有些認為自己從工作中獲得回報太多的人，往往會主動提高投入的程度來讓天平達到平衡，藉此證明他們得到的回報是合理的。

公平理論強調，人們在衡量工作天平時，並不會單獨考慮自身狀態；相反的，我們會透過比較自己與其他工作者的情況來「校準」天平。比如也許我們原本對自己的工作感到很滿意，直到有天遇到其他同業，得知他們的薪水更高、休假日更多、工作時間和地點更彈性。近年來，人們開始會搜尋 Glassdoor 等企業評價網站，這使得工作機會與工作內容等資訊變得更加透明，這種行為也有助於進行跨行業的比較。在我們從事的學術領域中，也有人為正在尋求工作機會的應屆博士班畢業生創建匿名的 Google 試算表，以群眾外包（crowdsourcing）方式，讓大家在表格中分享求職細節，包括面試邀約及最終錄取通知書上的工作條款。我們必須承認，我們也曾積極參與這些檔案的製作，並在求職時像個瘋子似的不停查看表格中是否有新的資訊。

在求職和首次接受聘書時，是我們為自己爭取合理工作條件的關鍵時刻。當我們簽下雇佣合約時，很可能已經對工作給予我們的回報和代價有一定的期待，而這些期待可能是透過面試或自己的觀察而來，合約只是將這些期待予以條文化。此外，員工私底下可能還會擬出一份心理合約，將自己欠雇主和雇主欠他們的內容一一羅列；隨著我們的工作資歷加深，不再是稚嫩的新人，這份合約也會隨之更新，甚至感覺自己的心理合約遭到背棄，這種現象並不罕見，尤其是在員工已經不再期待終生效忠於同一家公司時。當公司違反心理合約可能會帶來一些嚴重後果，包括職場關係疏離、員工報復和離職等。畢竟我們總是會不由自主的將自己與他人進行比較，不時確認自己並沒有受到不公平對待。

現在，我們已經知道金錢對工作者來說占有一定程度的重要性，畢竟我們都希望自己得到的報酬是公平的，但這並不意味著金錢能提高工作動力。太多的金錢或太大的金錢壓力可能會適得其反，讓我們失去工作的初衷，尤其是在我們原本就熱愛的工作上。看來，覺得自己的工作會帶來心靈的充實滿足，似乎才是最重要的事；換句話說，這份工作必須是健康的、公平的，而且本質上是良好的。不過，每個人工作的原因不盡相同，有些人是為了錢而工作，有些人則是真心熱愛這份工作。可見，在思考「人為什麼工作」時，我們需要進一步探究其中的細微差異。

我們為什麼要工作？

「走出企業舒適圈」的例子曾發生在本書作者珍妮佛身上。她放棄高薪但過勞的管理顧問職業生涯，踏上一段人生新旅程：低薪且過勞的研究生生涯。正如許多常見的生涯故事情節，珍妮佛的學術之路並非是人生規畫，而是偶然和運氣交錯下的產物。

珍妮佛還在大學唸商學院時，曾擔任大一新生必修的組織行為課程助教，就此在她心中埋下學術種籽。這門課的修課人數很多，課程內容包括團隊合作、領導力和溝通等。擔任課堂助教的通常是研究生，但因為這門課需要的助教人數實在太多，所以特地開放大學部高年級生申請。助教的職責之一是每週主持一次小組討論課，珍妮佛利用討論課幫學生加強課程概念，並回答他們對教材的所有疑問。這個經驗讓她獲得在大學教書的初體驗，即使這個體驗不太全面，因為她只需專注在課堂互動，不用準備教學大綱、調整授課內容，也不需批改作業或做任何大學教授會抱怨的雜務。或許正因如此，珍妮佛十分樂在其中，畢竟能和課程教授密切合作，學習班級經營，每週還有一次機會主導討論，更可以領取薪水，這份工作實在沒什麼好抱怨的。

這個經驗讓珍妮佛種下未來成為商學院教授的夢想種子，問題是，如何實現夢想？想成為管理學教授，似乎只有兩條路：一條路是在管理相關領域擁有輝煌的學術成就，但是她才二十五歲，這條路顯然太過遙遠；另一條路是拿到博士學位，可是大多數商學院博士班需要五年才能唸完，這代表需要投入一段時間。這讓珍妮佛開始認真研究商學院的博士班課程。原來，要拿到管理學博士班的入學許可和人文或科學等其他學院不同。管理學博士生的甄選並沒有一個制式公式可循，甄試委員不僅重視申請者的研究經驗，也看重他們的實務經驗，這意味著學校會在精心考量後，將入學許可發給他們認為最後成功機率最高的申請人。珍妮佛認為，招生過程裡的模糊性可能對她有利：她有管理顧問的背景，曾為產業報告和內部白皮書做過研究；她有相關領域的教學經驗；最重要的是，她和大學老師們一直保持聯繫，包括她擔任過課程助教的教授，而他們可以為她寫推薦信。

事實上，當她準備到紐約大學就讀時，依舊對學術研究毫無概念。她家中沒人擁有博士學位，只能試著去讀自己專業領域的學術期刊，雖然這些文章看起來很有趣，但與當時的她所能寫出來的東西相去甚遠。她真的不知道自己想要研究什麼，對未來要做的題目也毫無頭緒。進入紐約大學後，珍妮佛的首要任務是要選擇擔任哪位教授的研究助理。她很快就決定跟隨剛來學校不久就獲得終身職的學者艾美・瑞斯尼斯基（Amy Wrzesniewski），因為瑞斯尼斯基的研究主題為「工作的意義」，這個主題聽起來相當迷人。瑞斯尼斯基後來成為珍妮佛的指導教授，最後更擔任她的論文口試主委。珍妮佛總會親切的稱呼指導教授為她的「宮城先生」（Mr. Miyagi），因為她認為瑞斯尼斯基就像電影《小子難纏》（*The Karate Kid*）裡以「抹上蠟、擦掉蠟」（wax on, wax off），來磨練徒弟丹尼爾的師父那樣偉大。與瑞斯尼斯基共事最大的收獲之一，是讓珍妮佛深刻思考人們抱持的工作價值觀，簡單的說就是：工作對工作者意味著什麼？

瑞斯尼斯基曾發表一篇探討人與工作之間關係的論文。她和共同作者發展出數種評估工具，試圖了解人們看待工作的方式：是「**差事取向**」，將工作視為一份賺取薪水的例行工作；還是「**事業取向**」，將工作視為一種晉升地位的事業；或是「**使命取向**」，視工作為一種本身帶有意義和目的的使命。他們的研究對象是來自各行各業的工作者，透過問卷調查來評估其整體幸福感。研究結果發現，人們看待工作的方式相當符合研究者所謂的「工作價值觀取向」（work orientations）三種類別中的其中一種；不僅如此，人們在三種工作價值觀取向上分布相當平均，不論他們從事何種職業。這充分說明人們認定工作價值的主觀性，即使是從事同一種職業的工作者，可能擁有極為不同的工作價值觀。

珍妮佛至今仍清晰記得自己第一次聽聞這些研究發現的情景。她當時坐在教授的辦公室裡，窗外是一片美好的格林威治村風光，研究中這三種工作價值類型彷彿為她揭開一層面紗，看見過去從未深入了解的工作者內心世界。儘管還是可能存在其他明顯不完全符合這三種分類的工作價值觀取向，但不可否認的，這種類型方式具有強大的解釋力，並對後來的工作價值觀取向相關研究和學術應用都產生極深的影響。

珍妮佛開始詢問身邊朋友對工作的看法，想知道他們抱持的工作價值觀取向類型，也很好奇這些朋友的老闆、同事、兄弟姊妹及其他認識的朋友，又各自屬於哪一種工作價值觀取向？珍妮佛當時的男友（現在的丈夫）戴夫就是典型的「使命取向」，他是一名材料工程師，從小就很喜歡拆解東西、探索機械的運作方式。如果你向戴夫請教有關在無塵室裡製造微米和奈米電子產品的問題，他的滔滔不絕可能會讓你有點後悔自己為何要問這個問題（但他卻恨不得你再多問一點）。珍妮佛又詢問在科技新創公司客服部上班的室友，她則是「工作取向」，但渴望未來能轉向「事業取向」。她的另一位好友在接受「為美國而教」（Teach for America）的師資培育計畫後，在曼哈頓北部的華盛頓高地（Washington Heights）擔任小學老師，她的工作價值觀很明顯是「使命取向」。

那麼珍妮佛本人呢？擔任顧問工作時的她感覺上應該是事業取向，但實際上卻更符合「差事取向」，更別提她年輕時做過的餐廳服務生或辦公室助理，這些工作百分之百是「差事取向」。雖然現在就判定研究工作是「使命取向」還為時過早，不過對珍妮佛來說，教學極有可能是一種使命，尤其她的祖母和母親都是教師，或許她天生就有成人之美的傾向。不過，珍妮佛同時觀察到一個有趣的現象，許多教授當談論起從事的研究時，大都聲稱自己是「使命取向」，可是他們不停追求更成功且卓越的學術生涯里程碑，腦子裡不停追逐下一篇論文、下一個獎項，看起來卻完全符合「事業取向」的特徵。

回顧瑞斯尼斯基的研究成果會發現，不管是從員工或雇主的角度來看，「使命取向」的工作價值觀能為工作者帶來好處。與「差事取向」、「事業取向」的人相比，「使命取向」的工作者對工作和生活滿意度明顯更高，出勤紀錄也更好；不過，在整體生理健康狀況和對健康的滿意度卻沒有達到顯著差異。儘管研究者並未明確建議人們應該追求「使命取向」，但字裡行間的暗示已經相當明顯。如今，「把工作視為一種使命」已成為時下流行趨勢，「做你熱愛的事」甚至像是一種工作要求，尤其是對於擁有選擇自由的人來說。

仔細思考這三種工作價值觀取向的細微差別，可能會幫助你思考職涯規畫，例如：哪一種工作價值觀取向最能描述你和工作的關係？過去的你是否抱持某種取向的工作價值觀？或許你曾在不同時期抱持三種不同的工作取向？不管如何，工作價值觀取向不會告訴你應該做什麼或成為怎樣的人，但可以幫助你思考工作對你的意義、理想和現實的落差，以及你期待從工作獲得的薪資、晉升、成就感等。不過，即使現在的你抱持著某一種工作價值觀取向，未來還是有可能隨著工作角色或自身變化而發生改變。

抱持「差事取向」的工作者通常視工作為一種工具，是達到目的的手段，而不是目的本身。在理想的狀況下，抱持「差事取向」的工作者應該能獲得衣食無虞的生活，就像「悲傷的肖像」專欄中的會計師單親媽媽珍妮絲・布朗（Janice Brown），她努力工作就是為了養家糊口，穩定的收入讓她的「週末總是熱鬧非凡……帶著孩子們去動物園、溜冰場或看電影。」一家金融公司的稅務專家克里斯多夫・克萊默（Christopher Cramer）也抱持這種工作取向，三十五歲的他已經接受公司優退方案，只差三百一十七天就能告別「通勤者地獄」（commuter hell）。克萊默的未婚妻說，他做這份工作十一年，做到他的「頭髮都白了」。

「差事取向」的工作具有一項特點，那就是工作者一旦在經濟上獲得保障，便不會選擇繼續從事這一行，或至少不會再做目前的工作，因為這份工作不是他們自我認同的核心，他們也不認為這份工作可以改變世界。當瑞斯尼斯基和合作夥伴創造出工作價值觀取向的衡量標準時，「差事取向」和「使命取向」便是位於光譜的兩端，這意味著抱持「差事取向」的人不會把工作視為一種使命，反之亦然。

許多學生在剛開始打工時，通常都抱持著「差事取向」，畢竟他們藉由工作賺取零用錢，順便從中提早接觸未來的工作世界，但除此之外，似乎沒有其他意義；這些學生或許很快就會發現，有些和他們一起工作的成年人拿的薪資並沒有比法定最低工資高多少。以珍妮佛的先生戴夫來說，他十四歲時做的人生第一份工作，是在鄧肯甜甜圈店（Dunkin' Donuts）當清潔工，負責清理地板、倒垃圾、洗碗。當時鄧肯甜甜圈推出一系列家喻戶曉的廣告，主角是個看似疲憊但快樂的小鬍子男人，一遍又一遍重複他的台詞：「該去做甜甜圈了。」影片描述甜甜圈店員就像郵差一樣，無論晴雨早晚都要準時出門工作。在一個明顯是向量子力學致敬的鏡頭中，這名男子打開門準備上班，卻遇見剛下班回家的自己。拜這個廣告所賜，戴夫驚訝的發現，原來中年男子的工作就是整天都在「做甜甜圈」。

根據美國勞工統計局的數據，大約有一百一十萬成年人拿的工資在最低工資以下，其中一半以上的工作者年齡超過二十五歲。芭芭拉·艾倫瑞克（Barbara Ehrenreich）在其知名著作《我在底層的生活》（*Nickel and Dimed*）記錄僅靠最低工資過活的工作者困境。她寫到，為了賺到足夠的錢支付房租、食物和基本必需品，只做一份領取最低工資的工作是不夠的；換句話說，許多典型的「工作」極其諷刺的可能都是報酬最低的工作。

正如我們之前提到的，認為工作不是生活的核心，也不代表個人的身分，甚至如果一個人衣食無缺，可能會選擇不工作……上述這些都不符合美國所強調「你做的事決定你是誰」的主流意識形態。因此，美國文化重視「使命取向」、看輕「差事取向」也是理所當然，一點都不奇怪。不過最近社會似乎出現一種鼓吹以「差事取向」看待工作的新浪潮，夾帶著創業精神、期盼致富的希望感，充分展露出鮮明的美式風格。這種觀點主張，工作是為了實現工作以外的生活方式，這個假設與古希臘人所主張的「工作會阻礙人們達成最高目標，休閒才能讓我們充分發展自我」觀點一致，不過是換成現代版的說法。這種觀點的擁護者還發明「生活駭客」（life hack）一詞，來描述人應該盡量減少花在日常瑣事的時間（從吃飯、打掃……嗯，沒錯，還有工作），以將他們的休閒時間最大化。

作家兼企業家提摩西・費里斯（Tim Ferriss）是提倡將工作視為「差事」的代表人物之一。他建議每週花費在一項重要任務的時間不得超過四個小時（再次強調，不是四天，而是四小時），例如烹飪、學習新事物、健身運動；當然，也包括工作。他在著作《一週工作四小時：擺脫朝九晚五的窮忙生活，晉身「新富族」！》（*The 4-Hour Workweek*）中，分享一些據稱能讓人工時縮短、收入卻倍增的策略，基本理念就是盡量減少你必須親自完成的工作，並把其他工作外包出去，如此調整過後的生活，就可以用來從事有興趣的事、盡情享受人生，以費里斯的話來形容，就是「充實過日子」。

費里斯的工作哲學對於一些隨時都能出發旅行（不管原因為何），能在有限時間內發揮超高工作效率的人特別具有吸引力。其實費里斯本身就是這種類型的工作者，他富有創業家精神，在享受成功事業之餘過著高枕無憂的生活。相較於過去同樣具有創業家精神的成功企業家所倡導的「奮鬥文化」（hustle culture）*，費里斯的觀點確實是令人耳目一新的替代方案。然而，費里斯沒有結婚，也沒有小孩，因此這套工作模式似乎不太適合必須負擔養育責任的家庭成員，

---

* 譯注：一種鼓勵員工超時工作的文化。

也不適合嚮往傳統工作模式的工作者，比如制式的辦公環境、熟悉的同事、固定的工作時間與提早安排好的假期。我們也不禁注意到，費里斯最近似乎忙著建立一個綜合出版、演講和 Podcast 的多元媒體帝國，這和他過去所聲稱「試圖賺最少的錢，以追求沒那麼光鮮亮麗、卻具有深刻意義的生活」完全背道而馳。此外，費里斯所倡導的主張比較像是社會精英版的「差事取向」工作價值觀，而不適合那些為賺錢而工作的普羅大眾，畢竟大多數工作者每週工時顯然不是四小時，而是四十小時或甚至更多。

如何看待自己的工作？

「事業取向」介在「差事取向」和「使命取向」兩種類型之間，明確反映出它介在兩者之間的定位。與「差事取向」工作價值觀相比，「事業取向」的工作者擁有令人嚮往的目標，就好像前方就有一座等待你去攀爬的階梯，這讓人不禁聯想起辦公室裡意氣風發的白領專業人士。每當我們用「事業狂」（careerist）這個詞彙時，腦中就會浮現出一個意志堅決、奮鬥上進、決心要闖出一片天地的工作者，一心只想達成下一個階段，不在乎一路上打敗了誰，也不在乎自己犧牲了什麼。然而，如同「差事取向」的工作價值觀，社會對於抱持「事業取向」的工作者通常給予的評價還是低於抱持「使命取向」的工作者。從許多電影中都可以窺見「事業取向」的工作價值觀，例如電影《華爾街》（*Wall Street*）的經典台詞：「貪婪真好！」（Greed is good）、《大亨遊戲》（*Glengarry Glen Ross*）的經典台詞：「一定要成交！」（Always be closing）和《華爾街之狼》（*The Wolf of Wall Street*）的主角台詞：「我曾貧窮，我也曾富有，但我每一次都選擇當有錢人！」這些電影裡塑造出競爭心強、聰明狡詐的白領專業人士，可能都是典型的「事業取向」工作者。

有人說，站在金字塔頂端的人必須耐得住寂寞。然而，抱持「事業取向」的工作者卻不一定覺得寂寞，反而是在邁向成功中找到人生意義。在「悲傷的肖像」專欄中，我們讀到許多令人欽佩的成功故事，但它所闡述的不只是表面的成功，更是成功背後所象徵的意義。電力能源經紀人萊斯利．湯馬斯（Lesley Anne Thomas）的丈夫回憶妻子時說：「她把握住紐約提供的機會，在以男性主導的世界裡取得成功而自豪。」至於投資銀行桑德勒奧尼爾合夥人公司（Sandler O'Neill & Partners）的創辦人之一赫爾曼．桑德勒（Herman Sandler），他的外型「看起來像是漫畫裡的沃巴克老爹（Daddy Warbucks）」，在他的協助下，公司「從只有七名員工的臨時辦公室，發展成占據世貿南塔一百零四樓、擁有一百七十名員工的大型辦公室」。

與其說「差事取向」與「事業取向」的差異在於獲得

晉升的機會，不如說是工作者看待所從事的工作是否具有意義。在「悲傷的肖像」專欄中，我們讀到幾個不把工作當成差事的工作者故事，例如琳達·格雷林（Linda Mair Grayling）最初從行政助理做起，一路升遷到管理階層，對她來說，最棒的是每天可以從位於世貿中心高樓層的辦公室，俯瞰窗外她最愛的美景。

自從企業辦公室文化在一九六〇年代出現後，直到今天，工作者取得事業成功的主要方式就是「向上流動」。所謂「向上」並不是一種比喻，就是字面上讀到的意思：成功獲得晉升的人會位在較高的樓層，擁有高級家具的辦公室、更好的視野和更能幹的秘書。相較於此，一八五〇年代的職員（也就是今天辦公室裡職員們的祖先）則通常會在乏味、枯燥且不可預測的職位上埋頭工作，他們之所以甘於如此，或許是因為他們認為這是通往管理職的必經、也是唯一道路。有趣的是，辦公室的因循守舊和可預測的線性職涯道路，與美國文化大力鼓吹個人主義、例外主義（exceptionalism）和自由觀念正好形成強烈的對比。即使是經過兩個世紀後的今天，職稱、薪資和獎金等身分地位象徵及隨之而來的物質報酬，依然對人們具有強大的吸引力，而今日的美國企業界也依然提供可供晉升的職涯階梯，以及可望不可及的權力戒指。

然而，並不是每個人都希望待在同一家公司裡工作一輩子，這顯示工作者為自己設定的職涯目標，也從為組織效力轉為其他領域。隨著一九九〇年代知識型工作的興起，人們開始更重視同業之間的交流，而不一定非得從老闆或主管那裡獲得認可。對這些工作者來說，可能不會花太多力氣去追求向上晉升的機會，希望建立個人聲譽和提高自己的業界地位，這意味著組織階層中的晉升可能不再像傳統的階層。

相較於「差事取向」與「事業取向」的工作價值觀，如今在學術界、企業界和大眾媒體的關注下，「使命取向」的工作價值觀顯然已經躍升為更高的層次。我們從對九一一事件的罹難者研究中發現，許多救難英雄充分展現出「使命取向」的工作價值觀，例如消防員丹尼斯．莫吉卡（Dennis Mojica）的未婚妻說，莫吉卡的工作「是他的夢想、他的人生，更是他的摯愛。」我們對許多抱持「使命取向」的金融專家更感到好奇，例如約書亞．賴斯（Joshua Reiss）被親友形容為「生來就是個精明的商人」；詹姆斯．蒙霍爾（James Munhall）在「周圍都是他的親密好友」的工作場所中辭世。這些故事讀來雖令人悲痛，卻傳達出一個訊息：如果人必須在工作中死去，那麼最理想的狀態就是和自己所愛的人一起、做自己所熱愛的工作。我們還發現，無論在金融業或是整個罹難者群體中，抱持「使命取向」的工作者都高得不成比例，這反映出推崇「使命取向」已成為一種更普遍的文化趨勢。

崇尚職業使命感在當今文化中具有重要意義，所以我們在後續章節會用大約一章的篇幅來做討論。根據研究發現，管理者普遍認為抱持「使命取向」的員工，往往比抱持「差事取向」或「事業取向」的員工更努力工作、表現得更好、對組織更忠誠，因此理應得到更優渥的薪酬和晉升機會。然而，這很有可能只是「月暈效應」（halo effect）造成過度美化的誤解，實際上這些員工的表現與其他員工並沒有太大差異。「悲傷的肖像」專欄正好為我們呈現出這樣的誤解。

值得為它而活的工作

回想起我們第一次閱讀「悲傷的肖像」專欄，最初只是因為想了解這些生命驟逝的同胞。這些故事詳細描述罹難者的生活方式、工作原因，以及各自具有的獨特價值觀。但當我們愈讀愈多，我們意識到它們似乎也向我們揭示：人應該如何生活、為什麼而工作，以及是什麼讓生命具有普遍的價值，這些正是哲學家所謂的「規範性問題」（normative question）。這些問題促使我們展開一項新研究計畫，將這些故事視為一種理想化的描述，就像訃聞經常透過強調逝者優點，來提醒我們應當如何生活。諷刺的是，在我們將這些故事轉化為研究對象時所必須進行的流程（將每篇故事簡化為一系列代碼，以字母和數字形式輸入電子表格），有時卻是非人性化的，不僅對我們如此，對故事主角也是如此。身為管理學研究者的我們，有時甚至會在閱讀故事到一半時停下來拭淚，這是之前從所未有的經驗。

在重新閱讀「悲傷的肖像」許多故事時，「差事取向」、「事業取向」和「使命取向」工作價值觀全部一一浮現。然而，雖然一些故事裡的工作價值觀很明確，但我們發現，在將近三分之二的故事中，工作似乎只是人們生活中「附帶的」存在。更常見的情況是，受訪親友依照採訪記者的要求提到罹難者的工作場所，以解釋他們當天為什麼會出現在攻擊地點，但重點多半依舊放在罹難者工作以外的生活。卡洛・弗萊茲克（Carol Flyzik）的故事主要在描述她搬去與女友同居後，得到家人接納的過程。雖然她是因為出差搭上美國航空十一號航班而遇難，但工作部分只被清描淡寫的一筆帶過，她的繼女甚至「不太確定繼母的工作是什麼」。

大多數從事「工作意義」的研究者並不會特意強調身為工作者應該要具有工作使命感，或建議雇主應該雇用具有工作使命感的人；但不可否認的，現今社會中似乎有一種將「使命取向」浪漫化的時代氛圍，甚至會貶低將工作視為「只是」一份差事的工作者。當我們在分析這些個案故事時，得到的結果卻大大挑戰「使命取向」在上、「差事取向」在下的階層觀念。例如，胡安・奧爾特加・坎波斯（Juan Ortega Campos）在世貿中心的一間餐廳工作時去世，「悲傷的肖像」專欄中對他的描述如下：

在華爾街權力和金錢的漩渦中，他只是一個外送員，一個帶著濃厚西班牙口音的年輕人，負責把餐點送給在世貿中心工作、西裝革履的白領顧客。但在坎波斯位於墨西哥的家鄉，人人視他為一位成功典範，一位勤奮的冒險家。在美國打拚的他，天天打電話給家人，定期寄錢回家，一步步努力實現屬於自己的夢想。

坎波斯的故事清楚描繪出他的工作動機是「差事取向」，文中甚至微妙的暗示「西裝革履的白領顧客」看不起外送員，但在坎波斯家人的眼中，他無疑是個英雄。從表面上來看，「使命取向」工作者的工作意義是為了幫助他人或世界而存在，而「差事取向」則不然；但坎波斯的故事卻告訴我們，許多工作者對工作都抱持著相似的最終目的。從這個角度來看，「差事取向」的工作者可能與「使命取向」工作者同樣值得受人尊敬。這讓我們思考工作的意義可能不只關乎個人，還牽涉到親朋好友。試想：你之所以工作的最終目的是什麼？當你正在做一份你可能並不太喜歡的工作，在一天艱難的工作結束時，你是否曾停下來反思：究竟為什麼以及為了誰而咬緊牙關堅持下去？

幾乎沒有工作可以始終帶來回報，難免都有一些不得不完成的「必要之惡」，與那些相對愉快的部分交織在一起。

然而，要忍受一份枯燥乏味、缺乏認可、薪資微薄的工作（例如在摩天大樓裡外送食物），對大多數人來說都很辛苦。無論坎波斯每天和墨西哥的家人通話時間有多長，他顯然花更多時間在將一份份早餐與午餐，送到世貿中心的白領精英手中。如果他相信自己是為一個崇高的最終目標而工作，或許能為他帶來些許慰藉，但日復一日的勞苦奔波，真的能為他帶來滿足感嗎？或許不能，只是我們已經無法親自向他確認。「為家人而奮鬥」與「回應自身使命」可能同樣崇高，但兩者的實際體驗卻往往天差地別（對於接受外送服務的消費者來說，如果能意識到眼前為你送來貝果或咖啡的人，與你一樣是個有家庭、有夢想的人，或許就可以稍微改善這種差別對待的情況）。

我們在專欄故事中還讀到相當多「事業取向」的例子，例如在組織中不斷晉升，以提升個人地位、實現野心和自我成就的精英。然而，有一些同樣抱持「事業取向」的工作者，是透過工作來幫助人們克服生命中的障礙，例如打破性別玻璃天花板（glass ceilings）與種族歧視，試圖為後人造橋鋪路。「悲傷的肖像」專欄中的喬安·赫蒂布德爾（JoAnn Heltibridle）就是這樣的人，她想向家人證明，女人也可以「出人頭地」；達里爾·麥金尼（Daryl L. McKinney）的母親則表示，麥金尼經歷無比艱難的童年：「就一個來自紐約南布朗克斯（South Bronx）的非裔美國人而言，他已經做得夠好了。」從公用事業交易部榮升為美國金融服務公司建達（Cantor Fitzgerald）合夥人的卡爾頓．巴特爾斯（Carlton Bartels），專注投入於大宗商品市場，「以減少溫室氣體排放」。這些故事再次表明，「使命取向」並非唯一能服務他人的工作價值觀取向，有些工作者在追求個人職涯晉升的同時，仍然不斷自問：我能如何透過工作，讓世界變得更美好？

我們在對故事分類編碼時注意到，每種工作價值觀取向都可以是以個人為目標，也可以是以他人為目標。有些人的工作動機是基於「自我實現」，通常是希望達成對個人具有意義的職業目標，或塑造與個人價值目標一致的職業身分；有些人則是基於「服務他人」，無論服務對象是特定個體或整個社會。我們無意評判任何人的工作動機，而是希望去理解這些不同的工作動機為何被認為具有價值。我們花費如此多時間去應付日常挑戰或專注在攀登職涯階梯，以至於完全沒時間反思：當一切結束後，我們是否會希望自己曾以不同的方式工作與生活？這些人生故事不僅是一個悲劇性的象徵，更是一個深刻的提醒，讓我們知道職涯生活和生命的長度遠非我們所能控制，促使我們認真思考：**當生命走到終點，你希望別人怎麼描述你？你希望最了解你、最愛你的人，如何衡量你所做的工作和人生？**

我們選擇在工作價值觀取向中加入規範性視角，並非要拋棄「差事取向」、「事業取向」與「使命取向」的分類框架（我們仍然認為這是對「人為什麼工作？」問題最強而有力的回答），而是要提供一個嶄新視角，讓我們意識到三種取向所受的待遇並不平等，社會往往會將階級判斷強加於工作價值觀取向之上，因而對許多工作者（如九一一事件罹難者）造成傷害。因此，在回答「為什麼要工作？」的問題時，不論抱持何種取向，都不會是「錯誤」的答案。將工作視為「差事」、「事業」或「使命」的人沒什麼不同，同樣可以在工作中找到價值。何況要衡量一份工作的價值，遠不如某些人想得那麼簡單。

以九一一事件為背景來思考工作相關問題，往往會促使人們進一步去尋求生命更深層的意義，正如同許多人在悲劇發生後所做的那樣。直面自己的死亡不僅會讓我們思考工作的意義，還會幫助我們尋找工作對一生的終極意義。儘管思考臨終時我們會如何看待自己的工作，似乎是一個老掉牙的問題而顯得陳腔濫調，但我們如何看待自己的工作，將影響他們如何看待我們工作的意義，這種影響不僅是在日常生活中，也會延續到我們這一生走到終點時。

我們的親朋好友，無論是配偶、朋友、孩子、老闆或同事，往往會隨著我們在工作上投入程度的多寡而受到影響，對於我們所從事的工作是否值得犧牲這麼大（像是犧牲陪伴家人的時間，或賺取養家的資源），都有自己的看法。如果你想知道在更寬廣的生命視角中，他們是如何看待你的工作，不妨現在就問問他們的想法。

我們還從研究中發現，光用「差事取向」、「事業取向」、「使命取向」的社會階層分類方式可能不切實際，而且也太過精英主義。無論我們工作的動機是為了賺取金錢、獲得晉升或成就感，都能同時滿足各種終極目的，每一種取向都有其價值。因此，儘管我們應該有意識的思考「人為什麼要工作」，但我們也必須小心謹慎，不偏袒其中任何一種取向。換句話說，每一種工作價值觀取向都提供值得工作的理由。然而，每一種取向也都有自己的考量。如果你主要是為錢工作，那麼你要考慮的便是相對於其他人來說，你是否得到公平的報酬，以及你得到的薪資是否值得你付出這麼多犧牲奉獻。如果你工作是為了晉升，那麼你要考慮的便是你取得成就的最終目標是什麼？是為了個人地位？還是想為其他人鋪路？亦或是為了改善社會、實踐理想？我們的看法是，與其將注意力集中在透過職位晉升或尋找使命感以提高自我價值，不如就照著自己原本的工作價值觀取向繼續前進，思考我們的工作能為其他人帶來什麼，而不只是為自己帶來什麼。

第三章

何時該工作？該工作多久？

「這不能等到我老了再做嗎？我不能趁年輕時享受生活嗎？」

——搖滾樂團 Phish，〈粉筆灰酷刑〉（Chalk Dust Torture）

這不能等到我老了再做嗎？

蜜雪兒·歐巴馬（Michelle Obama）在她暢銷的個人回憶錄中，回顧兒時在芝加哥南區度過的時光，直到搬進白宮生活的奇妙旅程。法學院畢業之後，蜜雪兒在芝加哥一間知名律師事務所找到人生中第一份工作，並在那兒遇見未來的丈夫、美國第一位黑人總統巴拉克·歐巴馬（Barack Obama）。任何談過辦公室戀情的人對蜜雪兒和歐巴馬的故事都不會陌生，為了在職涯起步階段受到同事認可，這對未來的總統伉儷隱瞞兩人剛萌芽的戀情。只是這個祕密沒能維持多久就被發現了，先是蜜雪兒的助理，每當歐巴馬走過時，她都會露出會心一笑。後來，兩人第一次約會去電影院看史派克·李（Spike Lee）的《為所應為》（*Do the Right*

Thing）時，又在爆米花攤位前與事務所最資深的合夥人不期而遇。

蜜雪兒在書中描述兩人早期在事務所共事的甜蜜時光：「當然，我們大部分的時間都埋首在工作上。在盛德律師事務所（Sidley & Austin）辦公室裡，四處總是一片靜謐。每天早上，我會告訴自己得拋開所有浪漫幻想，迅速進入初級律師的角色，處理桌上那堆文件，滿足各式各樣的客戶需求。歐巴馬則是在另一間辦公室裡處理文件，他的出色表現受到合夥人的賞識。」

蜜雪兒和歐巴馬的人生是一個關於野心與奮鬥的故事。他們的出身背景毫不起眼，靠自己的努力進入常春藤名校、哈佛法學院，畢業後，在享有盛譽的事務所擁有一份令人稱羨的工作，並達到人生的巔峰成就。他們全心全意實現美國夢，用努力工作和追求成功的企圖心，為自己換來等值的回報。對於志在成為合夥人（或更高職位）的初級律師來說，持續而努力的工作是邁向成功的必要途徑。蜜雪兒寫道：「我是一名律師，律師就得工作，而且無時無刻在工作，連收入都是依時數計費，別無選擇。」

相較於蜜雪兒在大事務所裡的勤懇工作，她的普林斯頓大學室友兼好友蘇珊·阿勒蕾（Suzanne Alele）的生活正好相反。她在奈及利亞出生，在牙買加和馬里蘭長大。蜜雪兒形容她「不受任何單一文化所束縛」，是個隨心所欲的樂天派。大學時，蜜雪兒每個週末都在圖書館唸書，阿勒蕾則在各種派對中流轉。蜜雪兒描述：「想知道阿勒蕾今天過得好不好，只需要看她那天過得開不開心。」畢業後，阿勒蕾選擇的生涯道路簡直和蜜雪兒南轅北轍，她放棄去另一所常春藤大學的機會，決定去州立大學攻讀企管碩士。根據蜜雪兒的猜測，那是因為她不想承受龐大的壓力（但根據我們的親身經驗，州立大學學生的學業壓力其實也不小）。

後來阿勒蕾進入美國聯準會（Federal Reserve Board）工作。有天，她決定辭職，和母親一起環遊世界，除了盡情享受人生，沒有任何預定計畫。對此，蜜雪兒在書中寫道：「當我穿著漆皮高跟鞋，在事務所參加冗長而沉悶的會議，阿勒蕾和她母親卻在柬埔寨的餐廳裡，小心翼翼不讓咖哩濺到洋裝上，黎明時分則在泰姬瑪哈陵的宏偉大道上翩翩起舞。」令人感嘆的是，這個故事的結局急轉直下。阿勒蕾和母親旅行回來後，雙雙被診斷出患有惡性腫瘤。阿勒蕾在二十六歲時死於淋巴癌，距離蜜雪兒的父親去世不過兩週。面對生命中一連出現雙重打擊，蜜雪兒頓時陷入沉思：儘管阿勒蕾當初做的辭職選擇並非基於知道自己時日無多，但「我突然很慶幸她每次都把我的勸告當成耳邊風。我很高興她沒有為了那張名校商學院文憑而過度操勞……而是以我從未嘗試過的方式盡情體驗人生。」

人生是有限的，即使我們不一定能深刻意識到這件事，仍然需要決定該用什麼樣的方式度過每一天。我們可以像蜜雪兒一樣，用生產力來衡量人生價值，也可以像阿勒蕾一樣，用享受人生來衡量每一天。只是有時候，工作的選擇權並不在我們手上，而是基於現實環境和經濟壓力。尤其，在這個鼓勵「工作至上」的世界中，思考「何時該工作？該工作多久？」這個問題，顯得格外重要。

對於一般人來說，這個問題的答案簡單到根本不需要思考，因為現實狀況是，我們大部分的時間都在為生計奔波，哪有可能好好享受人生。我們一天的時間被上司和下屬、父母和孩子、自己的想要和需要分割得支離破碎，甚至沒時間去想像工作是否還有其他可能。如果你的工作是以時薪計算，那麼更可以體會「時間就是金錢」這句話。但思考「何時該工作？該工作多久？」這個問題的真正目的，其實是想進一步探問：**我們該如何以有價值的方式善用有限的生命？我們是否花費太多時間在工作上？我們究竟該趁年輕時努力工作？還是把握年輕時盡情享受人生？**

我們經常聽人們說，年輕時努力工作存錢，是為未來的退休生活做準備。然而，像阿勒蕾這樣的故事我們並不陌生，誰都不能保證年輕時的投資在日後會得到回報。生命，何其短暫！我們究竟應該為了明天好好工作，還是盡情享受今天的生活？想要找到答案，我們必須先思考在做不同選擇時，需要放棄的是什麼。

我不能趁年輕時享受生活嗎？

有個商學院應屆畢業生向麥慶誼求助，想知道該如何說服母親支持他的生涯規畫。這名學生計畫畢業後先從避險基金分析師做起，等到四十歲時賺足十億美元，然後退休當個慈善家兼業餘高爾夫愛好者。可是他媽媽聽完他的規畫，卻不停潑他冷水。

麥慶誼決定先問他幾個問題。第一個問題是：「如果你活不到四十歲，怎麼辦？」但這個問題沒能對他產生多大影響，畢竟，二十二歲的年輕人很難想像自己會英年早逝；第二個問題是：「如果你沒辦法那麼快賺到十億呢？」這個問題同樣不具效果，人們很容易陷入「過度自信偏誤」（overconfidence bias），無法想像自己在四十歲時怎麼可能不是億萬富翁。第三個問題是：「到時候如果你有了孩子，還會願意當個慈善家，毫不猶豫捐出本該由孩子繼承的遺產嗎？」這個問題讓他開始思考，不過，這問題依舊稍嫌遙遠而難以具體想像。最後一個問題是：「一直打高爾夫球，你不會覺得無聊嗎？」在年輕人心中，大概會覺得這是個極其荒謬的問題吧！

另一方面，珍妮佛在課堂上也會定期對大學生進行調查，詢問他們打算幾歲退休。有些學生會回答「永不退休」或「一百歲」，有些學生則表示希望在三、四十歲左右退休。對於大多數人來說（尤其是從年輕時期就把重心擺在工作、而非生活的人），提前退休似乎是個絕佳選項，畢竟每天辛勤工作的最大回報，就是能在還算年輕時就開始享受人生，不是嗎？

這正是「FIRE 運動」隱含的理想及承諾，所謂 FIRE，就是財務自由（**F**inancial **I**ndependence）、提前退休（**R**etire **E**arly）目標的縮寫。財務自由是指從有償工作中掙脫出來，存下比大多數人多更多的錢（目標儲蓄率約為七〇%，是普通美國人平均儲蓄率的七倍以上），還要大幅減少開銷，把省下來的錢進行投資，這樣就能提前退休，靠利息、房租、汽車出租及其他財產收入等「被動收入」生活。

「FIRE 運動」於二〇一八年被《紐約時報》報導後掀起風潮，但其實這個概念早在一九九二年出版的《跟錢好好相處》（*Your Money or Your Life*）書中就曾提到，英文書名明確點出，人必須在金錢和生活中做出取捨。該書作者之一薇琪．魯賓（Vicki Robin）表示，她寫這本書的初衷並非鼓勵人們辭職，而是敦促大家減少消費及支出，以促進環境的永續發展。這個運動要到二〇一〇年代才真正廣為流行，因為千禧世代「處在這種經濟環境下，工作者對自己的生活幾乎沒有掌控權，感覺自己隨時都可能被取代。當他們展望未來，不禁疑惑：『我究竟能得到什麼？』」當工作的要求愈來愈多，得到的回報卻愈來愈少，再加上全球物價飆升，感覺日子變得更難過的人開始尋求擺脫工作的生存之道。為了回應這種社會趨勢，該書在二〇一八年重新發行，並邀請FIRE 運動推手暨知名部落客「錢鬍子先生」（Mr. Money Mustache）專文推薦。

北卡羅來納大學教堂山分校（UNC Chapel Hill）克南－弗拉格勒商學院（Kenan-Flagler Business School）管理學教授蘿拉．桑迪（Laura Sonday）的博士論文，就是以 FIRE 運動為研究主題。她從訪談中發現，許多人的經歷與魯賓描述的狀況幾乎相同。儘管許多人喜歡自己的工作，也認為它具有意義，但他們都認為工作過度瓜分自己的生活。他們期待的並不是永遠擺脫工作，而是能選擇在自己想要的時間和地點，依照想要的方式工作，而財務自由能為他們帶來珍貴的自由。其中一位受訪者說：「美好的生活，就是按照自己想要的方式積極投入，並且能夠對自己不想做的事說『不』……財富提供我們一些說『不』的自由。」另一位受訪者則表示，透過計算出自己真正需要的生活費（這呼應魯賓最初提倡的減少消費），就可以「決定要為你的自由付出多少代價」。

FIRE 運動的成功主要來自強大的社群支持。桑迪注意到網路討論 FIRE 的盛況，例如在二〇一九年的 Reddit 論壇上，某個討論「財務自由」的論壇共有五十五萬名訂閱者，到了二〇二三年，訂閱者已經成長到超過兩百萬人。在論壇裡，留言者各自分享自己的 FIRE 故事，從家庭受扶養的人口數量，到個人資產配置和支出比例等資訊，不僅發揮網友們相互打氣的功能，也成為尋求建議的管道。許多人雖然不確定能否實現提前退休的夢想，但很少有人對實踐 FIRE 的生活方式感到後悔，因為不管如何，那都比朝九晚五的全職工作生活來得理想。桑迪也發現，成功實踐 FIRE 運動的人往往擁有大學以上的學位和較高的可支配收入；雖然如此，FIRE 並非有錢人的專利，在桑迪的研究樣本裡，大約有三分之一的 FIRE 運動實踐者自稱是成長於中下階層。

FIRE 運動之所以如此具有煽動性，是因為它與幾十年來居於主導地位的工作生活模式形成強烈對比。二十世紀中葉的辦公室文化型塑出一套人生公式：人到了高中或大學畢業後就要工作，一直做到能向政府請領退休福利的年齡為止（目前美國的退休年齡是六十七歲左右，視出生年份而訂）。暫且拋開「如果提早退休，我們該如何利用這麼多空閒時間」這個問題不談（或是換成另一個問題「不工作意味著什麼」，我們將在後續章節探討這個問題），我們首先要思考的核心問題是：**在我們的人生階段中，何時該工作？**

關於這個問題，哲學家喬安娜．席拉試著從著名的《伊索寓言》（*Aesop's fables*）裡尋找答案。喬安娜指出，伊索的作品特別值得關注，因為據說這位古代說書人曾是名奴隸，後來靠自己的努力重獲自由。在〈螞蟻與蚱蜢〉的故事中，蚱蜢整個夏天都在唱歌享樂，螞蟻則是努力為冬天儲存足夠的食物，把生存看得比享樂重要。當天氣開始變冷，蚱蜢餓得不得了，只能向螞蟻乞求一點食物。在這則寓言裡，蚱蜢顯然是一個負面教材，比喻人們在缺乏深思熟慮下所做的選擇，將會帶來不可預見的悲慘後果。

然而，就某個角度來看，趁年輕時享樂和休閒，也就是優先考慮現在，而非不確定的未來，其實是合情合理的。畢竟我們年輕時的身體狀態可能是一生中的巔峰，這個時期也不需要負擔許多伴隨年齡而來的抵押貸款、保險費、養育家庭等責任，不僅擁有承擔風險的潛力，即使失敗了，也還有時間重新來過。然而，社會文化普遍期待二十多歲的年輕人盡早獨立生活，進入人生的下一個階段，若非如此，甚至會以「發射失敗」（failure to launch）來形容那些脫離常軌、跟不上同齡人步調的年輕人。也因此，在普林斯頓大學的畢業生中，大多數人都走上與蜜雪兒相似的道路，選擇和阿勒蕾相似之路的人屈指可數，而這種現象不只出現在常春藤盟校。走一條和別人不一樣的路，不僅需要面對像寓言中的蚱蜢所遇上的不確定性，未來在面臨人生重大決定（如生孩子、購屋、親自照顧或交由專業機構照護家中長輩）或意外狀況時也必須做好準備。

另一個主張人要趁年輕時努力工作的說法是，如果我們能幸運的安享晚年，就不必在老年時還要為生計辛苦奔波。只是，這樣的選擇可能付出的代價，是所謂的「錯失恐懼症」（fear of missing out，簡稱 FOMO），也就是當看見別人在享受生活、環遊世界，活出精采人生時產生的巨大焦慮感。如今，社群媒體使得個人的私生活更加公開可見，也使得過著 FIRE 生活方式的人們更容易被看見。試想，像螞蟻般勤奮的「蜜雪兒」光是幻想像蚱蜢般的「阿勒蕾」環遊世界就已經羨慕不已，何況是看她每天用貼文記錄那些豐富的冒險經歷。

揮霍的青春

在思考「何時該工作」時，需要從整體人生的角度來考量，並理解我們不可能確切知道自己的未來會是什麼樣子。〈螞蟻與蚱蜢〉寓言中「今天休閒享樂，可能剝奪明天的幸福」的想法，多少會讓人感到不安；相較之下，「今天努力工作，可以確保更幸福的明天」的想法或許更容易讓人接受，尤其是當覺得「大家都在這麼做」時，錯失恐懼症也可能發揮出正向效果。然而，如果工作或不工作的決定可能導致日後感到遺憾與後悔，又該怎麼辦？

我們顯然無法預測自己的未來，但研究顯示，我們同樣不擅長預測當下做出的選擇，會在未來導致何種情緒狀態。心理學的「情感預測」（affective forecasting）研究，探討的是我們如何預測某件好事發生時（例如獲得升遷）自己會有多高興，或者某件壞事發生時（例如未獲晉升）自己會有多沮喪。這些對未來情緒狀態的預測會影響我們當下的決定，無論是選擇該買哪輛車、是否收養寵物，或者要不要換工作。在其他條件相同的情況下，我們通常會盡可能提高幸福感，減少憤怒、悲傷、遺憾等情緒，因而傾向做出有助於達成這些情緒目標的選擇。但事實上，這種情感預測本身就存在缺陷。研究顯示，我們通常可以正確預測情緒的方向（例如獲得升遷會感到高興，未獲晉升則會沮喪憤怒），但往往高估情緒的強度和持續時間（例如我們想像自己會因未獲晉升而痛不欲生、難以平復，但實際上我們雖然感到沮喪，卻不至於絕望崩潰，而且很快就會恢復過來）。同樣的，辭掉一份讓自己身心俱疲的工作，確實會讓自己好過許多，但在開心程度和持續時間上卻遠不如我們所預期。

請記住，我們的幸福感會在短期內上下波動，但長遠來看通常會回到大致相同的水準。正如「還有半杯」或「只剩半杯」的水那樣，我們不太可能因為一個決定徹底毀掉整個人生，也不太可能因為一個決定而獲得無比幸福，但我們確實可以透過行動來調整優先事項，盡可能提升幸福感並減少痛苦感。事實上，我們一直都是基於這種動機做選擇，儘管我們可能從未意識到。對那個尋求麥慶誼忠告的學生來說，壞消息是：無論他希望透過一項決定來獲得（或避免）什麼，事情很可能無法如他所願；但好消息是：他多半有時間可以去適應環境、調整人生優先事項，甚至是在發現走錯路時即時改變方向。

容易誤判未來情緒狀態的另一個原因，是我們常會忽略情緒的複雜性，往往專注於體驗一種主要情緒，而不是事實上更常出現的混合情緒。事實上，我們的情緒很少是純粹正面或負面的，例如：得到一個絕佳工作機會（正面），同時意味著將不得不搬家（負面），或者不得不告別目前優秀的老闆和同事（負面）。也就是說，我們的體驗之所以不如預期的那樣正面，是因為在做決定時忽略潛在的負面影響。

與預判近期未來時的感受相比，我們預判遙遠未來時的感受往往更不準確，而且時間愈遙遠，預測愈不準確。對於年輕人來說尤其如此，面對往後漫長的人生路，往往更難準確預測未來，也更難做出對自己有利的選擇。這意味著，我們在二十歲出頭時很難想像自己四十多歲（這是麥慶誼那位學生的預定退休年齡）時的感受，更別提六十多歲快退休時的感受了。當我們想像未來（無論是近期還是遠期）無需工作、無拘無束、隨心所欲的日子是多麼幸福時，很可能並未充分考慮隨之而來的負面影響：我們是否會懷念起與他人的互動、不用完全依賴個人決定的生活，以及從工作中獲得的身分認同感、目標感及成就感？相反的，我們在工作中總覺得距離滿足感還有一步之遙，似乎只要再實現某個目標（無論是獲得升遷、達成交易，或完成一項棘手的任務）就能完滿。而現實總是一再讓我們感到失望，成功後的感覺明顯不如想像中那麼美好與持久，正面情緒往往會被那些意料之外的負面情緒所抵消。這的確有些令人感到遺憾，如果我們能夠事先知道什麼才是對現在及未來最好的決定，並據此規畫人生與職涯，那該有多好！無論我們喜歡與否，未知依舊是人生本質的一部分。因此，即使我們無法知道、無法預測，仍然必須習慣做出可能影響未來自己的決定。

當我們回憶過去人生片段的感受時，同樣會出現偏差。時間會沖淡過去的傷痛，而且我們的存在本身就可能是成功的證明。回顧職涯道路上已經克服的困難時，我們往往覺得「一切經歷似乎都很值得」；但若回到事發當時，我們可能會有完全不同的看法。這使得年長者很難給年輕人建議，他們過去在工作與家庭生活間取得平衡的經驗，往往並不適用正在工作和家庭夾縫間苦苦掙扎的年輕一代。與不同職業階段者互動交流，確實可以增進理解與同理心，但依舊無法取代個人親身經歷。然而，或許有一點能讓我們稍感寬慰，那就是：沒人能夠完全理解人生。無論是比我們年長的人，還是比我們年輕的人，所有人都是在混沌中摸索前行，努力試圖在此時此刻回答那些人生中的重要問題。

生命的季節

與死亡擦身而過的經歷，促使蓋爾．希伊（Gail Sheehy）開始思考一些重要問題。身為一名記者，她被派往北愛爾蘭報導民權運動中的女性故事，卻意外親歷惡名昭彰的「血腥星期日大屠殺」（Bloody Sunday massacre）現場。當時，遊行隊伍因為遭到催淚瓦斯攻擊而撤退，希伊在一個相對安全的陽台採訪一名剛逃過來的年輕人，接著，就在一瞬間「一顆子彈擊碎了他的臉」。目睹震驚、悲痛且無可挽回的一幕，她當下就意識到，那顆子彈不僅結束一條年輕生命，也將徹底改變自己的人生。回到紐約後，希伊發現自己無法繼續寫作，甚至連那篇關於北愛爾蘭的報導都無法完成。她變得脾氣暴躁、情緒極度不穩定，不僅結束一段戀情，也將助理解雇。在回想當時的自己時，她說：「春天來臨時，我已經幾乎認不得自己。三十多歲時那種四處漂泊所帶給我的快樂……突然間不復存在。」她還寫道：

> 愛爾蘭的經歷可以簡單解釋成：真實子彈從外在威脅我的生命，這是可觀察到的外在事件，我的恐懼合情合理。但如今，有股破壞力量在我的體內，成為難以捉摸的內在事件，一種陌生、可怕、難以言喻、無可否認的情緒占領了我。那是我自己的死亡。

事實上，希伊正經歷一場中年危機。這種危機最常發生在三十五歲到四十五歲之間，也就是她當時所處的年齡層。身為一個突然對自己過去作品充滿排斥感的作家，希伊開始嘗試深入了解中年危機，卻發現「危機一直都存在，或者更貼切的說，人生的轉折點一直都存在」。她開始記錄自己人生中許多危機和轉折點，最終促成《人生變遷》（*Passages*）一書的問世。這本書於一九七六年出版，並連續三年登上《紐約時報》暢銷書榜。在一九九一年美國國會圖書館的調查中，該書被評為對讀者人生影響最大的十大好書之一。

在《人生變遷》中，希伊試圖描繪出人類「成年期」的全貌，也就是青春期結束到老年期開始前的這段時間。與青春期和老年期相比，成年期較少受到社會媒體關注，但這段時間卻是大多數人的職涯黃金期。她將這個漫長時期區分為各個階段，並詳述伴隨這些階段而來可預見的危機。這本書內容十分廣泛，特別關注人際關係（尤其是與配偶和子女的關係），但也涵蓋工作與職涯發展。希伊深知這是項艱鉅任務，不可能準確掌握大多數人的人生軌跡，所以她以一百一十五名美國中產階級男女為訪談對象，並引用證據表明中產階級的態度通常能代表更具普遍性的大眾文化。

希伊認為成年期起始於「摸索的二十多歲」（Trying Twenties），也就是逐漸告別童年生活與對父母的依賴，開始進入真正獨立階段的過程。在這個階段裡，我們渴望為未來奠定穩固基礎，同時希望向外探索世界和自己更多的可能，因此往往在追求穩定性與探索可能性之間掙扎。我們在這個階段所做的決定，主要是受到外在群體的影響，包括同儕和整個文化，我們會將這些社會參照視為行動的指南。在工作方面，我們面臨在職涯領域中建立自身地位的挑戰，並期待有天能實現心中的夢想；此時，我們的夢想還沒（或者說還沒完全）被消滅。

希伊在〈左右為難三十多歲〉（Catch-30）這章寫到，當人們到了三十多歲，心中的不安通常會表現在強烈渴望改變家庭生活和職業生涯上。在人生從三十邁向四十的這十年中，往往也是人們成家立業或事業擴張的主要時期，例如孩子陸續出生、開始背負房貸壓力、轉換職涯路線等，充滿旺盛企圖心並更加關注自我發展。與此同時，職涯與家庭之間開始存在明顯的緊張關係，配偶中的一方（通常是女性）往往必須承擔過多的壓力，形成夫妻關係的動盪期，當事人常會像面對「第二十二條軍規」（Catch-22）那樣左右為難。

書中關於工作和職涯的內容大多出現於三十五歲到四十五歲之間，希伊稱之為「最後期限前十年」（Deadline Decade），也就是經常被標示為「中年危機」的十年：「進入三十五歲以後，我們來到一個十字路口。然而，走過人生旅程中點的我們，即使已經攀上事業巔峰，還是會開始意識到終點的存在，感覺時間變得緊迫」。在人生「最後機會」的壓力下，有些人選擇加速發展現有職涯，有些人則積極尋求改變，在為時已晚前轉換職涯跑道或建立家庭。

希伊將五十多歲描繪成一個成熟、溫暖、接納的階段，人們開始抱持「別再浪費時間」的態度，就像是歷經十年風暴後的平靜。然而，當我們讀到這段寫於一九七六年的書籍內容時，第一個反應是這段平靜時期似乎至少提早了十年。事隔二十年，希伊在一九九五年出版的《新中年主張》（*New Passages*）中承認，她因為中年危機而在三十五歲時寫下那本書，當時「根本無法想像五十歲以後人生會是何種光景，自然不可能認為這個具有無限可能性及發展潛能的時期。」於是她在《新中年主張》中重新調整時間軸，將五十歲後的人生稱為「第二個成年期」，並指出健康狀況良好者通常還能再活三、四十年，擁有足夠時間啟動新的職涯，或者延續現有職涯發展。

將人的一生分為幾個發展階段，而且每個階段有各自要完成的任務，這並非是新概念。在莎士比亞的名劇《皆大歡喜》（*As You Like It*）中就勾勒出人生的七個階段：從在襁褓中啼哭的無助嬰兒、稚齡的學童、年少的情人，再到勇敢衝動的戰士，然後是安頓下來、說話「引經據典」的中年人，然後成為「鼻樑上架著眼鏡，腰間掛著小袋子」的病弱老人，最後，則是在生理退化如第二個童年期中結束一生。哲學家羅伯特．諾齊克（Robert Nozick）就驚訝的發現，他兒時曾渴望得到某位長輩的讚許和認可，最終自己也變成這樣的人。

當然，沒有任何理論可以百分之百描繪出一幅可預期的人生藍圖，不同的人生會因為環境、特殊背景和純粹因為運氣使然，而有著天差地遠的生命樣貌。大部分的人通常會隨著自然的規律過完這一生：逐漸成長直到身心達到成熟狀態、生育和撫養子女、照顧日益年邁的父母（對上有老、下有小的「三明治」世代來說，照料子女和父母則會兩者並行），最後隨著年齡的增長，在生理上出現一些限制等。許多象徵成功和美國夢的標誌，比如購買房產，會因為必須按時繳納房貸、權衡可接受的通勤距離等，限制我們某種程度的自由。許多因素都會影響我們如何看待「何時該工作」，當然也包括規定最低工作年齡的法律規定，以及政府資助退休福利等誘因，更不用說共產主義國家會強制要求人民在特定年齡工作和退休。

職涯發展在某種程度上也會受到行業規範所影響。例如某些行業的工作者需要先接受漫長的培訓計畫（如醫學界或學術界），或是需要先取得證照（如法律或建築業），這些規範也使得中年轉行變得困難。不過雖然困難，卻也並非完全不可能，克莉絲汀・埃內亞（Kristine Enea）的故事就是一個例子。

埃內亞原本是一名自由律師，卻對這份工作漸漸感到倦怠。她曾競選公職，可惜最終失敗，還曾成功捐獻一顆腎臟給從未謀面的病人。為了尋找不同職涯發展的可能，埃內亞做了職業興趣評估問卷，問卷分析結果顯示，她最適合的職業是律師、建築師或外科醫師。律師這個職業對她已經不具有吸引力，但外科醫師卻引起她的注意。為了試水溫，她先選修申請醫學系時必修的課程。回憶起當時上課的畫面，她說：「我就像《綠野仙蹤》（*Oz*）裡的桃樂絲，眼前景象瞬間變成彩色的，我的腦子也好像突然被喚醒了。」後來，她在五十三歲時進入醫學系，和一群二、三十歲的同學們一起上課。在我們進行訪談時，她只差幾個學分就能拿到醫學院學位。

埃內亞認為自己之所以能在職涯中期成功轉換跑道，主要是基於以下幾個因素：首先，她形容自己「樂於打破常規」，因為她是在以不墨守成規出名的加州矽谷長大；其次，她加入一個她稱為「老醫學預科生」提供支持的團體，並告訴自己「我可以從事這個行業，直到我不再喜歡時，也可以隨時退出」；第三點，也是非常重要的一點，埃內亞擁有足夠的財務緩衝空間，她的第一個雇主給她股票選擇權，此外，她在舊金山和聖荷西兩地各有價值不菲且持續升值的房產。

後來，正如埃內亞所預測的，她在醫學院最喜歡的課程是外科實習。她喜歡外科手術的療效和前瞻性，並且深信未來手術的發展潛力無窮。如果埃內亞決定要成為外科醫師，必須先累積五年住院醫師的資歷，也就是說，等到真正成為外科醫師時，她至少六十三歲了。雖然埃內亞的身體很健康，看起來比實際年齡年輕，但還是不免擔心自己的體能能否承受職業傷害。和許多五十多歲的人一樣，她現在得戴老花眼鏡才能看得清楚。除了視力，外科醫師每天要站十個小時進行手術，這對她來說是個挑戰。儘管如此，這些考量還不至於令她放棄，畢竟，許多外科醫師在退休後仍持續工作。

現在的你處於人生哪個階段？你認同希伊所提出的人生發展階段嗎？你的下一個人生轉捩點是什麼？你會選擇張開雙手迎接下個階段的來臨，還是想試圖延緩？埃內亞的故事深具啟發，它不僅鼓舞我們試著打破對人生階段線性進展的想像，還讓我們看見儘管有些行業看似遙不可及，但改變永遠不會太遲。她的故事同時揭示出起身改變的能力，取決於我們是否具有足夠的經濟實力和體能狀態做支持。她的故事是真的，與年輕二十幾歲的同學相比，她所經歷的優勢和劣勢也都是真的。然而，當我們在中年之後才找到自己的熱情，這究竟是「晚來總比沒來好」，還是真的已經為時已晚？

往前倒數和往後倒數

以提前退休為目標的 FIRE 適合你嗎？對某些人來說，這似乎是個合理的目標，尤其是當你確定和對工作的熱情相比，自己絕對更喜歡不工作，也許你的人生使命並不在職場中，朝九晚五的工作時間更讓你無法盡情施展。然而，FIRE只會加速《人生變遷》裡主張的人生階段，讓我們在書中所定義的「第二個成年期」退休，甚至可能更快達成目標。散文家兼小說家傑夫．戴爾（Geoff Dyer）曾寫道，他小時候就發現親戚們大多處在「不愉快且低回報的工作」狀態中，認為可以提前退休「是一種無比的尊榮，甚至可說是一種美好的人生志向」，但現實的經濟狀況卻阻礙我們提前退休的夢想。不僅如此，我們的賺錢能力通常與年紀成反比，這也是為什麼當我們面臨龐大的經濟壓力（還清助學貸款、買房、成家等），理財專員通常會建議同時為孩子的教育基金和自己的退休金好好存錢。如果收入扣掉生活花費還有餘裕的人，更要把錢存入個人退休帳戶，以便在遙遠的未來能舉辦一場退休派對，並收到上面印著「工作結束，人生開始」的咖啡杯和其他禮物後，真的能順利展開樂活人生。

《新中年主張》的主張可能更符合儒家格言：「我們有兩條命，第二條命始於我們意識到自己只能活一次。」戴爾對此表示，對於有幸找到自己熱愛的工作並從中獲得成就感的人來說，可能根本不會考慮退休。哲學家諾齊克於一九八九年出版《經過省察的人生》（*The Examined Life*）時，他的母親去世、父親患病，這讓他開始不禁懷疑，噩運也可能會隨時降臨在自己身上。雖然他意識到生命會隨著年齡的增長而改變，但他並不贊成《人生變遷》裡將生命畫分為幾個抵達終點前的中點思維和標籤。他寫道：

> 我會調整相對的邊界，來創造新的中點。「人生尚未過半」，這句話到四十多歲之前都可以適用；「大學畢業到人生盡頭的中點」，講的大概就是現在的我。接下來，我需要找到另一個新的中點，我希望繼續進行這樣的調整，即使到老年，我依舊會有尚未超過的那個中點。
>
> 這一切，都是為了讓我相信未來仍與過去一樣遼闊，仍有同樣多的美好在等著我。

諾齊克寫下這段文字時，還不到五十歲。他去世時僅六十三歲，正值一名哲學家和作家的顛峰期，距離老年階段還很遙遠，根據他列出的待辦清單，或許還有一半以上的重要事項尚未完成。然而，在許多行業中，六十三歲已經是將屆退休的年齡。在我們以前工作的顧問公司，合夥人強制退休的警鐘在五十多歲時就開始敲響。事實上，在我們寫這本書時，麥慶誼的前同事們正在探索他們的「第二人生」。有些人追隨希伊的《新中年主張》之路，開始新的職業生涯，成為企業執行長或董事會成員；有些人則設法實現麥慶誼那位學生的夢想，準備享受以休閒為主的樂活人生。一位退休合夥人告訴我們，事務所為退休合夥人安排許多財務規畫的準備，像是將退休後的生活分為三階段：「活躍年代」（go-go）、「緩慢活躍年代」（slow-go）和「不活躍年代」（no-go），顯然，這些名稱是基於個人健康和體能狀態會隨時間逐漸衰老的假設下所命名。

儘管我們可能並不想在自己仍能做出很多貢獻時離職，但我們也不會想在該走時還賴著不走。像我們以前工作的顧問公司，很早就把合夥人趕走（在我們看來）的主要原因可能有二個：第一、騰出位子給新合夥人，同時能避免過度稀釋現有合夥人的分紅比例。一般而言，退休合夥人會為事務所帶來比新合夥人多一倍以上的收入，但因為新合夥人的薪酬較低，因此反而能為事務所帶來更多利潤。此外，退休也具有世代傳承的意涵，給予年輕人大展身手的機會。第二、大多數經驗豐富的專業人士過了巔峰期便會開始走下坡。以女子體操運動員來說，這種情況早在十六歲時就可能發生，年齡增長帶來的生理變化和受傷意外，會使各種空中體操動作變得更加困難和危險，除非你像西蒙．拜爾斯（Simone Biles），在二十六歲的「高齡」時仍能贏得全國冠軍。至於美式橄欖球聯盟的跑衛巔峰期，則大約是在二十九歲，因為體型相對較小的球員在衝破對手強大防線時，需要消耗極大的體力。前面我們提到的作家戴爾在傳記文學著作《費德勒的最後時光》（*The Last Days of Roger Federer*）中，探討男子網球明星羅傑·費德勒（Roger Federer）的退休生活。費德勒因為膝蓋受傷而不得不高掛球拍，與叱吒女子網壇的小威廉斯（Serena Williams）在同齡（四十歲）與同年（二〇二二年）退役。小威廉斯在懷有第一個孩子期間，再次贏得大滿貫女單冠軍，之後就再也沒能突破自己創下的大滿貫冠軍紀錄（順帶一提，金·克萊斯特絲〔Kim Clijsters〕是至今日唯一一位在生完第一個孩子後，比之前贏得更多重大賽事的職業女子網球選手）。

雖然會計師和管理顧問在五十多歲時可能正值職涯巔峰，但考慮現今四大會計師事務所對合夥人的要求，不難理解許多人在這個年紀會逐漸開始感到疲憊不堪。麥慶誼認識的一位合夥人退休幾年就因心臟病而離世，另一位則是在退休當年因呼吸衰竭而入院，同事對此感到同情與悲傷，但不幸的是，他們完全不會感到意外。強制退休政策的缺點在於，當企業面臨需要仰賴經驗與智慧的重大決策時，會議室中卻幾乎看不到資深人士。部分企業章程會對高階員工設定退休年齡限制，但在美國屬於例外情況，例如強制退休年齡之所以能在合夥人制公司施行，是基於「就業年齡歧視法案」（ADEA）中的但書規定。根據法學專家索爾·萊夫莫爾（Saul Levmore）說法，允許設定強制退休年齡的職業相對較少，其中包括某些州的法官（例如新罕布夏州為七十歲）、民航機師（六十五歲），以及警消人員（因司法管轄區而異），大概是因為在這些職業中，「過了巔峰期」工作者所帶來的風險，被認為比年齡歧視所造成的不公平更嚴重。

在莎士比亞的劇作《李爾王》（*King Lear*）中，年過八旬的李爾王決定將王國交給三個女兒。然而，他愚蠢的獎勵阿諛奉承他的大女兒和二女兒，並剝奪坦率真誠的小女兒的繼承權，最終導致一場悲劇的發生，老國王因兩個女兒的背叛而發瘋，但她們治理國家的能力卻遠遠不如年邁的父親。哲學家瑪莎．納思邦（Martha Nussbaum）指出，現代在演出該劇時往往「過度關注衰老」。莎士比亞劇作首演時，李爾王是由年僅三十九歲的理查．伯比（Richard Burbage）飾演，在之後的數百年間，人們一直認為該角色對記憶力及耐力的要求過高，不適合由年長演員飾演。然而時至今日，在年長時飾演李爾王已經成為一種榮譽，例如勞倫斯．奧利佛（Laurence Olivier）在七十六歲時飾演這個角色，而葛蘭黛．傑克森（Glenda Jackson）演出時更已經超過八十歲。

除去可能永遠無法退休的經濟弱勢者，人們在為退休做準備時通常都會產生倒數計時心態。財務規畫通常會用倒數計時器算出我們能否退休以及何時退休，然而如果我們工作是為了「有一天可以不用再工作」，假設我們像諾齊克那樣無法活到退休年齡，那又該怎麼辦？「悲傷的肖像」專欄或許有些誇大「數著日子」等退休者的普遍性，或許是因為新聞喜歡報導即將邁入美好生活卻不幸戛然而止的淒美故事。

然而，這些故事確實能夠點醒我們：直到那天真正來臨前，我們永遠不知道自己在倒數的究竟是什麼。相較之下，抱持「人生還沒過半」心態者，則是在朝著不斷變化的目標倒數，讓我們擁有想像新抱負、新角色，甚至探索新職涯的可能性。

工作就是朝九晚五？

對於無時無刻都在為生計奔波的人來說，「該工作多久」的問題可能毫無意義。正如艾倫瑞克在臥底報導經典之作《我在底層的生活》中所描述的，對於依靠最低工資過活的人來說，即使同時兼兩份或三份工作，也只能勉強滿足生活基本所需。根據二〇二二年的一份報告指出，約有七百五十萬美國人（占勞動力的五％）從事兩份以上的工作；美國人口普查報告則顯示，一一・七％的美國人（近三千七百萬人）生活在貧窮線以下。對這些人來說，問題不是「我該工作多久」，而是「我是否能承受不工作的後果」。從數據來觀察，約有二〇％至三六％的工作者認為自己永遠無法退休，有近半數工作者表示目前存的錢根本無法為退休做準備，這是愈來愈現實的問題。

許多工作在聘雇合約中會明確規定工作時間和地點，尤其是需要親自到場才能執行的工作，像是餐廳、零售商和任何為公眾服務的辦公機構都必須遵循營業時間，才能確保提供持續且完備的服務。尤其是醫院、建築工地、實驗室和工廠這些場所，更需要仔細協調每個人的班表及負擔的職責，這些排班表通常是固定的，即使員工生病或無法上班，也很難臨時變動。然而，雇主卻可以隨意改動員工的工作時間安排，尤其是對那些領取最低工資或兼職工作的弱勢工作者。有鑑於此，美國國會議員已提議立法規範員工工作時間，要求至少提前兩週通知員工工作時間表的變更，並限制資方對要求正常工作時間的員工進行報復。不過，該法案至今尚未進行投票。

在現實世界裡，這些排班表對勞工的影響可以用「嚴峻」二字來形容。三十二歲的瑪麗亞·費南德斯（Maria Fernandez）每天會在三個不同的鄧肯甜甜圈（Dunkin' Donuts）分店輪班，最後，因在車裡小睡時吸入過多汽油和廢氣而死亡，此事件也促發「工作時間表法案」（The Schedules That Work Act）的提案。零售巨頭亞馬遜的倉庫也曾發生多起死亡事故，其中一起震驚社會的事件是，六十一歲的里克·雅各布斯（Rick Jacobs）在下班前不久因心臟驟停而死亡，公司在他的屍體周圍搭起臨時屏障，命令其他焦慮不安的員工返回工作崗位。一名因擔心遭受報復而不願透露姓名的亞馬遜員工表示：「任何人都不該被命令在發生這種事故後，仍然必須回到崗位工作。」遺憾的是，這並非是唯一一個案例。送貨司機和在倉庫裡工作的員工一舉一動都受到公司的監視，工人們被逼得沒有個人自主權，連上廁所的時間都沒有。

面對「何時該工作」、「該工作多久」的問題，這些工作者擁有十分明確的答案，但完全不是出自他們的個人意願；事實上不只是亞馬遜，大多數工作者都無法選擇何時停止工作或減少工時。但對知識型工作者來說，他們幾乎可以完全掌控要在何時何地工作，以及特定時間要做什麼工作，所以上述問題等於是在問「如何安排每天的工作」，於是顯而易見的答案是：我們可以接受只要完成符合品質的預定工作即可，工時不應更少，也不應更多。然而，許多產業的標準不夠明確，而且成果是好是壞的判定帶有主觀性。如果是由過度努力或是因為擔心被視為懶散而不敢放慢腳步的人來決定工作節奏，即使他們並未受到明確指示，仍會處於常態性過勞的狀態，正如一位研究生向珍妮佛解釋道：「公司讓我們可以自由選擇工作時間，只要一週做滿六十小時就行。」目前關於超時工作與幸福感之間的研究並不多，然而確實有跡象顯示，在工作中投入大量時間的人幸福感較高。

許多人對於職場生活的想像，就是週而復始的朝九晚五（正如桃莉·巴頓歌曲中呈現的那樣），往往預設這個時段就是要上班，連許多個人資訊系統軟體如 Microsoft Outlook 裡的行事曆，都把這個時段特別標示出來。這種判定工作時段的觀念，主要是從人力大量由農場轉移到工廠，再轉為辦公室工作的過程中逐漸形成的。在農業社會，生產工作大致上隨四季變化而定，農民作息主要取決於日照和天氣條件，這種工作形態就像由飛鳥樂團（Byrds）翻唱、皮特·西格（Pete Seeger）作曲，歌詞幾乎完全摘自舊約《傳道書》中的文字：「凡事都有定期，天下萬務都有定時。……栽種有時，收穫亦有時。」

隨著工作場所由室外漸漸轉為室內，工廠生產線基本上可維持二十四小時的運作周期。二十世紀初，美國的工廠採取週休一天（通常是週日，基督教安息日），後來除了週日，週六也有半天休息。至於第一個週休兩日出現在一九〇八年，並在經濟大蕭條期間逐漸普及。當人與操作的機器之間的關係變得愈來愈密切，資方的目標成為讓人以機器般的效率和一致性做好工作。工作時間也開始受到嚴格監控，以追求產量最大化。所謂的「科學管理」，目的在於量化任務的可靠執行速度，並以此做為所有工作者必須達成的標準。在這樣的狀況下，時間真的就是金錢。查理·卓別林（Charlie Chaplin）在一九三六年的電影《摩登時代》（*Modern Times*）中最令人難忘的橋段之一，就是公司為了提高生產力，讓員工在午休時使用自動餵食機快速填飽肚子，它的宣傳語為：「不要停下來吃午餐，領先你的競爭對手！自動餵食機將消滅午餐時間、提高產量、減少營運成本。」然而，機器也有可能會失控，例如，有次卓別林吃掉機器放進他嘴裡的六角螺帽，另一次則是機器送出一碗熱湯，並直接從他的面前傾倒而下。種種荒謬的狀況令觀眾捧腹大笑，卻讓公司經理大為驚恐。

隨著辦公室文化的出現，朝九晚五的時間表成為各種工作的預設安排，不管這種安排是否適用於不同類型的工作。與工廠作業員相比，辦公室員工可能享有相對的自主權，但時鐘仍是他們的主宰。幾十年以來，儘管影響工作生產力的各項因素都已獲得十足的進展，例如科技的發展、生活水準的進步和人們的健康狀態等，但每週工時卻仍維持在四十小時，著實令人費解！我們渴望利用週末好好放鬆，可是除了每年屈指可數的假期之外，美國大多數人真正不用工作的日子其實很少。其他國家的工時更長。根據國際勞工組織（International Labour Organization）於二〇二三年的報告指出，非洲坦尚尼亞（Tanzania）和茅利塔尼亞（Mauritania）的每週工時長達五十四小時，位居全球第一；相較於美國的每週工時三十七小時，有些國家（尤其是經濟愈發達的國家）的工時則相對少很多，例如英國（三十三小時）和澳洲（三十二小時）的工人顯然可獲得較充分的休息。

過去曾經有企業做過減少每週工時的實驗。一九三〇年，以早餐玉米片聞名的家樂氏（Kellogg's）將每週輪班三天、每次八小時的工作模式，改為每週輪班四天、每次六小時，並隨之削減了工資。這項改革為正處在經濟大蕭條時期的人們創造更多職缺，增加就業機會；更重要的是，員工也抱持正面的反應，這表示他們有更多時間可以服務社區，好好休息。然而，在第二次世界大戰結束後，家樂氏又重新回歸八小時工作制，但少部分員工（主要是女性）還是採取較短時數的輪班制，直到公司在一九八五年將此選項取消。

最近，企業界和學術界開始探討一週只工作四天會是什麼情況。社會學家茱麗葉·修爾（Juliet Schor）在一九九一年出版的《過度工作的美國人》（*The Overworked American*）中，詳盡記錄美國勞工在生產力提升的同時，工時更長、休閒時間更少的現況。她希望進行一項實驗，找到願意減少工時的公司，但在一九九〇年代，沒有一間公司答應。多年來，雖然也有實驗在探討每週工作四天的成效，或是進行「夏季週五半天」（summer Friday half-days，允許員工在夏季期間每逢週五時，可以提早下班）等有創意的工作時程安排，但總是局限在某幾家特定公司。

疫情期間帶來一個意想不到的好處，在「大離職潮」（Great Resignation）中急於留住員工的公司，終於意識到彈性工時的可行性，開始願意嘗試每週工作四天的實驗。於是，修爾與來自愛爾蘭、英格蘭的同事合作，與致力於推動一週工作四天的非營利組織「每週工作四天」（4 Day Week Global，簡稱 4DWG）共同進行一項大規模前導研究，研究對象是美國和愛爾蘭共三十三家企業、九百多名員工。他們在二〇二二年發布調查報告，報告中指出，這些公司全都遵循 4DWG 聯合創辦人制定的「100：80：100 法則」，亦即員工獲得一〇〇％的薪資，只要花費原本工時的八〇％（四天、共三十二小時），並保持一〇〇％的生產力。

結果顯而易見，工時減少並不會影響工作生產力和效率，不管是資方或勞方，都認為實驗結果令人滿意。對企業來說，好處是營收上升，招聘人數增加，員工缺席和離職率下降；對員工來說，工作的表現更好，壓力、倦怠、疲勞、工作與家庭之間的衝突減少，身心健康和情緒狀態都獲得改善。大多數公司選在週五放假，讓員工可以用對他們來說更有意義的方式，例如從事業餘愛好或養生保健，好好善用三天連假時光。此外，通勤減少使得碳排放量也下降，對環境產生微小但重要的貢獻。後來，參與實驗的企業沒有一家打算恢復每週工作四十小時。至於研究對象中約有七成的員工表示，若要恢復每週工作五天，需要為他們加薪一成至一半；有一三％的員工表示，無論加多少錢，他們都不願回頭。正如 4DWG 創始人之一夏洛特·洛克哈特（Charlotte Lockhart）在《時代》雜誌上所言：「我們知道結果會不錯。但讓我們驚訝的是，沒想到會這麼好！」4DWG 計畫將在未來幾年進行新的試點實驗，希望能說服更多企業採用一週工作四天的時間表。

這場疫情確實是員工在工作時間和地點彈性的分水嶺。

幾乎在一夜之間，許多從未想過可以遠距工作的人，紛紛在沒有主管和同事的目光監視下在家工作。根據麥肯錫顧問公司二〇二二年的一項研究發現：約有五八%的工作可以遠距完成，而約有三五%的人能遠距完成全部工作；許多員工也對遠距工作的模式表達高度認同，約有八七%的員工接受遠距工作的安排，平均每週在家工作三天。對想要換工作的人來說，「可遠距工作」是影響他們選擇某家公司的第三項重要指標，僅次於更高的薪資或更理想的工作時間，以及更好的職涯發展機會。

你是否滿意目前的工作？是在哪些方面感到滿意？你希望什麼地方能有所改變？你比較喜歡可預測的工作時間，或是彈性的工作時間？你傾向於彈性的工作地點，或明確畫分工作與生活的界線？你偏好在期限內努力達成工作目標，或是依照生產力來安排工作目標？有趣的是，儘管人們渴望遠距工作，但截至目前為止，我們並不清楚遠距工作對我們來說是否是一件好事。正如我們之前談過人類不擅長預測未來的情緒，許多人只看到遠距工作的好處（例如不必花太多時間通勤、能避免辦公室中的相互干擾，以及可以利用會議空檔，將髒衣服扔進洗衣機等），卻沒仔細想過它可能的壞處。根據研究發現，在疫情期間，多數在家工作的人工作時數不減反增，包括在工作日的工作時間更長、更常在晚上和週末加班，以及工作和家庭生活之間的界線變得模糊。我們不再是「在家工作」，而是將我們的家徹底變成工作場所。

努力幹活

在美國，工作幾乎被視為一種道德義務。用工作時間來衡量自身價值，這可能是源自新教工作倫理的餘毒，它主張不間斷的工作是直接服侍上帝最好的方式。頌揚努力工作的價值觀也經常出現在人們耳熟能詳的許多故事中，這些故事常常融入「白手起家」的敘事手法，強調成功絕非仰賴運氣，而是來自日以繼夜的努力打拚。

亞歷山大．漢密爾頓（Alexander Hamilton）的故事就是最好的例子。在羅納德．切爾諾（Ron Chernow）所寫的傳記中，記載漢密爾頓從「私生子、孤兒」到「十美元鈔票上的美國開國元勳」的成長過程。後來，林－曼努爾．米蘭達（Lin-Manuel Miranda）更受到這本書的啟發，創作出熱門音樂劇《漢密爾頓》（*Hamilton*）。在一首名為〈休息一下〉（Take a Break）的歌曲中，漢密爾頓的妻子伊麗莎（Eliza）懇求他放下工作，和家人一起去紐約度假；對許多配偶來說（從歷史上看，在漢密爾頓那個時代，說這句話的大多是妻子），這樣的請求或許並不陌生。在劇中，伊麗莎和漢密爾頓在伊麗莎的姐姐安潔麗卡（Angelica）從倫敦來訪時，各自請求她為自己說話：

伊 莉 莎：安潔麗卡，告訴這個人，約翰．亞當斯
整個夏天都陪著他的家人。
漢密爾頓：安潔麗卡，告訴我的妻子，約翰．亞當
斯根本連份真正的工作都沒有。

漢密爾頓雖然是以開玩笑的口吻說出這段話，卻也道出一個真相：只有貢獻微不足道、職位無關緊要的人才有空去度假。對漢密爾頓來說，無論個人犧牲的成本多高，此刻最重要的工作，就是建立一個新的國家。劇中的漢密爾頓唱道：「我無法停下來，直到國會通過我提出的計畫。」對於我們這些時常說服自己從事的是既緊急又重要的工作，因而必須長時間犧牲家庭生活的人來說，實在很能同理漢密爾頓的心情啊！音樂劇裡的另一首歌〈這個人永不停歇〉（The man is non-stop）反覆唱著「永不停歇」一詞，強調漢密爾頓有多麼努力投入工作。事實確實如此，詹姆斯．麥迪遜（James Madison）、約翰．傑伊（John Jay）和漢密爾頓一同受命撰寫支持美國新憲法的文章，原本的目標是每人各寫八篇，總共二十五篇。他們在六個月內便完成《聯邦黨人文集》（*Federalist Papers*），實際上內含八十五篇文章，其中傑伊貢獻五篇，麥迪遜貢獻二十九篇，剩餘的五十一篇全出自漢密爾頓之手。在漢密爾頓的朋友、家人和同胞們合唱的歌曲副歌中寫道：

你怎麼寫得像明天不會到來一樣？
你怎麼寫得像是需要它才能活下去？
你怎麼有辦法每分每秒都在寫？

諷刺的是，最終漢密爾頓卻是以突兀而悲慘的方式畫上生命句點，對他來說，明天確實永遠不會到來了。他將一生投入在建國事業，認為這比在紐約市郊和家人共度夏天更值得投入。關於這點，不管是在傳記或音樂劇裡都多次提及，漢密爾頓強大的工作信念，正是促使他建立革命大業的關鍵因素，進而推動這個年輕的國家走上成功之路。

有些職業確實是屬於全天候、高強度的工作性質，例如軍事部署人員、戰地記者、緊急救援人員和國際援助人員，這些工作者在出任務時不得不嚴陣以待、全心投入。有些職業的工作量則是有明顯的高峰期，例如報稅季的會計師、巡演中的藝術家、夏令營主辦者、耶誕節前的零售商等等。但這些工作者之所以願意對工作做出承諾，究竟是由於工作本身的性質，還是受制於管理者的要求？事實上，許多領域的工作者都被要求必須出現在工作場所，無論是否真的有工作要做。努力工作、不停工作，似乎成為工作者的唯一選擇，這不僅是一種工作要求，甚至成為一種社會規範。

那麼，該工作多久才算太多？我們在當管理顧問時常注意到，有些工作者經常會在電子郵件中使用過於誇張的文字，來形容工作的重要性，但這些工作其實只是辦公室的典型任務，像是「救火」（putting out fires）會議、「攤牌」（come to Jesus）會議等。珍妮佛記得在讀大學時，最受畢業生青睞的兩種職業為管理顧問和投資銀行。一位在投資銀行實習的朋友曾告訴她，有些新進的分析師經常會抱怨，雖然這份薪水乍聽之下很可觀，但若按工作時數計算，實際領到的時薪不過略高於法定最低工資。這種情形是受到一種通常被稱為「露臉時數」（face time）的文化所影響，新進分析師為了不引人注目，即使沒有實際工作要做，也必須待在辦公室裡。這種狀況不只出現在銀行，許多朝九晚六的工作者工作量並不多，但公司仍然希望你乖乖待在公司裡，絕不能比董事總經理或副總更早下班。等到下班回家，真正的工作才要開始，主管會整晚不停的發訊給你，交待你要完成的任務。有些公司還會支付晚餐費用，也會請人開車送你回家，可是代價卻是每週都得工作九十至一百小時。有趣的是，離開管理顧問工作多年的我們如今成為人師，卻發現從前那種企業文化根本沒有改變，許多公司仍然要求員工大量加班。

珍妮佛過去曾目睹許多「過勞」的案例。她唸大學時，同學總是吹噓自己每天只睡幾個小時，以及花多少時間窩在圖書館準備考試。她在埃森哲顧問公司（Accenture）工作時，有位同事為了準備一場重要簡報而連日熬夜，雖然結果大為成功，但據說那位同事當天晚上開車回家時，雙手抖到連方向盤都抓不住，不得不把車暫停在高速公路路肩。還有一位研究所同學有天累到出現幻覺，感覺桌子爬滿蟲子。在她初任教職時，一位家有新生兒且正在爭取終身職的教授因為夜晚睡眠不足，清晨準備開車去學校時，車頭直接撞上自家車庫大門。請注意，上述故事中只有最後一則具有警示意味，其他故事的主人翁都將其經歷視為極具韌性、全心投入工作的證明，因而對這些極端事件自豪不已。

近十年來，所謂的「奮鬥文化」在年輕、力爭上游、有志創業的社群中蔚為流行，並被視為通往成功的必經之道。社群媒體上充斥著「努力奮發」、「崛起向上」、「不要停下來，除非你到達了終點」等標語，這類標語常被貼在辦公室牆上，最後那句甚至被 WeWork 共享辦公室刻在西瓜皮上，鼓勵在茶水間休息享用水果的客戶繼續努力。代餐奶昔 Soylent 則是以千禧世代為目標客群，讓他們可以省下用餐時間，持續全心投入工作；該名稱是半開玩笑的引用自一九七三年的電影《超世紀諜殺案》（*Soylent Green*），故事背景設定在二〇二二年因為環境變遷而導致食物嚴重匱乏，多數人只能靠名為 Soylent 的替代性人工食品維生，最終人們發現，它其實是用一種令人毛骨悚然的原料製成。

從本質上來說，奮鬥文化推崇一切阻礙工作的東西，例如食物、睡眠等等，甚至主張只要是與工作無關、不能發布在社交媒體上的人際互動都該戒除。如果你知道這個流傳在未來的祖克柏（Zuckerberg）、未來的馬斯克（Musk）之間的奮鬥概念，其實是源自於荷蘭語「husselen」而來，大概也不會太過吃驚，因為這個字原本的意思是「搖晃或拋擲」，後來演變成匆忙或乞討之意，經常被拿來形容試圖以性交易、欺騙或偷竊等非法手段出人頭地，而很不幸的，它也時常套用在對黑人青年的負面刻板印象上。至於本節的標題「努力幹活」則是引用自饒舌歌手里克・羅斯（Rick Ross）明確向毒品交易致敬的〈努力幹活〉（Hustlin'）中的歌詞。這首歌裡另一句歌詞是：「我們從不偷車，但我們努力交易。」就像 Soylent 是引用自電影片名一樣，這些引用表達出一種諷刺的自嘲意味，卻試圖迴避其中令人反感的種族隱喻。

人們之所以偏好努力工作，某種程度上來說，是為了避免被視為懶惰、不負責任或沒有價值的人。而工作時數多寡由於容易被衡量，使得其重要性甚至取代了工作品質。於是我們在工作上加倍努力，卻未必能夠更加明智，有時甚至刻意模糊兩者之間的界線，畢竟當人們看見我們總是在工作，就無法理直氣壯的指責我們表現不夠出色。擔任美國政府要職的安妮・史勞特（Anne Marie Slaughter）在二〇一二年的《大西洋月刊》（*Atlantic*）上發表一篇發人深省的文章〈為何女性仍無法兼顧一切〉（Why Women Still Can't

Have It All），她在文中坦承兼顧政府職務與家庭責任的困難。史勞特提出「時間大男人主義」（time macho）一詞，意指人們相互比拚誰的工作時間更長，彷彿這樣才能彰顯我們對工作的重視與承諾。她提到雷根政府時期有一位「競爭意識極強」的預算主管，他每天離開辦公室時都刻意不關燈，並將西裝外套掛在椅背上，以營造自己一直在工作的假象。現代人的做法則是設定手機通知，以便在任何時間立即回覆訊息或在休假時處理電子郵件。史勞特一針見血的質疑這種文化存在的必要性，因為它影響的不只是要兼顧工作與家庭的父母，同時也與每個希望享受非工作時間的人息息相關。

人們努力工作的背後還可能存在一個更隱微的面向，那就是幫助我們逃避更加嚴峻的非工作時間。正如艾倫・雪爾（Ellen Ruppel Shell）在《工作》（*The Job*）一書中所描述的，忙個不停能讓別人覺得我們的空閒時間十分稀少，而稀少的東西總能讓人覺得更有價值。當我們將工作視為預設活動，就不用為工作之外的生活投入太多心力，可以永遠不用面對「不工作時，該拿空閒時間做什麼？」之類的問題。工作還可以讓我們從瑣碎的家庭生活、疲累的照護責任、繁重的修繕工作和煩人的親戚互動中解救出來。在二〇〇九年的電影《型男飛行日誌》（*Up in the Air*）中，以富有詩意的方式呈現工作如何被用來逃避現實生活。喬治・克隆尼

（George Timothy Clooney）在片中飾演一名顧問，他說：「我一年有三百二十二天都在出差，這意味著我不得不在家裡度過四十三個痛苦的日子。」這部電影改編自華特·肯恩（Walter Kirn）的同名小說，據說創作靈感來自他在飛機上遇到的乘客，這名乘客沒有固定的住家地址，只租用一個儲藏室存放個人物品，而機組人員和他熟到可以直呼其名。對大多數美國人來說，努力工作是種美德（懶惰則被視為莫大恥辱），但這有時不過是在為想要躲在工作背的人提供掩護罷了。

美國文化似乎無法接受「減少工作」這種概念，但其實，我們應該鼓勵人們減少工時，畢竟投入更多工作時間未必就能帶來更好的工作品質。神經科學家表示，我們的認知能力顛峰期並不在一大早（即使是喝咖啡後），而是在入睡前的幾個小時，這意味著一般朝九晚五的工作模式，可能並未充分利用我們生產力最高的時段。研究還表明，人能夠專注於一項任務的最長時間大約只有五小時，更別提現代人的專注力容易受電子設備干擾而渙散。研究還發現，在我們轉換任務時，很難迅速將注意力完全集中在新任務上，這是因為「注意力殘留」（attention residue），就像吃完披薩手上沾到的油脂一樣，不管你願不願意，認知殘留物一定會附著在前一個任務上。雖然我們常會被同時交付多項工作任務，或不時需要切換工作事項，但這不意味我們就能有效率的完成任務。

過度工作不僅帶來的效益有限，有時還會讓我們付出代價。根據報導，約有三〇%至七五%的人會感到職業倦怠（尤其醫師的職業倦怠極高），而職業倦怠者通常有三個特徵：疲憊、憤世嫉俗和無力感。在《終結職業倦怠》（*The End of Burnout*）書中就曾深度探討關於職業倦怠的統計可能隱藏非常多黑數，因為很少有研究會同時考量這三種特徵。臨床上還有一種被稱為「工作狂」（workaholism）的病症，即一種超出合理預期的內在工作衝動。工作狂在下班後也持續工作，即使這會對生活其他領域（如婚姻和健康）產生負面影響，卻仍然如故，就像是對工作上癮。雖然工作狂花在工作上的時間很多，但它與單純的長時間工作並不相同。回顧相關研究會發現，工作狂員工的家庭關係通常很疏離；此外，工作狂的表現不一定會比一般員工更好，他們對工作的滿意度較一般員工更低，工作壓力也更大。

想一想，現在的你是否經常將時間花在你不想做的事情上？例如在非工作時間回應公事，即使只是回覆一封電子郵件或簡訊？但如果你不這麼快回信，會發生什麼事嗎？你對過勞文化的貢獻有多大？你理想中的工作生活模式是什麼？是做個工作狂、勤奮的工作者，或是渴望在工作上以最少付出、卻獲得最大回報的人？建議你在接受一份工作邀約或打算做出改變前，先好好了解自己以及未來職位或職業對你的要求，應該會對你有所幫助。例如：這份工作符合你目前的生活方式以及他人對你的期望嗎？工作環境中的工作狂們會不會對你施壓，迫使你成為他們之中一員？

不後悔的工作

雖然「隨時待命」的工作文化依然存在，但近年來開始出現一股規模不大、後勢可期的反思聲浪。例如，有愈來愈多人在電子郵件簽名檔中加入「我的工作時間可能與您不同，所以請別勉強在您的非工作時間回信」之類的字句。他們會明確表達自己不工作的時段（例如「夏季週五及每日下午五點後為非工作時間」），並設定辦公室外出自動回覆，告訴對方自己正在度假、休息，或者處在非工作時間（當然，工作者並不需要為自己沒有在每分每秒工作做出解釋）。如果管理者帶頭使用這類聲明，更能釋放出「界定工作與生活界線」的強烈信號。我們也會鼓勵他人（甚至彼此）適時減少工作負擔，無論對方是否聽從我們的建議。

還有一點值得各企業注意。像「大離職潮」這類勞動力流失事件會為員工提供一些額外籌碼，讓他們可以爭取規律的輪班安排、彈性的工作地點或工時、合理的休息時間等等。因此，企業不妨改變政策，讓員工有權選擇是否參加正式工作時間以外的活動，若是硬性要求參加，則應提供員工適當補償。我們還應該審慎思考「露臉時數」的必要性，而不是將它視為不可或缺的企業文化，或者更糟糕的，被歌頌成一種值得推崇的做法。員工和上司之間必須定期對話，以評估工作範圍是否適當、員工執行的任務是否足夠重要。我們不妨試著想像這樣的畫面，經理詢問員工的不再是「你今天為什麼沒來」，而是「你為什麼出現在這裡？」

事實上，我們兩人之所以能共同完成這本書，正是運用學術工作中最棒的福利：「學術休假」*。學術休假的目的不是讓教師暫時逃離手頭上的工作，而是能夠有時間專注思考一些想研究卻找不到時間的問題。為了獲准學術休假，教師必須先在學校裡服務多年，還得提出有價值的研究計畫以供審查。學術休假給予我們機會，仔細想想在沒有日常工作干擾下，我們真心想完成的事情是什麼。畢竟在我們平常的工作中，雖然大部分是完成必要且（通常）令人愉快的事，比如課堂教學和擔任行政委員會的職務，但不可否認的，這些事情勢必會對寫作造成干擾。

最近，有些知名企業為了贏得人才爭奪戰，開始流行給予服務多年的員工有薪休假，例如矽谷有些公司會提供這種休假，我們以前任職的管理顧問公司也是如此。許多人會善用這段從工作中獲得喘息的時間，來探索自己的其他興

* 譯注：指美國某些大學提供教授每七年一次，通常為期半年以上的有薪休假。

趣。在理想的情況下，與其在「離職」與「工作」之間做出選擇，定期安排的有薪休假更能讓人們兼顧兩者。根據一項探討有薪休假對人們職涯影響的新近研究指出，對某些人來說，有薪休假不僅提供一個從工作中暫時抽離的機會，更促使他們在休假結束後，毅然做出職涯轉換的重大決定。然而，對大多數受訪者來說，在休假結束後，還是會帶著更大的信心和對工作與生活之間平衡的渴望，再度回到工作崗位，或是在原本擅長的領域裡，尋找更符合自身目標的同類型工作。如果有更多公司願意將有薪休假納入考量，人們看待工作的方式或許就不會那麼單一：不是成天期盼有天能提前退休，就是繼續在工作中咬牙苦撐。

我們也希望政府能制定相關政策，有效規範勞工的工作時間和工作量。「工作時間表法案」將能確實改善勞工的處境，避免使費南德斯和亞馬遜員工這樣的工殤事件再次發生，也絕不允許出現其他同事在目睹意外後，必須像什麼都沒發生似的繼續工作這種荒謬的事。目前冰島和丹麥等國家已經開始採取減少工時的政策，而且成效和一週工作四天一樣都獲得正面的效果。當然，我們必須承認，在美國這樣一個極度重視個人自由、將「一直工作的自由」視為個人選擇的國家，很難想像民選官員會支持這類工作實驗。因此，也許就像參與一週工作四天實驗的企業那樣，當有愈來愈多企業願意引領潮流，社會將會逐漸接受把大部分時間花在休閒、而非花在工作上的價值觀。

諾齊克在《經過省察的人生》一書中，首章探討的就是死亡。他進行一項思想實驗，嘗試透過公式來衡量「一個人有多麼不願意死亡」，以此判斷他的生命還有多少價值。畢竟，如果一個人覺得人生值得活，就會渴望擁有更多時間去體驗它（麥慶誼在撰寫本章時，繼父不幸離世，母親對於他們無法共度更多時光感到強烈遺憾，這就是很好的證明）。諾齊克觀察到，有些人之所以被認為「早逝」，往往是因為死者本人或其親友還沒做好心理準備，這點在我們對九一一事件（奪走許多年輕人的美好未來）及新冠肺炎疫情（奪走許多年長者的退休生活）的研究中屢見不鮮。諾齊克發現，「只要當事人還有可實現而未實現的事項，任何死亡都會被視為早逝」，並由此推導出「遺憾公式」（一個人「未完成的重要事項」與「已完成的重要事項」的比率），以及將分子分母互換後產生的「滿意度公式」（也就是一個人「已完成的重要事項」與「未完成的重要事項」的比率）。

從這個角度來看，即使阿勒蕾離世時還很年輕，相當令人惋惜，但她無疑活出屬於自己的無悔人生；相對來說，蜜雪兒是比較幸運的，因為她需要更長的時間才能實現人生的滿足感。這兩種對比鮮明的人生歷程顯示，就像幫退休倒數計時那樣，我們無法得知自己還剩多少時間能影響「遺憾公式」及「滿意度公式」的比率。既然未來依舊渺茫未知，我們也確實不擅長預測未來的自己，那麼與其為明天而工作，倒不如從今天開始有意義的工作。「**如果我知道今天是我生命中的最後一天，我將以何種不同的方式度過？**」雖然這只是一個假設性問題，但許多人面臨生命威脅時，都會做出與平時截然不同的選擇，這樣的現象絕非巧合。如果你願意認真思考「何時該工作」、「該工作多久」的問題，並將工作目標從「有一天可以完全不工作」，調整為「做值得做的工作」，那麼你的人生是否可能會變得有所不同？

第二部

價值

WORTH

第四章

該為興趣工作？還是為錢工作？

「執行長的時間並不比我的時間更寶貴，他的生命並不比其他人的生命更重要，但是在企業生態系統的規則下，事實就是如此。」
——安娜．維納（Anna Wiener），《恐怖矽谷》（*Uncanny Valley*）

工作的價格

在法國小說家莫泊桑（Guy de Maupassant）創作的經典短篇小說〈項鍊〉（Necklace）中，瑪蒂達．洛賽爾（Mathilde Loisel）哀嘆命運不公，讓她這樣擁有非凡美貌的女子，卻必須過著平庸不堪的生活，莫泊桑寫道：「她沒有嫁妝，沒有期望，沒有辦法被認識、被理解、被關愛、被擁有財富與地位的男人娶為妻子……她感到極度不幸與痛苦，彷彿是從應有的社會地位墜落一般。」有一天，她「勉強下嫁」的那個小公務員意外獲邀參加宮廷舞會，她開始擔心自己沒有合適的赴宴服裝，她說：「在有錢女人之間顯得寒酸，沒有什麼比這更丟臉的了。」為了這場盛會，她買下從未擁有過的昂貴禮服，然後請求富裕的兒時好友福斯蒂爾夫人（Mme. Forestier）借給她一條「華麗的鑽石項鍊」。看到這條項鍊時，「她的心兒怦怦亂跳，充滿難以遏制的欲望」。

夢寐以求的生活是如此短暫。舞會結束後，洛賽爾太太發現自己弄丟項鍊，一夜奢華的代價卻是長達十年的痛苦。為了面子，她決定隱瞞自己粗心犯下的錯誤，於是變賣丈夫祖產，並四處借錢補足差額，買下一條相同的項鍊還給朋友。為了償還債務，他們徹底放棄中產階級的生活享受，過著「窮人的可怕生活」。當丈夫下班後出去兼差時，她也學會承擔「繁重的家務……以及廚房裡所有令人厭惡的瑣事」。用十年時間償還完三萬六千法郎的債務後，莫泊桑筆下的洛賽爾太太現在看來老態龍鍾。某天，在路上偶遇年輕如昔的福斯蒂爾夫人時，對方竟然一時沒能認出她來。當洛賽爾太太聊起自己這十年為償還債務所遭受的磨難，福斯蒂爾夫人緊緊握住她那因過度操勞而變得粗糙的雙手，感傷的說：「噢，我可憐的洛賽爾！那條項鍊是假的，最多只值五百法郎吶！」

這個故事反映莫泊桑的典型風格，以敏銳筆觸刻畫階級差異的殘酷諷刺。他不帶批判的呈現各種社會現實，例如：對晉升上流社會的渴望；女性在父權社會中爭取自主地位的掙扎；窮人眼中宛如絕世珍寶的項鍊，在富人眼中卻根本不值一提；放貸者的貪婪無度；辛苦勞動如何使人快速衰老等等。值得注意的是故事中無所不在的金錢，它決定了洛賽爾太太出身的階級、結婚的對象、對丈夫的經濟依賴，以及她與富人朋友間的社經地位差異。金錢是她暫時走入上流社會的原因，也是她陷入長久貧困的根源。夫妻倆對於金錢的急迫需求，讓放高利貸者有機可乘，滾雪球般的複利債務讓他們過得更加艱難。相較於鑽石高昂的價格，她丈夫的時薪根本微不足道，因而為此付出難以彌補的代價。而這一切竟然只是為了一條假項鍊！

莫泊桑被文學評論家歸類為自然主義作家，他總是用一種特殊且超然的視角觀察人生。他筆下的角色往往無法跳脫自身處境、從更開闊的視角看待自身命運，因此缺乏思考「事情發展是否可能有所不同」的能力。在必須為錢拚命工作的狀態下，洛賽爾太太從來沒有餘裕去問：擁有多少錢才能讓我感到幸福？為什麼鑽石如此昂貴？為什麼有些工作的報酬遠低於其他工作？為什麼我的工作一文不值？我為工作所付出的代價，是否與所獲得的回報相稱？如果你正在閱讀這本書，或許你已經足夠幸運，還有機會問自己這些問題。

多少錢能讓你幸福？

人們常說，金錢買不到幸福，但它確實可以買到許多看似能讓我們幸福的東西。錢可以買到洛賽爾太太參加宮廷舞會的禮服，還能為自己買一條鑽石項鍊，不必開口向朋友借。如果洛賽爾夫婦有更多錢，也許就不用花十年的時間辛苦還債。更重要的是，金錢可以開拓一條通往夢想生活的捷徑，讓她的人生彷彿像是一場永不停歇的宮廷舞會。莫泊桑如此描述沉浸在富人幻影時的洛賽爾太太：「她充滿激情的瘋狂跳舞，沉迷於喜悅之中，享受著美麗帶來的勝利，品味著成功帶來的榮耀。在虛幻的幸福雲彩裡，她彷彿忘記了一切。」如果洛賽爾太太誕生在一個富有的家庭，她肯定會過著與一般人完全不同的生活。

十八世紀英國經驗主義者喬治・柏克萊（George Berkeley）曾寫道：「存在即被感知」（Esse est percipi）。這個充滿哲學唯心論的命題，後來被許多像洛賽爾太太一樣的人錯誤借用，希望透過塑造富有形象，來賦予自己人生價值，用今天流行的說法就是「弄假直到成真」（fake it 'til you make it）。這些人包括：安娜・索羅金（Anna Sorokin），她是出生俄羅斯工人家庭，卻偽裝成富二代藝術品交易商身分的假名媛，並以假名「安娜・狄維」（Anna Delvey）躋身紐約上流社會；比利・麥克法蘭（Billy McFarland），他是菲爾音樂節（Fyre Festival）創辦人，透過許多富人和網紅大力宣傳，宣稱將在巴哈馬群島舉辦一場極度奢華的音樂盛典，最後的現場與宣傳完全不符而被人們稱為「國王的豪華音樂節」；伊麗莎白・霍姆斯（Elizabeth Holmes），她是 Theranos 創辦人兼執行長，宣稱掌握突破性發明而詐欺矽谷投資人超過七億美元資金，卻一直無法證明研發的儀器具有診療效果；以及加密貨幣大亨山姆・班克曼－弗里德（Sam Bankman-Fried），當他創立的加密貨幣交易平台破產時，數十億美元的個人淨資產蒸發後，讓「彭博億萬富豪指數」（Bloomberg Billionaires Index）創下有史以來最大跌幅（他的名字本身就極具諷刺性，從字面上來看意思正好是「油炸銀行家」）。

用財富多寡來判斷價值高低，就像是將享樂誤認為幸福一樣。當我們說「金錢買不到幸福」時，其實指的是金錢能買到的是享樂，而不是我們所應追求的幸福。在經濟學家的定義中，「需要」是指沒有它，我們就會難以生存的東西，而「想要」，則是未獲得滿足也不會影響生存的欲望。西方哲學家將「享樂帶來的愉悅感」（追求自我利益的短暫滿足）與「德性帶來的幸福感」（建立在追求美德與價值基礎上的恆久滿足）區分開來，認為無論在心理或生理上，後者都比前者更重要。儒家傳統哲學同樣認為，理想人生並非滿足所有欲望，而是實現那些經過謹慎思考的欲望，例如教育孩子成為受人尊敬的人。其中訣竅在於：辨別「想要」與「需要」、「享樂」與「德性」之間的區別，並釐清需要多少金錢來維持我們的幸福。

弄清楚這一點，對個人及整體社會都至關重要。毫不意外的，低社經地位對人的健康狀態極為不利，研究指出，貧困人口的幸福感較低、罹癌率較高；富裕國家的人民往往比貧困國家的人民擁有更高的幸福感，而且幸福感往往會隨著國家財富的增加而提升。然而，這並不意味著我們需要成為超級富豪，才能感到超級幸福。榮獲諾貝爾獎的心理學兼經濟學家丹尼爾．康納曼（Daniel Kahnemann）與安格斯．迪頓（Angus Deaton）於二〇一〇年發表一篇引發熱議的論文，探討人要擁有多少錢才會感到幸福。該研究讓參與者評估自己過去的幸福感變化，發現人們的幸福感曲線會隨著年收入的增加而上升，但在年收入超過七萬五千美元後，幸福感就不再繼續上升。另一個於二〇二一年發表的研究，則是讓參與者評估自己當下的幸福感，結果發現，除了二〇%的人感到不幸福以外，一般人的幸福感曲線在年收入上升至二十萬美元後就趨於平緩。儘管兩個研究存在數字上的差異，但研究者普遍認同：隨著財富的增加，金錢對提升幸福感的效果會逐漸減弱；此外，為了獲取更多財富而奮鬥的人往往比較不快樂，也比較無法體驗到因追求價值而產生的恆久滿足。

美國哲學家瓦萊麗．蒂貝柳斯（Valerie Tiberius）在《反思生活》（*The Reflective Life*）中借鑑當代社會心理學觀點，認為理想的生活方式應該是「在自身限制範圍內明智的活著」。然而在一個炫耀性消費文化中，要做到這點並不容易，因為外在物質財富往往是社會地位的象徵，而且人們對於「人要擁有多少錢才會感到幸福」的問題，缺乏一個明確且放諸四海皆準的數字。或許，問題重點不在於具體的金額，而是我們如何做決定。無論是在決定需要多少錢才能支持理想的生活方式時，或是研究者在尋找幸福感的金額門檻時，很可能都犯下與洛賽爾太太同樣的錯誤。人們總是根據「想要」的生活方式，來選擇「需要」從事的工作，但如果反過來思考，情況會有什麼不同呢？也就是說，我們是否應該在由渴望從事工作所決定的經濟能力範圍內，選擇自己負擔得起的生活方式？

如何為鑽石定價？

不幸的是，對於洛賽爾太太和大多數人來說，工作報酬是否足以讓自己感到幸福，這件事並不完全掌握在我們手中，而是由個人無法控制的市場力量所決定，這些力量被稱為「看不見的手」。諷刺的是，「看不見的手」一詞雖然舉世皆知，但在亞當．斯密的《國富論》中其實只出現過一次，指的是當市場所有參與者都理性的追求自我利益時，價格與生產是如何進行自我調節。

研究生時代的麥慶誼曾在研究「為何有些鑽石比其他鑽石更昂貴」時，深刻感受到那雙「看不見的手」。他到紐約曼哈頓四十七街的「鑽石區」（diamond district），那裡有許多不起眼的店舖與批發倉庫，卻是世界上最大的鑽石交易中心。然而，他來到這裡並不是為了研究經濟學理論。當時他靠打工、去大學兼課和學生貸款維持生計，正在考慮畢生最昂貴的消費行為：為未來的妻子買一枚訂婚戒指。

正如亞當・斯密所說的那句名言：「我們的晚餐，不是來自於肉販、酒商和麵包師傅的善心，而是來自於他們的自利。我們仰賴的是他們的自利心態，而非他們的人道精神。」鑽石商人對麥慶誼的微薄收入和婚姻夢想毫不關心，他們依照標準化的批發價格表向客人報價，愈稀缺的鑽石，價格就愈高，這種經濟定價模式，是經由「看不見的手」調節後形成的典型供需系統。

然而，鑽石市場並非是一個理性市場。對於為愛癡狂的買家來說，購買鑽石訂婚戒指是一場完全不理性的交易。在距離鑽石區僅幾步之遙，戒備森嚴的蒂芙尼（Tiffany & Co.）和海瑞溫斯頓（Harry Winston）旗艦店裡，看起來極為相似的商品，售價卻可能高上兩倍。坦白說，麥慶誼對蒂芙尼戒指心動不已（而且不只一枚），還好他適時踩下煞車，問問自己：你喜歡的是這枚戒指本身，還是因為自己置身在宛如奧黛麗・赫本（Audrey Hepburn）電影場景，陶醉於衣著考究的銷售人員所提供的美好服務。

最終，買戒指的過程中最不浪漫的部分，是在兩顆擁有幾乎相同美國寶石學院證書的鑽石之間做選擇：一顆比較便宜，是來自第四十七街區一家不起眼小店的鑽石，店家還附帶一個可疑的提議，先把空盒子寄給麥慶誼住在免稅州的祖母；另一顆要價高昂，但會被裝在具有標誌性意義的蒂芙尼藍色盒子裡，盒子上還會繫著精緻的白色緞帶，雖然這些包裝成本和總價相比根本微不足道。果然，當買家出現非理性行為時，賣家自然有機可乘。

亞當．斯密顯然不曾享有購買訂婚戒指的浪漫特權，也從未花錢讓愛人參加舞會。正如卡特琳．馬卡爾（Katrine Marcal）在《誰替亞當斯密做晚飯？》（*Who Cooked Adam Smith's Dinner?*）中提到的那樣，亞當．斯密終身未婚，而且大半輩子都和母親同住。但這位當代經濟學家早就認識到，情感和其他非理性因素如何使鑽石購買者處於劣勢：人們渴望獲得一個能夠象徵幸福的東西，既然幸福如此珍貴，其價格自然遠遠超過個人勞動所能負擔。從鑽石的例子可以看出，市場體系內的價格與價值的交叉點，同時受理性市場規範（即那雙「看不見的手」）及人類非理性行為（如習俗、慣例及影響買家偏好的賣家行為）的影響。我們的非理性行為可能讓我們陷入和洛賽爾夫婦那樣的悲慘遭遇，或是印證麥慶誼學術研究的一個重要主張：生命中最重要的事物往往是無價的，儘管我們還是會為它們貼上價格標籤。同樣的，我們應該謹慎看待「某人在勞動力市場上的價格，能夠真實公平反應其勞務價值」的假設，畢竟像鑽石這類實體商品市場都如此容易受到情緒左右，試想勞動市場在價值與價格間可能存在多麼巨大的落差。

我們如何為工作定價？

凱瑟琳・格魯克（Kathleen Gluck）四歲時就立志未來要成為合夥人，因為那代表社會聲望、對努力工作的認可，以及個人職涯的頂峰。如今，四十多歲的她真的做到了！她回憶道：「我的目標就是成為我的父親。」她父親是紐約一家知名律師事務所的合夥人。格魯克十六時就得到第一份有薪工作，在一家專門從事移民法的事務所擔任法務助理。她在高中布告欄上看到徵人廣告並前去應徵，而雇主早就認識她父親（紐約律師事務所圈子就是這樣）。那年年底，她已經開始協助填寫移民表格、準備簽證面試及出庭，基本上已經在做律師助理的工作，並領有相應的報酬。「當同齡女孩夢想著婚禮之類的事情時，我想的卻是如何通過律師資格考試。」格魯克說自己在大學時廣泛涉獵各種領域，從化學工程到哥德式建築，就像一塊海綿似的努力吸收知識。我們問她為什麼會這麼做，她巧妙的引用一九五〇年代喜劇電影《歡樂梅姑》（*Auntie Mame*）中的一段台詞：「生活是一場盛宴，大多數人卻餓著肚子。」她就這樣一邊沉浸於藝術與科學的世界，一邊申請法學院。然而，就在畢業前三週，她萌生一個足以徹底改變人生與職涯規畫的想法：她不想去法學院了。她立刻開始尋覓工作機會，並憑著自己「解決問題」的高超能力與優勢，快速找到新的方向。然後她從法學院退學，正式踏入職場（她父親至今仍對此耿耿於懷）。

在一位朋友的建議下，格魯克申請並獲得安達信會計師事務所（Arthur Andersen）的職位。該公司於二〇〇二年倒閉前，是當時五大會計師事務所之一。事務所最核心的服務是財務報表審計，也就是確保全球大型跨國公司公平陳述其資產、負債的相對價值，杜絕任何被經理人用來操縱股價的可能。直到二十一世紀初伴隨經濟衰退而出現的一連串會計醜聞，才讓世人更清楚意識到，審計是「世界金融體系信心的基石」。儘管一般工作者對資產負債表及稅務表格並沒有興趣，但對格魯克與其他會計師來說，這是一項能夠維護金融體系完整性的工作，值得為這個目標努力奮鬥。然而，在這個以金錢代表一切價值的金融體系中，也可能導致財富與價值的混淆。

不幸的是，格魯克加入安達信不久，公司就因捲入安隆（Enron）案而倒閉。這場危機成為她會計職涯的起點。之後她跳槽到安達信以前的競爭對手，並在取得管理碩士學位後從組長晉升為經理。有段時間，她因為丈夫公司搬到芝加哥而不得不離職，但很快又以董事身分回到公司，並未對職涯晉升之路造成太多干擾。格魯克相當幸運，在這條新的職涯道路上，依舊有可能實現童年時期「成為合夥人」的夢想。大型事務所採行的是合夥人制，這意味著她的上級不僅是她的主管，同時也持有公司股份（擁有這些股份，意味著擁有辦公設備、知識產權，甚至是那些長時間投入工作的員工），是公司的擁有者之一。在組織裡，衡量成功的唯一指標就是每位合夥人創造的收入，它決定合夥人擁有的股份價值、業務部門間的盈餘分配、員工能領到多少薪資，以及「人力資本」值多少錢（在這個將一切都貨幣化的體系中，員工有時會被這樣稱呼）。

亞當・斯密在《國富論》一書中，用他對一家大頭針製造廠的觀察揭開序幕，而這家工廠的工作模式，竟與現代事務有著驚人相似之處。他指出，若將一根大頭針的製作採用生產線作業，拆解成十八道工序，就能大幅提高效率，例如「第一個工人拉出鐵線，第二個將鐵線拉直，第三名進行裁切，第四名將針頭磨尖，第五名將頂部磨平」等等。根據他的估算，由一個不熟練工人單獨工作一天，都未必能完成一枚大頭針；但若由十個工人組成生產線，每個人熟練重覆執行二至三道工序，一天可以生產超過四萬八千枚大頭針，平均每人每天能生產五千枚大頭針。《國富論》主要關注分工為資本主義帶來的生產潛能，但也解釋資本在勞動者之間的分配方式，以及為什麼有些人比其他人富裕得多。

在亞當・斯密寫下大頭針工廠觀察報告的兩百多年後，會計師事務所透過所謂的「槓桿模式」（leverage model）

賺錢，其本質上就是資本主義分工的縮影。在這些被財經記者吉兒·弗雷澤（Jill Andresky Fraser）稱為「白領血汗工廠」的事務所中，合夥人就是資本家，以投資推動公司發展，就像是《國富論》中投入金融資本建造和經營大頭針工廠的老闆；員工就是勞動者，每個人專門從事程式設計、數據分析等特定工作，就像是工廠生產線上專門執行不同工序的工人。當然，比起十八世紀末的大頭針工廠，會計師事務所的工作條件好上許多，但這兩個工作場所的經濟運作方式基本上是相同的。由於資歷愈豐富的會計師的費率較高，這會導致企業會盡可能將工作交給層級較低的員工，並儘量減少合夥人的直接參與。

員工的績效則是透過「利用率」（utilization）來衡量，也就是向客戶計費的時間比例來衡量，這意味著在這些事務所裡，時間真的就是金錢。對會計師來說，計算人類生產力的方法和計算機器生產力並無差別，看的都是使用頻率。在他們眼中，機器停機維修和員工請假沒兩樣，不管員工的理由是休假、病假或被選為陪審員而請公假。維持利用率的壓力如此之大，以至於許多員工的一年工作時數遠超過三千小時，而且比起透過培訓發展廣泛專業知識，他們更擅長重複執行相同的技能。這些員工一生中有許多時間耗費在辛苦加班和出差上，並被視為獲得高薪的理由。有些人已經厭倦永無休止的節奏和期望，卻感覺自己被一副「金手銬」

和工作牢牢拴在一起，因為一旦離職，就無法繼續負擔早已習慣的生活方式。他們重複完成同樣的工作任務愈多次，技術就會愈精熟；技術愈精熟，就會覺得工作愈無聊；覺得工作愈無聊，金錢對維持工作動機的重要性就會愈高；愈是受金錢所驅動，合夥人職位的吸引力就變得愈大。

就連亞當・斯密也承認，製作大頭針的工作不可能無止境的做下去。在《國富論》的結尾處，他指出重複性的勞動會逐漸摧毀我們：「如果人終其一生只是在執行一些簡單操作……沒有機會發揮他的理解力和創造力……他將自然喪失發揮這些能力的習慣，並且變得愈來愈愚昧無知。」不同於可憐的洛賽爾太太或大頭針製造廠工人，典型的四大會計師事務所員工在發現所獲得的報酬不再值得付出如此大的代價時，他們有可能會選擇離開。

格魯克與其他人不同，她對每個新的會計方程式充滿興趣與熱情。她在快四十歲時實現兒時的夢想，正式晉升為合夥人。她覺得這是一種認可：「不是你選擇成為合夥人，而是合夥人們選擇了你。」在我們的訪談中，這位興趣廣泛的女性不時巧妙引用《新約聖經》、《哈利波特》和《歡樂梅姑》的內容。她很喜歡與其他合夥人之間的情誼，她說這彷彿就是「找到自己的霍格華茲學院」。這裡都是她的夥伴，能被夥伴認可是多麼美好的感覺。

然而與此同時，槓桿模式的陰暗面也開始顯現。在達成畢生夢想後，她敏銳的發現，自己在許多方面感受到的龐大壓力及隨之而來的強烈自我懷疑。成為合夥人俱樂部一員的她，總覺得必須不斷設法證明自己有資格留在這裡。正如她所說的：「推動這種文化的核心迷思是：每位合夥人能為事務所創造多少收入，是個人價格與價值的唯一衡量標準。」如何調和這個迷思與自我價值信念之間的矛盾，終將挑戰她在職業生涯裡為之奮鬥的一切。

為什麼有些工作的薪資比其他工作高很多？

很多人認為會計師和企管顧問的職業門檻較高，例如需要大學學歷，或甚至是碩士以上才能獲聘，因此理應獲得高薪。等到在事務所待上二十幾年，你就住得起曼哈頓的大公寓，擁有多輛汽車，甚至還能去漢普頓（Hamptons）海濱度假勝地避暑。

然而在大多數組織中，薪資最高的員工和最低的員工之間存在一條鴻溝，而且差距還在不斷擴大。二〇二二年美國商業月刊《快公司》（*Fast Company*）的一篇文章將這種現象稱為「貪婪膨脹」（greedflation）。舉例來說，在一九八九年時，企業最高年薪與最低年薪差距為五十九倍，可是到了二〇二一年卻暴漲為三百九十九倍；二〇二一年麥當勞執行長的年薪，是員工平均年薪的兩千兩百五十一倍。你可能會想，薪資差距會這麼大，可能是因為員工薪水過低吧。但據報導指出，智遊網（Expedia）員工的平均年薪是十萬美元，而該企業的執行長年薪是員工的二千八百九十七倍。

為了促進薪資公平，冰淇淋製造商班傑利（Ben & Jerry's）最初將執行長班・科恩（Ben Cohen）的薪資上限，定為最低工資員工的五倍，可是在科恩退休後，公司根本找不到願意接任的人，最後公司只能接受跨國企業集團聯合利華（Unilever）的收購。在美國，執行長的平均年薪資為一千五百六十萬美元，這樣的數字無論以何種標準來看都相當驚人。我們也許已經習慣聽到執行長、職業演員、運動員、改變人們生活方式的創業者賺取巨額財富的新聞，以至於早就免疫了，然而在這些職業中，同樣也存在類似的高低薪資差異。二〇二二年，美國國家橄欖球聯盟（NFL）的球員平均年薪為兩百七十萬美元，但頂級四分衛的收入約為該數字的十七倍。

同樣的，影視圈知名演員如凱文・科斯納（Kevin Costner）、海倫・米蘭（Helen Mirren）和馬赫夏拉・阿里（Mahershala Ali）等「百萬美元俱樂部」主角們，每集片酬都超過一百萬美元，剛出道的新人大概只有他們的十分之一（雖然和一般人相比，這個收入也算多了），這還不包括廣告和宣傳交易所帶來的額外數百萬美元，看來富人會變得更有錢也是理所當然。經濟學家羅伯特・弗蘭克（Robert Frank）將這種現象稱為「贏家通吃的市場」（winner-take-all market），也就是少數頂尖人士獲得市場中絕大比例的報酬，而其他人只能瓜分剩餘一小部分報酬。這些頂尖人士之所以獲得高額收入，並不一定是因為其表現比其他人好上很多，而是因為他們「成功晉升」到顯赫地位。這些頂尖人士真的值得比同儕多領那麼多的錢嗎？我們之中又有多少人可以達到這樣的地位？

我們已經習慣於接受「一份工作對社會的貢獻程度並不取決於薪資多寡」的觀念，以至於我們忘記去質疑它的合理性。在二〇二一年的一項研究中，研究者詢問超過四百五十種職業工作者：「你是否認為自己的工作能讓世界更美好？」研究者同時調查受訪者的薪資，結果發現，自認工作有意義的工作者收入反而較低，而且認為工作愈有意義，薪資就愈低。不過還是有一些例外，例如外科醫師和麻醉師就是對社會有益、報酬也高的工作。這項研究還發現，名列最有意義工作排行榜第一名的是神職人員，平均薪資為四萬六千六百美元，而在榜上前十名的幼兒園教師、復健輔導員和宗教機構人員，平均年薪都不超過四萬美元。

為什麼對社會有意義的工作，得到的報酬卻反而最少？原因之一是這類工作的服務對象，通常是缺乏支付能力的底層人民，例如法扶律師提供的無償服務通常是為了助人（或至少是為了做品牌公關），而不是因為客戶能支付高額費用；事實上，他們反而會向支付能力較強的富人客戶收取更高的費用，來補貼法扶的成本。原因之二是根據研究顯示，選擇在非營利組織工作的人往往有更強的內在工作動機，因此可能愈不關心薪資多寡。珍妮佛也從研究中看到這一點，她發現無論是哪一種類型的工作者，認為工作愈有意義的人做起事來往往格外賣力，而不一定與其獲得的報酬高低有關。

在市場經濟中，薪資往往取決於人們願意接受該職業的報酬標準。在某些產業或地區，當工作機會很少或僅有的工作報酬很低，低薪資情況就會持續存在。學術界就存在這種狀況，許多兼職教授被迫每學期在多所學校任教多門課程，但薪資加起來只夠勉強維持生活，而且沒有任何福利或工作保障。正如一位學校管理者的冷酷回應：「我們可以這麼做（提供這麼低的工資，且沒有任何福利），是因為大家願意接受。」這種狀況確實存在，但存在不代表就是公平的。同樣的，認為「薪資能準確反映工作價值」這種觀念，也呈現出社會對於某些工作價值的嚴重低估。試想，如果拿到最高年薪的職位是社工或居家照顧員，而不是金融分析師或保險銷售員，我們的社會將會變成什麼樣子？

為什麼「女性的工作」薪資較低？

洛賽爾夫婦經歷長達十年的磨難，為了支付丟失項鍊的重置費用，調整為新的生活方式：「他們辭退女僕，更換住所，租了一間緊貼著屋頂的閣樓。」然而，洛賽爾太太並沒有出去賺錢還債。相反的，她承擔以前付錢給女僕做的所有家務。以會計術語來說，她的工作在資產負債表上，以沒有借方卻有貸方的虛幻形式出現。她的丈夫則在下班後兼差賺錢，還賣掉父親留下的遺產，在本票上簽了名。從經濟學的角度來看，洛賽爾太太什麼也沒做。

自一八八四年《項鍊》出版以來，時代和性別角色都發生了變化，可惜變化不如我們以為的那麼多。格魯克在三十七歲時升任合夥人，但她是個例外。她的前東家在全球各級員工中都是男女各半，女性約占四九％，但在合夥人層級中，女性卻只占二三％，這種情況在業界並不罕見。想像一下，身為女性員工，卻從未和女性合夥人互動交流，這會讓你更難想像自己有一天可以爬上那個位子。有榜樣豎立在眼前，可以激勵女性將自己視為領導者，並對自己的表現充滿信心。這些事務所中，女性員工從入職到晉升之間的道路，顯然在某個地方出了差錯，她們想追求職業晉升，也想達成結婚生子的個人成就，這兩個競爭目標相互牴觸，於是對現代職業婦女造成極大的干擾。

同樣的，在我們的學術界裡，最大的工作壓力通常也發生在許多人希望孕育下一代的年齡層。學術界裡「要不是寫出論文，否則就得等死」的現實壓力，導致一些女性推遲生養孩子的計畫，直到她們獲得終身教職。在新冠疫情期間，女性的生產力下降，而男性的生產力卻反而有所提升，有孩子的女性員工拒絕擔任管理職位的人數，是沒有孩子的女性員工的三倍，這種後果可能會導致長期而深遠的影響。在一定程度上，這是因為社會對兩性在封鎖期間應有的作為抱持不同期待所造成的。在世界各地，當學校和托兒中心關閉時，承擔無償照顧兒童責任的絕大多數是女性，儘管她們可能也還繼續從事有薪工作。在美國，女性勞動參與率下降幅度超過男性，尤其是沒有大學學位的女性和有色人種女性。糟糕的是，在疫情造成的經濟和就業壓力下，一些國家對於通常由男性施加在女性身上的家庭暴力的態度，居然變得更加寬容，真是讓人惶惶不安！

女人在洛賽爾太太的社交世界裡，可能既沒有經濟地位，也沒有在家庭之外賺錢的能力，儘管今日女性的經濟實力雖有改善，卻仍然低於男性。在二〇二〇年，美國性別薪資差距為男性每賺一美元時，女性只能拿到〇．八四美元。這種同工不同酬的現象已被廣泛報導，但背後原因及後果卻是複雜的。研究顯示，薪資差距並非由男女在教育、經驗或能力上的差異所造成。其中一個影響因素是對工作性別適合性的頑固職業刻板印象，這種成見使得更多男性得以進入涉及科學和數學等高薪領域。懷孕生產、照顧幼童和相關事件會干擾女性職業生涯，影響女性在勞動市場的連續性和收入。工作場所的歧視和騷擾是造成女性機會不平等（包括晉升機會）的另一個原因。當然，不只是女性，過去就曾受到歧視的群體也會遭受工資方面的不公平待遇，而對於處於兩種身分交集的人，例如有色人種女性，工資就會被壓得更低。

在瑪雅·帕特爾（Maya Patel）任職的中型管理顧問事務中僅有兩名有色人種女性合夥人，她是其中之一。她很早就意識到，造成職場薪資不平等的原因之一是薪資階級缺乏透明度，於是她創建一個標準化的各職級工資表：表現出色的員工只有透過晉升才能增加薪資；績效考核影響一次性的獎金，但不影響本薪；不接受員工拿著其他公司的錄取通知或其他理由，嘗試談判，爭取調薪。這種做法與管理顧問界流行「一切皆有可能」的激進文化背道而馳。事實上，瑪雅無法說服事務所其他團隊也採用這種做法，但她所負責的部門人員流動率明顯低於其他部門。在某種程度上，這與她所看到的情況相符：基層員工已經完成績效評估，並公開分享他們的薪資資訊。我們可能會認為工作者想要保留為自己爭取更高薪水的選擇權，可是知道自己的職等，感受到我們是否受到公平對待顯然更重要。這種做法不僅消除主管偏見，也可能解決因性別而同工不同酬的不平等。對不喜歡被迫不斷談判以爭取加薪的人，或者擔心其他人得到更好待遇的人也有所幫助。儘管確保工資平等最能直接幫助那些因不平等而遭受損失的人，但長遠來看，所有員工都會因此受益。

在部分社會中，連討論安全且負擔得起的避孕方式都被視為禁忌，成為女性提升教育水準及增進勞動參與的障礙。我們在第三章提過的哲學家納思邦主張，應該改變衡量國家繁榮的方式，將健康及教育的公平性納入考量，以對抗某些根深柢固的社會偏見，例如某些社會認為女性無法和男性享有相同的基本健康和身體自主權。由諾貝爾獎得主穆罕默德・尤努斯（Muhammad Yunus）創立的「孟加拉鄉村銀行」（Grameen Bank），就是以女性為主要放款對象的小額信貸先驅，因為她們不太可能透過傳統銀行獲得資金，而且在傳統就業市場中時常遇到阻礙，所以創業成為普遍的選擇。除此之外，她們償還貸款的比例也比一般銀行客戶高。

所有證據都顯示，女性在職場工作時的工作品質與男性相當，但她們的工作價值卻始終被認為低於男性。這種薪酬不平等現象指向一個與價值與金錢有關的明顯結論：工作報酬的多寡，未必能夠充分反映我們的工作價值。直到我們撰寫本書時，世界上最富有的十個人依舊全是男性，這個事實再次證明男性在淨資產方面優於女性的現實，這個現象幾乎無關於個人價值，而是源自父權社會中代際財富的延續。與此同時，家庭勞務往往由女性承擔，這些工作對社會至關重要，但在經濟上卻被視為毫無價值。這種經濟上的無價值感，會進一步限制女性（以及其他從事低薪工作者），使她們更沒有機會從高薪工作中獲得自我滿足與價值感。過去曾經有政治人物提議，由政府為全職父母發放薪酬，但毫不意外的，他們始終無法在支付金額上達成共識。家庭勞務價值評估的難題，能夠得出另一個有關工作與金錢關係的結論：有時最有價值的工作，報酬卻很低，甚至根本沒有任何報酬。

我們為工作付出的代價值得嗎？

格魯克一生都在想像著成為合夥人感覺會有多棒，但在她真的成為合夥人後，實質上過的就是一種認知失調的生活：一方面從高成就中獲得歸屬感，另一方面又經歷盡最大努力、卻未能實現收入目標時的絕望感，這讓她深陷其中，苦苦掙扎。如今回想起來，格魯克意識到她在理智上已經為成為合夥人的生活做好準備，但在相應的情感上卻沒有準備好。每一天，她的生活都在提醒她，儘管她一直鞭策自己比以往都要努力工作，可是她永遠感覺自己做得不夠。格魯克反思：「每一天，我都被提醒自己缺乏價值。」在像她這樣的事務所裡，員工習慣性的認為金錢是衡量價值的唯一方法，其他的一切都可以簡化。「創造價值」意味著賺錢。表現好的人會受到讚揚，表現不佳的員工被視為「負債」，而員工則是事務所最重要的「資產」。

這樣的說法並非只流傳在事務所內。它們已經徹底融入人們的日常生活，讓人一時之間根本不會想起它們原來是會計名詞。在我們生活和工作的文化中，「花時間」是一個大家都很熟悉的習慣用語，以至於我們可能不會去思考，為什麼要將時間以一種花費的金錢形式表達。這種思維方式在我們的文化中根深蒂固，以至於莎士比亞在他的第三十首十四行詩中，將「時間的浪費」描繪成我們「付出代價」買下的東西。我們消耗（或花費）時間在一個為有價值的事物套上財務數字的系統裡工作。這個系統改變依其規則生活的人的整體價值觀。

當我們給某樣東西標上金錢價碼時，指的是那個東西的價值。然而，價值本質上卻是相對的，因為我們可以將一種有價值的東西與另一種有價值的東西進行比較。金錢只是促成交換的媒介。不過，我們在本章提出的問題往往是用具有金錢價值的東西（例如我們的工作），來交換其他具有非金錢價值的東西（例如我們工作以外的生活）。當我們為金錢而工作時，我們無時無刻都在腦子裡做著這類的換算。

關於「為工作付出的代價是否值得所獲得的回報」這個問題，我們需要進一步研究企業界最常用來描述工作收入的字：「報酬」（compensation）*。我們的工作應該獲得補償的觀念不僅意味著工作可能使我們面臨相關的危險，並意

* 譯注：原意為補償，現在也指包括所有福利、休假、薪資、獎金的員工報酬。

味著工作本身就是一種損失、傷害或痛苦，我們需要為此得到補償。

最顯而易見的損失就是時間，如果不是為了收到工作報酬，我們不會做這份工作，因為它會阻止我們從事其他可能有價值的活動。經濟學家稱之為「機會成本」，也就是錯失我們未選擇選項的潛在好處。順帶說明，這些時間的價值往往不包括加班、通勤時間和情緒勞動，也就是工作給我們帶來的心理負擔。這場新冠疫情突顯出通勤成本的重要性，因為許多人放棄每天往返工作場所，並愈來愈欣賞在家工作的靈活性。當公共衛生緊急狀況結束之後，雇主試圖強迫他們返回辦公室，卻遭到員工拒絕，有些人寧願辭職，也不願意回辦公室。

正如伊麗莎白・安德森（Elizabeth Anderson）在《私人政府：雇主如何統治我們的生活（以及為什麼我們不談論它）》（*Private Government: How Employers Rule Our Lives [and Why We Don't Talk About It]*）中表示的，我們因工作而遭受的損失還包括自由的喪失。雇主期待我們服從未經選舉產生的上級，並遵守針對服裝、髮型，甚至工作時和工作外的言論規定。我們的通訊受到監視，進出工作場所的時間受到限制，有時在操控重型機械等危險工作前，我們甚至被要求接受身體搜查和醫學檢驗。安德森以共產主義專制統治來形容現代工作場所，只不過她描述的工作場所自然是百分之百以資本主義的形式經營。即使對工作的限制規定看似和從前相同，但在現今發達的人工智慧的幫助下，資方卻可以做得更隱蔽、更具侵入性，甚至擁有監控員工每個動作和通訊紀錄的能力。在現代的管理顧問事務所上班，工作中身體受傷的可能性遠比在亞當·斯密的大頭針工廠低許多，但是壓力和過勞帶來的健康風險卻從未下降。員工被困在無法逃脫的重複循環裡，所經歷的痛苦亦是絲毫未減。

對於格魯克來說，這種喪失自由的狀況具體呈現在電腦裡追蹤數十個指標的評估系統，她稱之為「那個機器」，她表示：「只要其中一個數字未達標，我都會深深自責。」她開始問自己，她在這份工作所獲得的回報，是否值得她付出的代價。為了回答這個問題，她使用她在專業上非常擅長的一種工具：移轉定價（transfer pricing）。儘管這個概念有時遭到跨國公司濫用，試圖在高稅收國家減少利潤，在低稅收國家增加利潤，但它更多時候卻是被合法應用在公司內部的轉移行為上。格魯克思索著要如何將移轉定價的邏輯套用在工作和生活上。她想知道，如果把生活中的各個領域視為互相給予和接受的不同部門，又會是什麼情況？洛賽爾太太在假裝自己是有錢人的那一夜所體驗到的喜悅和幸福，是否值得她所付出的代價？這兒的代價指的不只是為了賠償項鍊而付出的努力和痛苦，同時也包括如果這一切從未發生，她回歸正常生活時內心的痛苦。格魯克拿到的工作報酬並不算少，可是有多到值得她繼續承受從「機器」裡所感受到的自我懷疑和鄙視嗎？

格魯克很有創意的引用另一種會計工具來幫助我們思考工作的價值，那就是淨現值（NPV）。正如我們在第三章探討過的，我們有時不僅要考慮當前生活的一部分與另一部分之間的消長，同時還要考慮當下得失或決定在未來回報的價值。我們兩個在職業生涯早期為了工作所付出的高昂代價，激發我們職業身分的演變，給予我們在忙碌的生活外還能寫出這本書的能力。寫一本值得他人閱讀的書是個相當沉重的負擔，幾乎看不到盡頭，也許是我們職業生涯迄今最大的挑戰。它促使我們更早起床，在夜裡和週末埋頭努力，當我們想到任何與書有關的事時，不管正在做什麼都必須停止，立刻將它記下來，以免靈感轉瞬即逝。淨現值是一種務實的規畫工具，它可以幫助你決定眼下職業生涯的投資是否會在未來帶進相應的紅利。

如果洛賽爾太太將淨現值的方法套用在自己的生活上，她可能會放下自尊，向朋友承認她丟失了項鍊，而不是犧牲自己的未來去買新的項鍊來還。如果她一開始就考慮到丟失項鍊的風險，她可能根本不會允許自己沉迷於那個快樂的夜晚。從現實的角度來看，淨現值認為今天的金錢（或者幸福、意義、時間等等）可能比明天的金錢更有價值，因此如果我們要放棄今天對我們有價值的東西，以便將來可以擁有更多金錢，在決定時就必須考慮推遲滿足的時間，亦要考慮即使我們正在計畫著未來，但還是要考慮明天可能永遠不會到來的風險，再進一步對未來價值進行折現。

對格魯克來說，淨現值的計算只是將她早就知道的事攤在陽光下：她正處於崩潰邊緣。她過去曾有憂鬱症和強迫症的病史，感覺「我生而為人的價值與我所創造的東西息息相關」的信念將她推入絕境。一次嚴重的憂鬱症發作使她產生自殺的念頭。只有在被推到這麼極端時，格魯克才能清楚意識到，從長遠來看，堅持在這條路上走下去並不值得。她「不願意為這份工作而死」。格魯克去見了負責人力資源的合夥人，事務所准許她休假一段時間，調整好自己的狀態，再重新出發。她將世界因新冠疫情而封鎖的二〇二〇年描述為她「重獲新生」的一年。格魯克在部落格中分享了她和心理疾病纏鬥，以及康復的過程，以便她的同事知道並理解她到底發生了什麼事，同時也讓其他經歷類似狀況的人曉得他們並不孤單，如同她也經常感受到他人的溫暖和善意。多年後的今天，她的部落格已經成為寶貴的資源，讓同樣疲憊不堪的專業人士懷疑職涯發展時作為參考。格魯克表示，她每週都會收到與她情況類似的人的求助信，而且通常都是像她這樣的合夥人或正在往合夥人寶座攀升的業界精英。過去常有人問她，在她離開以前的事務所時，是否認為自己的職業生涯會就此結束，但她指出，諷刺的是，她現在反而有更多的機會可以選擇。

工作的無形價值

你該如何使用移轉定價和淨現值來決定你在生活和工作中做出的犧牲是否值得？如果麥慶誼在購買鑽石戒指前先做淨現值計算，他勢必得為喜悅和婚姻幸福標上一個價碼，然而這些東西是（而且應該是）無價的。會計師將此稱為無形價值，表示某些商品的價值無法衡量，但無論如何，它們在資產負債表上還是必須有一個相應的會計科目，因為會計師需要將所有商品貨幣化。麥慶誼在買下戒指後做的第一件事就是拿去請專業人員估價、投保，然而戒指的保額與戒指在他和妻子心中代表的情感、象徵、無形價值比較起來，一點都不相稱。在麥慶誼最終買下能負擔得起最好的鑽戒時，銷售員紆尊降貴的邀請他在賺到第一個百萬美元後回來「升等」更大顆的鑽石。這就是一切價值都可貨幣化的想法，受到這種這種想法束縛的人，無法接受有任何其他形式的價值可能超越貨幣價值。如果沒有戒指，她會答應他的求婚嗎？她堅稱她會，可是她仍然每天都戴著那枚戒指。

為婚姻標上金錢價碼的荒謬是個充滿諷刺意味的例子，顯示出將任何事物的價值降低至只剩純粹的金錢價值，會使我們的生活變得多麼貧乏。世界上還有無數無法計算和定價的事物。在伊麗芙·巴圖曼（Elif Batuman）的小說《二選一》（*Either/Or*）裡，主角觀察到詩集的價格並不取決於字數。英國街頭塗鴉藝術家班克西（Banksy）打算讓他的畫作在拍賣會上以一百四十萬美元的價格出售後，立即「自毀」。他以這種驚世駭俗的做法，突顯為藝術品開出如此高價的荒謬性，因為藝術品本身具有美學價值，但在拍賣後卻可能從此被收藏在買主家中，這與班克西創作街頭藝術的初衷背道而馳，他希望他的作品可以讓大眾免費欣賞（諷刺的是，這件作品只被碎紙機攪碎了一半，並未被完全銷毀，反而在幾年後以更高的價格拍賣售出）。社會學家薇薇安娜．澤利澤（Viviana Zelizer）在《給無價的孩子定價》（*Pricing the Priceless Child*）一書中指出，人們對兒童價值的看法隨著時間發生變化，從以前的「經濟上無用」變成今日的「情感上無價」，導致兒童人壽保險保單出現潛在剝削，也說明任何事物的價值都可以貨幣化的觀點仍有局限。

工作是另一種市場價格可能與無形價值無法相比擬的商品。人們在選擇工作時可能會考慮哪個工作機會能以最小的付出獲得最大的回報，但這種方法忽略其他的原因，包括：參與比我們自身更重要的事情的機會、我們對所建立的關係做出情感承諾，以及我們在做出貢獻時所感受到的使命感。

如果我們一生的工作價值都能夠公平反映在它的市場價值上，那麼決定工作就會變得很容易。可是我們並沒有生活在那樣的世界，我們在使用有形的貨幣淨值來衡量自我價值的無形價值時，更應該提高警覺。我們必須小心，不要因為工作的報酬不夠，便限制自己從事重要工作的潛在可能。正如亞當．斯密所言，市場會以更高的報酬來獎勵願意做悲慘工作的人，但另一方面，我們常常覺得對我們來說最有價值的工作，報酬卻往往最低。這種不平等有助於解釋為什麼許多原本有著豐富內心世界和抱負的人常常感到陷入困境，彷彿被關入血汗工廠，只能從事對他們來說沒有價值的平凡職業，獲得一份補償日常痛苦的報酬。然而，儘管在格魯克離開合夥人事務所時處境艱難，她還是找到自己的立足點，跳槽到科技公司擔任高階主管，之後她甚至留在那家公司擔任董事會顧問和高階主管教練。她有足夠的能力在價值和金錢之間做選擇。她是幸運的，這是洛賽爾太太和亞當．斯密的大頭針工廠工人夢寐以求卻始終欠缺的特權。

第五章

熱愛工作，這樣就夠了嗎？

如果你這樣做不是為了錢，你和猴子有什麼兩樣。如果你不為自己設下底線，你和猴子有什麼兩樣。如果你不以時薪、年薪，甚至一輩子能賺到的錢去衡量，你和猴子有什麼兩樣。說到底，你甚至不是因為愛才去做它，雖然這麼想會稍微好過一點。你會這麼做，是因為如果不這麼做，就等於自殺。」

——史蒂芬・金（Stephen King），《史蒂芬・金的故事販賣機》（*Skeleton Crew*）

華盛頓廣場公園的浪漫與拉赫曼尼諾夫

無論從哪個角度看，這都是一個不協調的場景：一架史坦威小型三角鋼琴，擺放在紐約華盛頓廣場公園中央。鋼琴上貼著「這台機器會殺死法西斯主義者」（This Machine Kills Fascists），這顯然是在向伍迪・蓋瑟瑞（Woody Guthrie）那把著名的民謠吉他致敬，但鋼琴中流洩出的卻是從蕭邦、德布西到拉赫曼尼諾夫的古典音樂旋律。這架鋼琴是如何來到公園中央？線索就是地上那條厚重的搬運毯，毯子現在攤開在地上，邀請人們躺在鋼琴下方（眼前真的有兩、三個人並肩躺在那裡），讓自己完全沉浸在這片「聲音之牆」中。科林．哈金斯（Colin Huggins）是這個特殊體驗的創造者，他曾接受音樂學院的專業伴奏訓練，後來轉為全職街頭藝人。從他第一次嚐到公開表演的滋味以來，已經在這個公園用這架鋼琴演奏十五年。

哈金斯每天將重達四百多公斤的鋼琴拖進又拖出繁忙的紐約市公園，充分證明他對藝術的痴迷。他親手安排這架鋼琴的保養、維護和存放，這不是件容易的事，尤其是處在這座不但未能提供任何便利，反而讓事情變得更加困難的大城市裡。如果職涯成功的標準是做自己熱愛的事，並從中獲得報酬，那麼哈金斯的故事可說是一個成功案例。他生活在物價高昂的城市裡，靠著表演維持生計，但他每天都從事自己喜歡的工作，與聆聽音樂的人直接互動，無論他們是站著或躺著。

他對自身工作的態度，彷彿來自於某種崇高的感召。珍妮佛和莎夏．多布羅（Shasa Dobrow）在二〇二一年的一篇論文中，將「使命」（consuming）定義為「人們對於某個領域，具有澎湃的熱情，而且覺得很有意義」，所謂領域，就是指人們的職業或工作。你可能還記得在第二章，我們討論過三種工作價值觀取向：「差事取向」、「事業取向」和

「使命取向」。將工作視為一種使命，往往容易讓人聯想到外在事物的召喚，尤其是源於某種崇高的力量。事實上，早期許多宗教思想家（主要是來自基督新教傳統）認為，是上帝召喚他們從事這份神職人員的工作。後來，召喚的範圍擴展至任何種類的工作，既然上帝賦予人們特定的天賦和能力，遵循召喚就是履行對上帝的責任。這些能力可能是農耕、木工或烹飪，從事這些工作同樣都是在服侍上帝，並實現人生的終極目的。這種「新教工作倫理」與古希臘看待工作的觀點形成強烈對比，古希臘人認為勞動只會分散我們的注意力，無助於實現終極目的。在現代社會中，對工作的使命已經世俗化，人們可以履行自己所認定的更高目的，無論它來自於個人內心或外在事物的召喚。

什麼才稱得上「使命」？這個問題依舊眾說紛紜。然而哈金斯的故事，堪稱人與工作之間浪漫關係的典型案例，在這種關係中，人們相信自己的使命是命中注定，因而願意放棄一切去追尋它，認為如果沒有它，自己的存在將變得毫無意義，並願意為這個值得奮鬥的目標，克服一切困難，甚至放棄一般人所追求的生活方式。這類對於使命的追求，最明顯的例子就是藝術創作者，但也有人認為自己的天職是建造、計算、銷售、教學或服務他人。

撇開浪漫不談，以現今重視專業成就、賺取穩定收入、追求社會地位提升的社會標準來看，哈金斯的故事無疑也包含一些無可迴避的現實挑戰。他的生活雖然有趣，卻相當不穩定。能不能工作取決於天氣，公園裡的其他活動也可能分散觀眾的注意力，更別提未經申請的街頭表演是違法的。在接受《紐約時報》採訪時，哈金斯坦承這種矛盾關係的存在：「大多數人都在追逐金錢，但我不會這麼做。身為街頭藝人。我追求的是真實情感體驗，以及帶給人們強烈情感體驗的能力。這意味著我很窮，但那又怎樣呢！」但請注意，他的最後那句話並非一個疑問句。

飢餓藝術家的形象歷久不衰，而且往往帶有浪漫色彩，讓人腦海中浮現音樂家、畫家或作家放棄一切物質享受，全心投入創造的景象。在藝術家的生活中，馬斯洛的需求金字塔被上下顛倒過來，「自我實現」的滿足才是最重要的，這可以從一個人的創造力、精力與熱情上展現出來；至於食物、飲水、住所等基本需求，只要透過某種方式解決即可，無論是透過贊助、補助或偶然撿到的披薩都可以。事實上，毫不遮掩的追求名譽和財富的行為會直接與藝術完整性和真實性相悖，任何被稱為「賣藝者」的藝術家都可以證明這一點。然而，來自現實生活的折磨經常讓人身心俱疲，即使是那些能在競爭激烈城市中勉強生存下來的人也無法避免。尤其是當經濟環境不穩定時，藝術家的生存空間會變得愈來愈狹窄，失敗的風險與後果也會變得更加嚴峻。

你的使命正在召喚你？

即使你從事的是非藝術領域的工作，也可能遭遇與哈金斯相似的情形。雖然我們的工作機會可能會受到無法控制的外在環境所影響，但我們最終選擇的工作可能會成為我們身分認同的一部分。我們醒著的大部分時間都花在工作上，所以往往會使選擇錯誤帶來的後果放大。我們所選擇的工作，至少有可能代表我們是誰。

工作在人們生活中占有的核心地位，還可以從許多英美人士的家族姓氏看出來，這些姓氏基本上就是族長從事的行業，例如烘焙師傅（Baker）、木匠（Carpenter）、鐵匠（Smith）等等。有證據顯示，姓名和職業之間的對應關係並非單向。例如研究人員發現，名叫丹妮斯（Denise）或丹尼斯（Dennis）的人成為牙醫（dentist）的比例高過其他人，這種現象被稱為「姓名決定論」（nominative determinism），儘管沒有證據表明名字會影響職業決定。巧合的是，麥慶誼的狗兒常去的動物診所裡，有位醫師姓「拉夫」（Ruff，聽起來像狗叫的狀聲詞），但其實那是她拿到獸醫學位後才冠的夫姓。至於珍妮佛的孩子則發現有些牙醫師的姓氏很有趣，其中一對父子檔醫師都姓尼德曼（Needleman，直譯為「針人」），還有一位醫師姓赫茲伯格（Hertzburg，和「好痛」〔hurts〕諧音）。最近還有證據支持，戴眼鏡的人從事法律和教育類的職業比例亦較一般人高。

即使我們取什麼名字和戴不戴眼鏡與所從事的工作沒有太大關係，但當面臨能夠定義自己是誰的工作選擇時，還是不免會感到一定程度的壓力。如果你也曾承受這樣的壓力，那麼你一點都不孤單。近年來，社會對「做你真心熱愛的事」的推崇，已經達到一種狂熱的程度。在我們兩個任教的商學院尤其明顯，在有些場所的牆上，經常會貼有「做你喜歡的事，就不會覺得自己是在工作」和「你的熱情就是你的原動力」之類的標語。許多大學要求新生閱讀的暑假指定讀物，是類似像大衛．伊西（David Isay）的《召喚：工作的使命和熱情》（*Callings: The Purpose and Passion of Work*）之類的書籍。以這本書來說，書中收錄伊西所創辦的非營利組織「故事團」（StoryCorps）的訪談內容，主題就是人在工作的召喚中，尋找自己的使命。大學選擇這本書給大一新生閱讀，隱含著期待學生透過大學時代的努力，畢業後能找到一份有意義的職業，過上令自己滿意的生活。

我曾聽許多大學生告訴我，他們在選擇科系時，最常聽見的建議就是「追隨你的熱情」。但坦白說，要一個十八歲的孩子找到自己的熱情，這壓力還真不小！事實上，這樣的建議有可能無意間鼓勵學生選擇符合社會規範與期望的主修科目，例如符合性別刻板印象的專業。研究發現，當建議大學生追隨自己的熱情時，有相當高比例的女性會避開傳統上由男性主導的領域（如科學和工程），但當他們被告知以收入最大化或幫助他人的角度來進行選擇時，這種性別差距就會明顯縮小。不管如何，「追隨你的熱情」這類建議至今仍隨處可見，知名美國求職網站 Monster.com 推出的廣告就令人印象深刻，它們主打的標語是「你的使命正在召喚你」。

找到自己熱愛的工作如此重要，是因為它不僅能帶來精神上的快樂，也能帶來物質上的滿足。流行文化中到處充斥著類似的訊息，從直白又吸引人的書名，如《做你所愛的事，金錢會隨之而來》（*Do What You Love, the Money Will Follow*）和《尋找心的呼喚，熱愛你的生活》（*Find Your Calling, Love Your Life*），到著名的使命召喚者，也就是已故蘋果創辦人兼文化偶像史蒂夫·賈伯斯（Steve Jobs）。賈伯斯在史丹佛大學二〇〇五年的畢業典禮上，發表一篇廣為人知且經常被引用的演講，將「工作是一生的摯愛」（work as one's great love）概念，賦予前所未有的新高度：

> 你一定要找到你所熱愛的事，工作如此，愛情也是如此。工作占據生活中絕大部分時間，因此，唯有相信自己做的是偉大的工作，才能獲得真正的成就感。而如何讓自己做的是偉大的工作，那就是你必須愛你所做的事。如果你還沒有找到你熱愛的事，繼續找，不要將就。等你找到時，你就會知道。而且，就像所有偉大的愛情一樣，隨著時間的

累積會變得更加深厚。所以，繼續找。不要將就。

讓我們稍微停下來理解這段話的比喻及訊息。在被工作占據的生活中，獲得滿足的「唯一」方法，就是熱愛這份工作。如果你不熱愛你的工作，那就是出了問題，你就有責任繼續尋找。賈伯斯也指出，尋找愛人和探索職涯道路是相似的。尋覓伴侶前，我們會四處約會；在職涯初期，我們也會藉由轉職，探索何種工作適合自己。直到找到「命中注定的那一個」，然後堅定的許下承諾；當然，這意味著我們選擇的「伴侶」，也會向我們做出同樣的承諾。然而，事實真是如此嗎？。二〇二三年初，我們親眼見證幾家大型科技公司進行大規模裁員：Google 裁員一萬兩千人，臉書裁員一萬人，推特裁員五千五百人。根據 Google 員工表示，他們在收到電子郵件後才知道自己在裁員名單上，事先沒有收到任何通知。看來，將賈伯斯的那句「做你熱情的事」奉為圭臬的社會新鮮人，還是有可能遭遇現實的陰暗面，就正如莎拉．賈菲（Sarah Jaffe）的書名《別傻了，工作才不會愛你：對工作的奉獻如何使我們被剝削、疲憊和孤獨》（*Work Won't Love You Back: How Devotion to Our Jobs Keeps Us Exploited, Exhausted, and Alone*）。

若從時代的演變來思考，從一九八〇年開始，「找到你的使命」、「找到你的熱情」和「做你熱愛的事」等標語在許多書籍中頻繁出現，尤其在二〇〇五年達到高峰（與賈伯斯發表史丹佛大學的演講同年，或許這並非巧合），至今熱潮從未衰退，這顯然是試圖向處在二十世紀末感到疏離的精英工作者傳達訊息，激勵他們在理解瞬息萬變的就業環境的同時，尋找自己的人生目標。

一九七〇年代初期，從農場到工廠再到辦公室的轉變很快遇上科技蓬勃發展和知識工作革命，從此「工作不僅僅是一份薪水」的觀念開始深入人心。在特克爾的《工作》書中〈尋找使命〉這章中，提到一位企業聘用的文字創作者諾拉．沃森（Nora Watson），她想隨著自己的意願創作，而不只是「接受上級命令寫作」，她說：「我認為大多數人都在尋找一種使命，而不只是一份工作。我們就像裝配線上的工人，從事著對於我們的精神層面來說太渺小的工作。這樣的工作無法滿足人們的全部潛力。」從表面上看，相較於其他選擇，工作能提供個人成就感、身分認同和人生意義的想法確實誘人。誰會想要從事一份扼殺心靈、摧殘靈魂的「渺小」工作呢？而且，這是不是也意味著做這份工作的我們也一樣渺小？

然而，在現今社會中，「找到使命」為許多人帶來龐大的壓力，不僅讓相信自己已經找到使命的人感到窒息，也讓還沒有找到使命的人覺得自己徹底失敗。每一年，我們都會為不確定自己未來想做什麼的學生提供諮詢。當他們告訴我們不確定自己喜歡做什麼時，這代表什麼？在決定自己想做什麼之前，他們足夠了解自己嗎？職業選擇已不只是單純的謀生問題，而是關乎個人的存在意義；而且認為不追隨內心選擇的人不只對自己不忠誠，還違背社會的期待。

正因如此，對使命文化的尖銳批評如潮水般湧現，也就不足為奇了。宮德光（Miya Tokumitsu）的《做你喜歡做的事，以及其他關於成功和幸福的謊言》（*Do What You Love and Other Lies About Success and Happiness*）和艾琳・賽克（Erin Cech）的《失控的熱情：為何在工作中追尋成就感，反而助長了不平等？》（*The Trouble with Passion*）書中都提出令人信服的證據，說明這種「把喜歡做的事變成職業」的信念可能會為個人和社會帶來弊病。這些論點不僅質疑「做自己喜歡做的事」是對任何人都適用的明智建議，並指出過度看重使命的文化等同於資本主義弊病的幫兇，會造成人們過度工作、職業倦怠和經濟不平等。更直白的說，「對工作懷抱熱情」的說法可能會被濫用，使得工人受到剝削，而有權有勢者持續獲益。這樣的狀況容易在一個主張「做自己喜歡的工作」的社會陷入困惑。畢竟在其他條件相同的情況下，我們自然更願意從事有意義的的工作，而不是無意義的工作，但將使命視為從事有價值的工作的唯一途徑，本身就是一個大問題。

從浪漫到現實

根據美國全國音樂產業協會（National Association of Music Merchants，簡稱 NAMM）二〇〇六年的研究顯示，美國有半數以上的家庭成員會演奏樂器。許多家庭裡甚至有不只一名成員想成為音樂家，連不會演奏樂器的成員也夢想有天能演奏。目前，有數以千萬計的人在拉弓、吹奏、敲擊，甚至想像自己在演奏樂器，希望有朝一日能成為專業音樂家。

在各種難能可貴的演奏機會裡，最令人嚮往的職位莫過於成為古典交響樂團團員，然而目前全美的古典交響樂團數量超過一千個，其中只有規模較大的樂團才有將近一百名演奏家，換句話說，想搶位子的人高達八位數，而實際職位的最大數目可能只有六位數。粗略估計，大約每數百名懷抱希望的音樂家裡，僅有一人有機會在專業交響樂團演出，即使是頂尖音樂學院的畢業生，也無法保證一定能被錄取。

此外，在這些交響樂團中，只有一小部分擁有足夠的預算，能支付樂團成員足以維持生計的薪資，因此，以交響樂團音樂家當成謀生工作的機率，可能又會低至數千分之一。再考量樂團的樂器配置，每種樂器都只需要幾名演奏家，這使得在精緻的古典音樂世界裡，音樂家之間的競爭異常殘酷。更殘酷的是，會被公認為世界一流的交響樂團屈指可數，因此，一名受過古典音樂訓練的音樂家在紐約愛樂樂團

（New York Philharmonic）或克利夫蘭交響樂團（Cleveland Orchestra）等知名樂團中獲得一席之地的機率，可能僅有百萬分之一，這個數字恐怕一點也不誇張。

正因為音樂家的成功機會如此渺茫，使我們對我們的朋友兼學術合作夥伴多布羅更加崇拜，因為她在成為組織行為學教授的學術生涯早期，曾在一個接近頂尖水準的交響樂團擔任兼職低音管演奏家。她在哈佛商學院拿到博士學位，現在是倫敦經濟學院的教授，這是世界上最負盛名的兩家教育機構，往往釋出一個終身教職職缺，至少會收到數百人的申請。多布羅能夠同時在音樂及學術領域克服各種困難並取得成功，實屬不易。她後來以音樂家為研究對象（沒有人比她更適合做這個主題了），探討許多人為何在面對可能無法實現理想抱負的情況下，仍然能夠堅持追求自己的使命。

為什麼即使努力這麼久、犧牲這麼多，換來的成功機會卻這麼微小，許多音樂家仍不願意放棄追求理想？其中可能基於許多浪漫的原因，但從探討使命的相關研究發現，追求某種使命會帶來許多好處，例如當人們對自己的工作有強烈的使命感時，他們會更滿意、更投入於所從事的工作，對所處的組織和職位更有認同感，生活也會過得更幸福；他們請假的天數更少，工作的時間更長，而且工作表現會比其他人更好。研究還發現，人們普遍認為懷抱較高使命感的人應該比較低使命感的人獲得更高薪酬，原因是高使命感的人是

「優秀員工」，或許說是完美員工也不為過。如果這個話題到此結束，我們應該會十分認同賈伯斯說的忠告：「不要將就，繼續找（你的使命），然後緊抓著不放。」

然而，儘管擁有強烈使命感的員工備受讚譽，但針對特定職業的研究卻發現，使命感可能是一把雙面刃。一項針對動物園管理員的研究顯示，對工作有強烈使命感的人願意為了照顧動物而犧牲一切，甚至包括個人的健康和幸福。例如，他們更可能自願無薪加班，甚至拿到的收入還比使命感低的同事少。然而，使命感高的動物園管理員較常會批評組織，更有可能做他們認為對動物最好的事，而不遵從雇主的指示；這個發現與針對動物收容所員工的研究互相呼應。對這些員工來說，所謂的工作使命就是照顧動物，而這件事幾乎比其他的現實問題更重要。

問題還不止如此。研究顯示，使命感還會影響個人和工作的關係、壓力水準，甚至是睡眠品質。一項針對牧師的研究發現，使命感最強的人工作時間最長，下班後也很難在心理上脫離工作，不但夜晚的睡眠品質較差，第二天早上起床後的狀態也比較差。有人猜測，懷抱強烈使命感的人是否會成為雇主的剝削對象，因為他們知道這些員工會不遺餘力的完成工作，甚至不惜犧牲個人利益。事實上，研究確實發現，人們認為如果員工熱愛工作，支付他們少一點的工資很合理，因為他們的熱情可以彌補薪酬的不足。

我們再回過頭來看擁有強烈使命感的音樂家，他們與工作之間的關係可以用「隧道視野」（tunnel vision）來形容，因為他們只看得到遠方出口處的光，覺得必須不惜一任何代價來追求自己的使命。由於交響樂團給音樂家的薪水並不高，所以這裡的「不惜任何代價」並非誇飾。他們也可能抱持著不符合實際狀況的期待，希望自己不僅能升為樂團首席，還能成為成功的獨奏家，即使大家都知道，只有極為稀少的音樂家能真正做到這一點。

根據研究發現，使命感高的音樂家對自己的演奏要求會高於一般的評審（研究中是讓音樂家在布幕後面演奏，評審只能單純用他們聽到的演出來評分）。擁有強烈使命感的音樂家也比較容易一意孤行，他們可能會默視、甚至故意拒絕接受與他們的意願相悖的證據，也更可能忽視可信賴的長輩或音樂老師苦口婆心的勸告，例如建議他們不要走上專業音樂家之路。這一切都意味著，許多懷抱職業使命的人不但對自己的天賦抱持過高的評價，並深信自己只差一點點就能成功，結果卻是一生都無法實現對自己的期待。可悲的是，這群人生活在一個不只存有藝術家浪漫幻想，甚至對吃不飽的藝術家都有浪漫想像的社會，導致他們無法充分想像或體驗不顧一切追求使命可能面對的真實處境。

拿家庭換畫筆的人

法國後印象派畫家保羅．高更（Paul Gauguin）的傳奇故事，可說是關於「召喚」最典型的範例。如今，高更的作品懸掛在世上最負盛名的藝術博物館牆上，然而以他為主角的故事，幾乎都將他描繪成一個極度自私的人，一心一意為了追求個人使命，不惜在現實中做出極端的取捨。

據說高更拋棄妻子和五個孩子，隻身前往南洋追求他的繪畫夢。在那裡，他與未成年少女生下更多孩子，並將他們當成自己的繪畫主題。高更當藝術家時只賺到很少的錢，而且從未兌現他離開時答應妻兒會養家的承諾；諷刺的是，在他過世很久以後，他的畫作〈妳何時結婚？〉（Nafea Faa Ipoipo）在二〇一五年創下有史以來油畫交易最高成交價的紀錄。如果當時高更的作品能有個期貨市場就好了，這樣就可以稍稍補償他對家人造成的痛苦。話說回來，他的藝術成就是否就能成為他自私的藉口？

在成為畫家之前，高更其實是平凡的股票經紀人，與一般人一樣過著養家糊口的日子。他默默無聞的做著這份安穩的工作，維持著表面上看來體面的生活，用薪水供養他內心憎惡的妻子和年幼的孩子。每天早上，他會穿上象徵巴黎中產階級的辦公室職員制服，到了晚上，帶著沮喪焦慮的心情回家。身為當時父權社會中家庭的經濟支柱，他就像今天許多上班族一樣，擔負起父親與養家餬口的責任，每天忍受著無趣的生活模式，即使無法從工作中獲得成就感，為了維持生計只能勉強苦撐。

高更決心擺脫這種痛苦的生活，或許令身邊的人都驚訝到難以置信，但這個決定早已醞釀多年。他始終憧憬著未來能當個藝術家，一邊繪畫，一邊收藏藝術品。事實上，在早期的職業生涯中，他從事的兩種職業是相輔相成的：白天的交易員工作為他帶來可觀的收入，不僅能支持他的收藏喜好，還能利用業餘時間進行創作。而創作又為他帶來與畫廊合作的機會，得以賣掉他利用週末完成的一些畫作。也許，高更曾希望在不必拋下家庭的情況下，逐步邁向藝術家之路。然而，股市崩盤讓他的主要收入銳減，畫廊也關門大吉。在家中孩子一個接著一個出生，經濟狀況卻持續惡化的情況下，就造成我們再熟悉不過的困境：金錢上捉襟見肘，時間卻永遠不夠。

就像許多處在職涯剛起步或工作多年卻找不到方向的人一樣，高更對於自己的未來一直猶豫不決，但他也試著找出平衡工作和生活的方法，例如舉家搬到一個較小的城市，試圖降低日常生活支出，可惜這個計畫並不成功。後來，在家人和朋友的幫助下，他們再次搬家，但他依舊無法找到穩定的工作。他決定獨自返回巴黎找工作，等到經濟狀況穩定後，再與家人團聚。他過著拮据的生活，靠著打零工維生，例如在售貨亭和空白的牆上張貼店家廣告單等等。這種卑微的生活，令他不時懷疑自己是如何淪落到這種地步。然而，失業的高更雖然比以往任何時候都還要貧窮，精神上的高更卻獲得前所未有的解放，讓他能夠將所有精力投注在對繪畫的熱情上，徹底告別過去厭惡的那種生活方式。

首先，高更向西航行，到達加勒比海。對看慣城市風景的他來說，異國風情令他心醉神迷。後來他來到法國南部，結識另一位厭世藝術家文森．梵谷（Vincent Van Gogh，因為藝術創作不受認可而精神崩潰。據說高更對梵谷最終走向人生悲劇扮演不可忽視的角色），後來兩人同住，並展開一段相互競爭卻密切交流的生活。然而高更似乎總是差那麼一點點就能成功，這一生從未真正賺大錢，無法實現寄錢回家的承諾，更別提回歸家庭，承擔起一家之主的責任。後來他前往大溪地（Tahiti），過起他稱之為「野蠻人」的生活。然而，他採取的這種新生活方式卻突顯出內心的矛盾：一方面鄙視異族文化，但另一方面又完全沉浸在其中。他縱情聲色，一邊畫畫，目露兇光，蓬頭垢面。當遠方傳來他最喜愛的孩子不幸去世的消息時，他雖然震驚，卻沒有阻止他繼續追尋自己的使命。或許高更原本並沒有計畫要與過去的生活一刀兩斷，但事情最後卻朝這個方向發展。他從未回到家人身邊，始終在異鄉默默無聞的做畫，直到去世。

高更的故事為什麼這麼引人入勝？也許是因為他做出一般人難以做到的「犧牲」：拋下家庭、道德和安全感，這些極端的選擇對一般人來說都是不切實際，而且太過自私，因此只會在腦子裡想一想就馬上會拋開，根本不可能真的去做。許多文學作品生動記錄下高更豐富多采的一生，例如威廉·薩默塞特·毛姆（W. Somerset Maugham）的《月亮與六便士》（*The Moon and Sixpence*）和馬利歐·巴爾加斯·尤薩（Mario Vargas Llosa）的《天堂在另一個街角》（*The Way to Paradise*）。《月亮與六便士》將高更對繪畫的狂熱比喻成一個掉進水裡，只能不停求生的人，毛姆寫道：「他必須離開，否則就會溺死。」而溺死高更的，就是每天周旋在股票經紀人工作和家庭之間的枯燥生活。《天堂在另一個街角》的結論中則提到，高更是偉大的藝術家，將自己對繪畫的需求置於妻兒的物質需求之上，然而，他同時也是「上帝和這個世界上一切正派事物的敵人」。兩本小說都描繪出一個具有惡棍形象的「天才」，在感受到藝術的召喚後，義無反顧的做出命運的抉擇，卻無法善盡為他做為丈夫、父親和一個人所該付出的責任。

道德哲學家們也被高更的傳奇人生所吸引，他們對於「是否值得用做人方面的失敗，換取專業上的成功」的問題有著不同看法。大多數人都認為，無論你是多優秀的畫家，做個好人是人類不可或缺的義務。然而令世人爭論不休的是，我們是否應該接受「令人欽佩的不道德」，也就是基於不道德行為而實現的偉大成就。當你發現所喜愛的藝術、音樂或影視作品，創作者竟是道德敗壞之人時，腦海中很可能也會浮現這個問題。哲學家伯納德・威廉斯（Bernard Williams）認為，高更的繪畫專業成就，是將他做人失敗合理化的唯一理由，如果沒能成為偉大藝術家，他的行為將不存在任何合理性。威廉斯的論證思路表明，高更放棄家庭或許是值得的，因為他成為現代主義藝術大師，但是如果帆船在前往大溪地途中被風暴吞沒，他與他的畫家身分都會一同消失，一切努力將變得毫不值得。換句話說，威廉斯得出的重要結論是：高更很幸運能留下這麼多藝術作品。

大多數選擇追隨心中熱情而非克盡義務的人，往往不像高更那樣幸運、那樣有才華，能看到自己的成就為世人普遍認可，證明自己當初的選擇是對的。然而，我們在金錢與意義之間所經歷的矛盾與兩難或許並不亞於高更，只是沒有像他那樣極端。他是將所擁有的一切，全都下注在他對於創作自由的渴望上。他的故事有一個不太符合道德期待的結局：照理說他應該會輸光他下的賭注（他和其他人都確實都輸了很多），但到最後可以說他還是贏了。

高更面對的取捨與我們幾乎沒有不同，也許唯一的區別在於：他對自身所該承擔的責任，展現出一種驚人的無視態度。我們所做的選擇、所追求的地位，以及我們為何這樣做，都體現出我們是誰、我們的價值觀，以及願意用哪些價值來換取其他價值。我們擔心找不到夠多工作來滿足自己的物質需求，同時又擔心工作太多太繁重。我們焦急的等待更好的機會，但當機會來臨時，我們的目光卻已經放在下一個目標上。我們希望工作能符合道德價值，同時又習慣向現實妥協。我們渴望從事自己熱愛的工作，卻又懷疑當它成為我們的工作時，自己是否仍會愛它。我們將大部分醒著的時間都花在工作上，同時又感嘆自己難道只是為了工作而活著。我們為工作而犧牲摯愛與生活，但工作又是為了照顧他們而做的犧牲。我們從未停下腳步問一問自己：如果能夠找到真正值得為它而活的工作，我們會更願意去做它嗎？我們只是一直重複現有的生活，直到有一天決定朝遙遠的海島奔去，永遠不再回頭。

你有使命嗎？你想被召喚嗎？

讀到這裡，你自然會想知道上天是否也賦予你使命？你希望人生中擁有使命嗎？一項二〇二一年的研究以牧師、醫師、國際援助人員和教師等專業工作者進行深度調查，這些研究對象大多認為目前的工作就是自己的使命，當研究者想要探究他們是如何走到這一步的，結果發現，人們大多經由兩種途徑實現自己的使命。

第一種途徑是成為「**洞察者**」（discerner），這種類型的人會尋找他們真正的使命，就像前文所提的賈伯斯尋找理想「伴侶」那樣。有些人從小就明白自己的使命，並努力實現它。有些人雖然沒有立即找到自己的使命，但很清楚目前所從事的工作並非自己的使命，並確信「它」就在那裡，於是展開尋找使命的旅程。有時候，這種召喚可能來自於內心，只等著你去發現，就像有位醫師透過禁食找到自己的使命，因而轉行成為牧師；有時候，這種召喚可能來自於朋友或長輩給予的忠告，例如一位醫師在高中時曾被老師勸告：「別當高中老師，努力成為一位醫師吧！」

第二種途徑是成為「**探險家**」（explorers），他們的人生往往是由許多運氣和偶然所串連而成，就像是在誤打誤撞之中找到自己的使命，而不是刻意試圖尋找。他們會覺得工作缺乏成就感，期待做出改變。例如一位國際援助工作者說：「隱隱之中彷彿有股力量推動著我，設法讓彼此衝突的工作、家庭和精神生活三者合而為一。你知道的，就是重新思考該怎麼畫這三個圓圈，讓它們重疊的部分愈多愈好。我當時沒有答案。」他表示，直到去國外做志工之前，他完全不知道世界上有非政府組織（NGO）國際援助工作的存在，而今，這項工作成為他的使命。有些人則是遭遇改變生命的重大事件，進而找到人生的使命，例如獲得一份從天而降的工作、開啟一段打開新視角的談話，或是其他偶然的遭遇和巧合，雖然有些事件讓人並不愉快，像是受傷、生病或失去親人，但正因為發生這件事，才讓一切變得清晰。不過，即使有些人找到自己的人生使命，但如果回過頭追溯他們過去的經歷會發現，其實一路上充滿不確定與迷惘，不見得可以畫出一條清晰的路線。

當然，我們必須承認，有些人尋找使命的過程相當崎嶇，甚至有可能這一生都無法成功找到人生使命、收到上天對自己的召喚。珍妮佛曾以此進行多項研究，得出的結論是，尋找使命是一種不穩定的心理狀態，會讓人充滿壓力與不安。當社會過於強調「使命文化」（calling culture），可能會讓人們覺得「自己應當具有某種使命」，否則人生就好像少了點什麼。當尋找使命的過程不順遂時，人們往往會在「理想」和「實際」之間徬徨掙扎。然而正如前文提到的第二種途徑（探險家），使命有時會在最意想不到的時刻出現，甚至在我們完全沒有想要尋找它時突然浮現。因此，與其拚命且焦慮的想要找到人生使命，不如保持開放的心態，尋找對自己有意義和（或）能為自己帶來成就感的工作，反而更有可能產生較好的結果。

職場中還有一種常見的狀況，那就是人們可能隱約知道自己的使命，但現實中卻始終無法找到相應的工作。組織心理學家賈斯汀・伯格（Justin Berg）及其同事將這種近似於戀愛時的單相思現象形容為「未能獲得回應的職業使命」，當人們處在這樣的心理狀態時，會感到龐大的壓力、遺憾及自我否定。根據研究指出，處在這種狀態的人可能會比完全沒有感覺自己有使命的人情況更糟。珍妮佛與多布羅及後來與漢娜·魏斯曼（Hannah Weisman）曾經以對音樂抱持強烈使命感、但無法成為職業音樂家的人為研究對象，研究發現，相較於從事音樂工作的人，抱持強烈使命感、夢想成為職業演奏家的人在心理健康狀況及收入上都比較差，甚至比從事非音樂工作、沒有抱持對音樂強烈使命感的人還差。這項研究還調查利用業餘時間從事音樂演奏的活躍人士，例如自組樂團在車庫中演奏的愛樂者。研究原本預測，這些業餘音樂家即使不以音樂為主要職業或收入來源，但由於能夠繼續演奏音樂，他們的狀況應該會比完全沒有從事音樂演奏的人更好。令人驚訝的是，事實並非如此。業餘音樂家的幸福感和收入水準和完全沒從事音樂演奏的人一樣低。這讓研究者思考，接觸音樂是否反而會讓這些業餘音樂家不免想起自己沒能實現的夢想，進而突顯自己在選擇理想職業與實際職業之間的落差。這個研究值得我們進一步深思幾個問題：在高度競爭的就業市場中，當一個人無法從事實現自身使命的工作，對個人和社會可能造成什麼樣的後果？而對於沒能擁有足夠運氣或資源從事與使命相關工作的人來說，使命更像是上天的詛咒，而非祝福。

追尋使命的故事，是否都能有幸福的結局？

馬塞爾·普魯斯特（Marcel Proust）在臨終前完成的經典小說《追憶逝水年華》（*In Search of Lost Time*）中指出，

藝術家願意犧牲自己的決心和意志力，是創造不朽藝術的必要條件。據說普魯斯特在人生最後的十五年裡，大部分時間都將自己關在寒冷的房間，晚上瘋狂寫作，白天倒頭就睡。在這本以第一人稱視角寫成的巨著裡，普魯斯特提到他鍾愛的作家貝戈特（Bergotte），彷彿預見自己的結局：「他的書……像展開翅膀的天使一樣守夜，對於早已離開這個世界的他來說，那彷彿是他復活的象徵。」普魯斯特在創作小說時展現「對死亡漠不關心」的態度，是許多藝術家共同的特徵，因為他們覺得為完成作品而死，一點也不可惜。就像普魯斯特為了創作出不朽的作品，幾乎過著不同於正常人的生活，使命究竟為人帶來的是幸福還是不幸，實在是個複雜難解的問題。

另一位作家瓊・蒂蒂安在其回憶錄《奇想之年》中，細述自己的丈夫、名作家約翰・格雷戈里・鄧恩（John Gregory Dunne）在餐桌上猝逝的那晚。她說他總是隨身攜帶空白小卡片，記錄在日常生活中一閃而過的靈感，這是他在不完全錯過日常樂趣的同時，回應寫作這項使命的方式。丈夫去世後，蒂蒂安加倍努力的投入寫作，試圖留住對丈夫和同年去世的女兒琴塔娜（Quintana）的回憶。她曾想像自己與死去的丈夫在現實世界中進行對話，對此，她解釋道：「我是作家，試著想像某人會說什麼或做什麼，對我來說就像呼吸一樣自然。」如同前面提過的藝術家故事那樣，使命對人有著命中注定、不可抗拒的吸引力，卻還是無法解答「追隨使命為人帶來的是幸福或不幸」的問題。

即使在更傳統的職業中，工作使命感對人究竟是好是壞，可能還是難以判斷。百事可樂公司前董事長兼執行長盧英德（Indra Nooyi）在退休前給員工的告別信中，分享她學到的教訓和心中的遺憾。身為世界上最有權勢的女性之一，盧英德認為工作是自己「一生的榮耀」，但在家庭生活中，她卻無法在教養子女的過程中親力親為，不得不將撫養兩個女兒的責任委託給家人和專業保育員。她寫道：「我很幸運能擁有令人驚嘆的職業生涯，但是老實說，有時我真希望自己能多花點時間陪伴孩子和家人。」

前面我們提過賈伯斯對工作使命的熱情舉世聞名，他將工作比喻為尋找伴侶，而且這種關係「隨著時間的累積會變得更加深厚」；然而，對工作投入過多的熱情，也可能是造成其他關係破裂的主因。例如賈伯斯由於與其他領導者在創意和策略上產生分歧，因而一度被迫離開蘋果公司，即使後來透過公司被併購而重返蘋果，但他還是令員工既欽佩又畏懼。賈伯斯的私生活也可說是高潮迭起，例如他有一個孩子，但他最初並不承認自己是孩子的父親。後來他的孩子出版一本回憶錄，講述他們之間的重重問題。據說賈伯斯直到遇見羅琳・鮑威爾（Laurene Powell），並決定廝守一生，才建立起穩定的感情關係。他始終相信直覺和過度投入工作，他的幾個知己好友都認為，如果他早點遵照醫囑接受胰臟神經內分泌腫瘤手術，而不是堅持選擇替代療法，應該可以避免英年早逝的悲劇。

工作使命的代價雖然可能嚴重到攸關生死，但對於一般人來說，代價通常是選擇過哪一種生活方式，這就涉及到另一個問題：我們是為了工作而生活，還是為了生活而工作？我們時常在媒體上看到許多富人或名人追尋使命的故事，但在現實中，每天都有無數默默無聞的市井小民正在追求或放棄自己的使命，他們可能是處於人生巔峰期的藝術家或高階管理人才，也可能是希望在成就自己、善盡家庭責任和貢獻社會之間做出最好選擇的廣大勞工。

二〇二一年，美國爆發大離職潮，辭職人數和單月職缺數均創下歷史新高，達到數千萬之多。賈斯汀．瓊斯（Justin Jones）和妻子便是那波離職潮中的一員。在他的職業舞蹈生涯初期，曾受到工作使命的召喚。當時，他參加一位知名編舞家舉辦的試鏡，瓊斯說：「感覺⋯⋯在他的作品中跳舞，就是我一生最想做的事。」因此儘管薪酬很低，工作機會也不穩定，他仍然加入舞團；這顯示即使是在強烈競爭下脫穎而出的頂尖紐約市職業舞者，也只能勉強維持生計。在舞團工作三年後，有一天，他被要求離開舞團。也許是回憶起當時內心的巨大失落感，瓊斯說：「在被解雇後，我還是會夢到還在舞團裡跳舞的畫面。」這個打擊並沒有讓他就此卻步，往後十五年，他依然專注投入在舞蹈工作中。

在那些年裡，瓊斯和妻子四處奔波，並從事幼兒園的教職工作來維持藝術家生活。有了孩子後，他們則是將孩子送到瓊斯白天教書的幼兒園（教職員子女免費就讀），並利用晚上和週末編舞、作曲和教舞。「我還記得當時在上舞蹈課時，我會用綁帶將孩子背在胸前。」瓊斯相當清楚自己的定位：「我是教學的表演者，而不是表演的教學者」。實現自己的使命通常需要全心全意投入，做為一名舞者更是如此，就像瓊斯說的：「當你是舞者時，你就是過程。你的身體、你自己就是這個過程的一部分。你是材料，也是成品。所以當你要轉變這個身分，那意味著你必須重新定義自己，這對任何人來說都不是件容易的事。」

然後，新冠疫情改變一切，瓊斯和妻子決定離婚。他笑著說：「既然我的生活在這個時候天翻地覆，那麼趁這時也把我的職業生涯搞得天翻地覆好了。」他離開擔任藝術總監的舞團，並辭去教職工作。剛恢復單身的他忙於養育孩子，也花更多時間為其他藝術家的作品編曲，這些作品曾獲得《紐約時報》好評。等到存夠了錢，終於可以休息幾個月，讓自己「暫時感覺像個正常人」，他停下來思考：「如果我不是舞者，那我又是什麼？」拋開這個身分認同，只是幫助自己想清楚未來該怎麼走的第一步。目前，他又回到幼兒園擔任全職工作，他說：「到時候我會想辦法解決其餘的生活問題。」

談及工作使命的召喚還有一個值得思考的地方。有人會說，光是還有餘力去思考要不要追求使命，就代表你已經比世上多數人都要幸運。大部分的人鎮日拚命工作以維持生計，有些人甚至還兼職做好幾份工作。他們從事這些工作不是因為想做，而是不得不做。確實，選擇工作的能力並不是人人都能擁有，擁有優越的出身背景、較高的教育程度及較高社經地位人際網絡的人，自然比其他人更容易得到更好的工作機會。但是，如果你以為只有這些人才能擁有追求使命與意義的權力，可就大錯特錯。正如我們在第二章中提到的，在每一種行業與職位中，都有抱持「差事取向」、「事業取向」或「使命取向」的工作者，不過有些工作確實更能體現出使命感，例如追求社會公益或透過藝術表達自我的職業。多布羅和珍妮佛的研究發現，平均來說，音樂家和藝術家比商學院學生和企業經理擁有更強的使命感；但這些平均值並不能代表全部，畢竟還是有使命感很低的音樂家及使命感極強的公司管理者。

一項針對醫院清潔工的開創性研究，提供我們一個關於在意想不到之處發現工作使命的生動案例。即使在疫情爆發前，醫院的工作環境也稱不上理想，清潔工必須在人們避之唯恐不及的病房中，做著名副其實的「骯髒工作」，然而研究者發現，一些清潔工卻展現出驚人的韌性，並主動提升自己工作的意義。這項研究將研究對象區分為「被動型清潔工」與「主動型清潔工」，前者與其他工作人員和病患幾乎沒有互動，只是單純打掃一間又一間的病房；後者則不受職銜和職責所限制，悉心為病人提供協助，盡力把事情做到最好。研究者創造出「工作重塑」（job crafting）一詞，來探討主動型清潔工如何將現有工作改造成他們想要的工作。舉例來說，這些清潔工並不覺得自己只是在做醫院清潔工作（就像打掃飯店或辦公大樓那樣），而是將自己視為醫療團隊的一分子，與醫師、護理師一同並肩作戰。他們認為自己的工作能夠改善病患的生活環境，甚至能夠幫助病患更快康復。

這項研究催生出日後許多有關「工作重塑」的進一步研究，更向所有工作者傳達出一個激勵人心的理念：無論你擁有的職銜或被分配的職則是什麼，你都可以試著讓自己的工作變得更有意義。與此同時，這項研究還有另一個解讀方式，那就是：如果我們覺得自己的工作缺乏意義，會不會是我們不夠努力去賦予它意義。

我們從何處來？我們是誰？我們向何處去？

我們之所以被個人使命所吸引，部分原因在於它揭示出我們是誰，這關乎我們的自我認同，而不是一般在工作中所感受到的職業認同（也就是賴以維生的工作角色）。在職業生涯中實現個人使命的人往往會散發出一種浪漫的魅力，彷彿他們已經「找到生命的答案」。然而，實現使命是需要付出代價的，我們可以藉由研究人們實踐使命的故事，幫助我們活出自己的故事，並了解故事背後可能需要付出的代價。

藝術家高更的代表作是一幅描繪人間天堂大溪地的巨型油畫，畫作左上角的標題，是三個簡單卻深刻的大哉問：「我們從何處來？我們是誰？我們向何處去？」這三個問題放在一起並非巧合，而是要引導我們進一步思考自己的過去、現在和未來。

畫作的背景是由藍天、海洋和綠色森林所構成的豐饒風景，在背景的襯托下，前景人物被襯托得格外鮮明。如今，這幅畫收藏在波士頓美術館裡，告示牌上寫著：高更「打算讓觀者從右到左『閱讀』這幅作品，從熟睡的嬰兒開始，到中央站著的年輕人，最後以一位蜷縮的垂死女性做結。」這樣的構圖安排，清楚表達高更對生命起點與終點的看法，以及我們所繼承的價值觀和渴望追求的理想。畫作主角不是初生的嬰孩，也不是垂死的老婦，而是畫面中央、位居生命中點的年輕人。他之所以向上伸手，是為了更靠近天堂，還是想要摘下樹上的果實，我們並不清楚。他是誰？是看著畫的我們嗎？這個人物代表大多數人一生中最長的一個階段，在這個階段裡，我們花費大量時間工作，並且有機會做一些值得投入的工作，讓生命變得更有意義。

要回答高更提出的三個問題並不容易，難度大概跟回答

「他的藝術成就如此傑出，是否就該原諒他帶給家人的痛苦」差不多，但這並不妨礙我們認真思考這三個問題。無論是規畫未來職涯、考量目前的職業發展，還是反思過往的工作選擇，我們都需要不時自問：我們想去何方？我們應該去向何方？為了使未來的夢想成為可能，現在的我們應當做出哪些取捨。當我們以事後諸葛的方式審視過去的工作及生活時，我們是否也應該重新審思：**我們從何處來、我們是誰？為了工作所做的犧牲是否值得？以及，如果人生可以重來一次，我們是否願意做出一樣的選擇。**

如果高更當初向我們徵詢：是否要以家庭生活和股票經紀人的工作，換取成為畫家的使命？我們或許會提醒他：追求熱愛事物的決定，該考慮的也許不只是個人。為了家人幸福著想，或許他可以白天交易、晚上作畫，至少堅持一段時間慢慢規畫細節，最終在衡量各種選項後做出決定。靠一份工作來支持自己追尋使命，很可能導致過度勞累而身心俱疲，所以雖然追尋使命者往往需要做出某些犧牲，但無論是對自己或他人而言，帶來的好處必須大於所付出的代價。使命的召喚確實可能讓人想要放棄一切，但我們無法想像一幅畫會比生命中的重要他人更有價值。我們會提醒他：對自己繪畫前景的期望要保守一些，要意識到人們往往會高估自己成功的機率、低估無法控制因素的影響（例如市場變化，以及我們航向目的地時所刮的風向）。他一心想成為名畫家，不想當交易員，但諷刺的是，他的所做所為，證明他是就追尋一次性冒險豪賭的交易員，不願意花時間去建立兼顧生活與專業的平衡投資組合。然而，如果高更接受我們的建議，這個世界也許就會因為失去一位偉大藝術家而更顯貧瘠。即使社會願意承擔這樣的代價，以換取家人更高的福祉，但我們懷疑高更（或任何被炙烈熱情所驅使的人）是否能夠接受任何建議。高更留給後世的非藝術遺產，就是促使我們不斷思考這個由他所提出的問題。即使他用自己的人生回答這個問題時，表現並不令人滿意。

過去、現在、未來

這二十年以來，麥慶誼經常用三個簡單的問題，幫助他的課堂學生（從年輕的大學部學生到經驗豐富的主管）想像未來的生涯故事。這三個問題分別為：

1. **請想像自己在畢業一年後，可能從事的工作是什麼？**這個問題關注的焦點是「現在」。每個學生的求學動機各不相同，例如有些人是為了找到一份可以滿足生活支出（包括償還就學貸款）的工作。因此，問自己這個問題，可以幫助我們從現實面尋找答案。像是高更用股票經紀工作來養家糊口；盧英德決定在百事可樂公司任職，因為公司距離她的住家和女兒就讀的小學，都只有十五分鐘車程；史蒂夫·賈伯斯從大學輟學後，運用他的專業知識，找到設計電子遊戲的工作。根據觀察，一般學生在回答這個問題時，通常會選擇能夠善用他們的經驗和所學的傳統職位；至於已經在企業工作的學生來說，答案則是現有職位再往上晉升的那個位子。

2. **哪一種工作可以為整體社會帶來最大的貢獻？**這個問題關注的焦點是「過去」，也就是探索學生所繼承的價值觀。這個問題使用的措辭刻意保持開放與中立。在上一個問題中，思考「畢業一年後」的問題，可以幫助學生思考符合個人技能的特定職位，例如：會計師事務所的助理、食品公司的消費者研究主管等；而在這題的「整體社會貢獻度」問題中，學生多半會回答一些與自身職涯規畫無關的職業類別，卻能對社會帶來重大貢獻，例如：教師、醫師或農人等。這些職業類別通常與工作能否帶來豐厚的經濟利益無關，就像醫院清潔工的工作動力是幫助病人，而不只是賺取薪水。

3. **撇開現實考量，如果你可以在十年後做任何想做的事，你會做什麼？**這個問題關注的焦點與「未來」有關，卻不一定與工作有關。當問學生這個問題時，無論是一般學生或是社會人士，總有一些人希望可以在十年後退休。當被問及退休後要如何利用充裕的空閒時間時，他們通常會想像要去旅行或打高爾夫球。更常見的是，學生們會在無意中說出他們尚未實現的使命，卻又認為到時候都為時已晚（例如成為像大衛・鮑伊這樣的搖滾明星），或是太過不切實際（例如成為像蒂蒂安這樣的作家）。即使是計畫未來繼續留在目前領域工作的人，通常也會想像自己擺脫組織階級制度的束縛，有天能成為企業執行長（例如盧英德）或創業家（例如賈伯斯）。

有趣的是，學生們經常會訝異在這三個問題上，大家的答案差異很大。有些人會把第一個問題解讀為「自己期待要做的事」，第二個問題則是「自己應該要做的事情」，第三個問題是「自己渴望想做的事情」。經由這樣的思考，讓他們不禁想問：為什麼自己必須如此努力學習、付出高昂學費，最後卻做一份自己期待要做的工作，卻不是他們應該要做的工作，也不是他們渴望想做的工作。

麥慶誼的一名學生曾因為思考這三個問題後，宣布自己將離開企業界，投身醫學事業，不過幾個月後，她又改變主意。我們提出這三個問題的目的，不是為了說服你改變職涯之路，而是藉此請你思考三個重點：一、在一個職位上同時實現多種目標（例如個人技能剛好符合雇主需求的「市場契合」、為他人服務和自我實現），往往是不太可能的事；二、以平常心看待當下現實、過去價值觀和未來憧憬，試著將眼光放長遠一點，把工作當成職位組合，使個人在整個職業生涯中逐步達成「兼顧一切」的目標；三、我們鼓勵你思考如何充實眼前的現實生活，努力思考「一年後」在職涯發展上，能做一些不但具有意義，而且可以對整體社會有所貢獻的事。

第六章

什麼工作在社會上必不可少？

「我相信一些看似渺小的工作，像是養育孩子、採摘水果、打掃，是我認為最有價值，也是最值得尊敬的工作。」

——莎莉．魯尼（Sally Rooney），《聊天紀錄》（*Conversations with Friends*）

從前線到四季酒店

當美國政府為了因應新冠肺炎疫情，在二〇二〇年三月宣布全國進入緊急狀態時，大批消費者開始湧入超市和網路商店，四處搶購食物和其他必需品。然而，大家想購買的物品如洗手液、消毒濕紙巾和橡膠手套，竟然全都缺貨。造成這個現象的元凶之一是套利者，例如有一對兄弟開著車穿越田納西州和肯塔基州，把所有能找到的洗手液全都買下來，然後在網路上以一瓶七十美元的高價進行販售；他們辯稱之所以會這麼做，只不過是在導正市場失衡。不僅如此，在疫情最嚴峻的幾個月裡，民眾必須被迫適應各種基本生活必需品短缺，從木材、電腦晶片到嬰兒奶粉，買什麼都有困難；還得親身體驗因工廠關閉、海關延誤和無法即時生產（Just-in-time，簡稱 JIT）等因素所造成的供應鏈中斷。

民眾最迫切渴望的必需品是衛生紙。隨著辦公室和公共場所的關閉，在家隔離的人們需要的衛生紙用量顯然會大幅增加，這使得擔心買不到衛生紙的消費者開始大量囤貨。即使免痔馬桶的銷量增加，還是阻擋不了衛生紙銷量的急劇增加；調查指出，疫情期間的衛生紙銷量比前一年同期成長七一%。為了因應這樣的情形，商店開始實行限購制，以提供更公平的分配；寶僑公司（Procter & Gamble）的辦公室員工得去衛生紙製造廠的生產線幫忙；金百利克拉克公司（Kimberly-Clark）的高階主管在三月十三日星期五那天下班的路上，到當地的沃爾瑪大賣場巡店，結果意外發現公司生產的兩款衛生紙在貨架上竟一包不剩。他和許多白領工作者一樣，隔天就開始居家隔離，下次再踏進辦公室上班，則是好久以後的事。

疫情期間雖然有許多人轉為在家工作，但有些被歸類為「必要服務工作者」（essential workers）的人，則必須外出上班，以維持社會基本運作和提供重要服務。借用軍事術語來說，必要服務工作者就是所謂的「前線」工作者，就像軍人一般擔負著保家衛國的責任。對於必要服務工作者來說，工作象徵一種責任，例如維護公共交通系統的工作者必須確保火車準點通車，讓其他必要服務工作者能準時到達工作崗位；工作也象徵一種榮譽，例如當世界各地的醫院裡擠滿重症患者，人們都會衷心向醫護人員致敬；工作還可能象徵一種認可，例如以往社會大眾總會忽略系統維護人員的重要性，疫情期間則完全改觀。有些必要服務工作者慶幸自己在疫情期間仍然能繼續工作，因為可以確保收入無虞，例如食品加工作業員能夠繼續上班，不像餐廳服務人員因停業規定而立即被解雇。

雖然必要服務工作者具有上述幾種好處，但那同時也可能是一種詛咒，因為在疫情期間，他們必須在冒著個人健康重大風險的情況下履行職責。從研發疫苗的重大任務，到操作收銀機的日常工作，在當時的情況下，不管是哪一種行業的工作者都英勇可佩。然而，有時必要服務工作者這個身分卻令人困惑，例如在一些地區，教師被告知無限期改為線上教學，但有些地區卻命令教師必須返回實體教室。看來，有時候被認定為「必要」的工作者反而具有一種貶義，可能意味著你在組織階級中的地位較低，就像是列夫．托爾斯泰（Leo Tolstoy）的名著《戰爭與和平》（*War and Peace*）中，被拿破崙比喻為「棋盤上的棋子」的士兵；在組織層級裡愈高階的人，往往距離前線的風險愈遙遠。

至於不在必要服務工作者之列的其他工作者來說，疫情期間則像是遇上一場不知何時才會停止的暴風雪：得以在家工作的白領階級比較幸運，還能順帶學會如何搭配服裝，以便在開線上會議時在鏡頭前顯得專業，鏡頭外又能保持舒適；有些工作者就沒那麼幸運，工作上的停滯為經濟生活帶來災難，尤其是有些不得不停業的餐廳老闆，更不時擔心員工在失去收入來源後要如何生活。當電視頭條新聞不斷報導醫院人滿為患的可怕畫面，能夠在家工作的人不禁在心中油然升起一種「至少我還有工作可做」的安慰。過去總是四處出差的銷售代表和活動經理不能再飛往世界各地，而是在地下室或衣帽間裡臨時開闢出的「辦公區」參加線上會議，面對這種全新的工作模式，他們開始懷疑從前親臨現場能發揮多大功用，或許自己根本就沒那麼重要。

對於富人來說，疫情期間能夠遠離「前線」，撤退到鄉村莊園、山區別墅、巨型遊艇，則是象徵其所處的社會階層地位。滑雪勝地的上山吊椅大排長龍，一名排隊的乘客在週間工作日看見這樣的盛況，感嘆的說道：「沒人在工作了。」旁邊兩名乘客回應他：「我們還在工作啊，早上開會，下午滑雪。」為了滿足那些看重投資組合流動性的客戶需求，一家證券公司將部分員工安置在奢華的四季酒店（Four Seasons），這樣既可避開城市裡的擁擠人潮，又可以照樣工作，下班後還可以游泳。在疫情無情肆虐之際，富人工作者得以躲進相對來說安全又舒適的「隔離泡泡」裡，而這一切，全仰賴高級飯店在疫情期間精簡人力下，飯店人員冒著自身安危所提供的服務。

「必要」所引起的爭議

「對社會最有必要性的工作，就是最有價值的工作」，這句話乍聽之下似乎相當合理，但在現實世界中，情況卻沒那麼簡單。歷史上曾使用類似於「必要服務工作者」的相關詞彙，例如美國在遭受惡劣天氣影響時會召集「必要人員」（essential employees）；在發生重大災難時會召集「持續運作人員」（continuity personnel）；在戰爭期間，人民會被徵召以支援戰時必要工作，而從事「必要職業」的人則可以除役或延後徵召。觀察在重大危機期間哪些工作被視為「必要」，可以幫助我們思考哪些工作對社會必不可缺。

回顧九一一事件發生當晚，所有美國居民被告知，當務之急是盡快返回工作崗位。然而，當美國爆發新冠疫情並實施封鎖後，「必要人員」和「必要服務工作者」卻開始成為人們頻繁使用的通用詞彙。自上個世紀發生兩次世界大戰以來，直到二〇二〇年大流行病發生之前，這兩個詞彙從未成為常態性生活用語；至於在其他英語系國家，大多會使用「重要工作者」（key worker）和「緊急工作者」（critical worker）這樣的詞彙。就像美國最高法院大法官波特・史都華（Potter Stewart）那句受人質疑的名言*，大多數人不太清楚什麼是必要服務工作，他們相信只要自己看到時就會知道。回想疫情爆發後的第一個冬天，必要的公共設施工作人員阻止水管凍結，必要的食品工作人員保持農產品生長，必要的救災人員仍在撲滅火災，必要的醫療人員仍在努力拯救垂死的病患。當時對於哪些工作是必要的、哪些工作不是必要的，基本上沒有太大的爭議，即使當時也關閉一些「不必要」的場所，例如娛樂場所、學校，甚至是教堂。

某些概念（如猥褻、藝術和正義等）本質上就有爭議，因為它們的定義涉及價值判斷，也會對現實世界造成影響。就像在疫情期間，「必要服務工作」瞬間成為社會熱門話題，卻未能從政治及哲學面向進行深刻的思考。例如：必要服務工作應該是指社會必不可缺的工作，但究竟該由誰決定什麼是「必要」？我們認為「值得做的工作」是否等同於「必要服務工作」？若從勞工的角度來看，「有價值的工作」和「必要服務工作」的定義是否有所不同？

在疫情期間，「必要服務工作者」莫不面臨兩難的抉擇：繼續工作可以維持生計，卻必須冒著被感染的風險。界定誰是「必要服務工作者」的人通常是掌權者，他們發布的決策往往與政商利益及個人偏好有關。例如某位愛吃肉的總

* 譯注：史都華大法官曾對「猥褻」（Obscenity）一詞表示：「我沒有辦法定義什麼是猥褻，但我看到時就會知道。」

統強制肉類加工廠作業員必須工作，導致病毒在擁擠的生產線上迅速且猖獗的蔓延開來。美國佛羅里達州認定世界摔角娛樂（World Wrestling Entertainment）為「必要」產業，於是身為「必要服務工作者」的摔角選手們重返擂台，這引發社會各界對「什麼才是必要服務工作」展開一場大混戰。面對這樣的爭議，政治人物們試圖介入，例如提出「必要服務工作者權利法案」（Essential Workers'Bill of Rights），以討論員工健康、安全保護與所謂的有意義的補償，以及「必要服務工作者公民身分法案」（Citizenship for Essential Workers Act），目的是為疫情期間擔任必要服務工作的非法勞工，提供取得永久公民身分的途徑。然而多年過去，這兩個法案至今仍被壓在委員會中等待審議。

如何評價必要服務工作？

九一一事件後成為統合國家安全樞紐的美國國土安全部（US Department of Homeland Security），在疫情初期發布一份備忘錄，列出「必要關鍵基礎建設工作人員」（essential critical infrastructure workers）清單。儘管在事件發生後，任何維持經濟運作的工作都被視為一種道德責任，但在這份疫情備忘錄裡明文建議：「如果你的工作屬於國土安全部定義的關鍵基礎建設產業，例如：醫療照護服務業、藥品業和食品供應業，你就有特殊責任維持正常工作。」文中指定十六種關鍵基礎設施產業，這些產業包括許多所謂的「苦差事」（dirty work），例如：殯葬服務、農作物種植和加工、石油鑽探和廢棄物管理等。備忘錄中也強調所有涉及關鍵基礎建設產業的整體安全性，從國防系統和核反應爐的實體安全，到金融機構與通訊系統的技術安全。可見新冠疫情不僅讓我們重新思考必要服務工作的定義，也揭示出工作的必要性與社會價值觀密切相關。

能夠支撐社會運作的工作與能讓人覺得活得有意義的工作並不相同。隨著疫情持續蔓延，儘管人們迫切需要衛生紙和防疫指引，但他們同樣需要能激勵人心的美好事物。二〇二〇年三月十二日，百老匯宣布停演五週，後來又不得不延長為十八個月。其間，往日一票難求的百老匯熱門音樂劇《漢密爾頓》（*Hamilton*）在迪士尼影音串流平台 Disney+ 播映。劇作家兼詩人奧斯卡．王爾德（Oscar Wilde）有句名言：「所有的藝術都是徹底無用的。」但無用之物不代表就沒有存在價值，正如電影《春風化雨》（*Dead Poets Society*）中由羅賓．威廉斯（Robin Williams）飾演的詩歌老師約翰．基廷（John Keating）所言：「醫學、法律、商業、工程學都是崇高的追求，是維持生命的必需品，但詩歌、美、浪漫和愛，才是我們活著的原因。」

三月十一日，猶他爵士隊（Utah Jazz）中鋒魯迪．戈貝爾（Rudy Gobert）成為第一位新冠檢測呈陽性的美國職籃球員，他在兩天前的賽後新聞發布會上，曾故意觸摸記者的麥克風和錄音機來嘲諷新冠肺炎，不過隨後便為自己的行為公開道歉。美國職籃聯盟是美國第一個宣布停賽、也是第一個宣布復賽的大型體育聯盟，為了讓比賽能順利進行，聯盟投入近兩億美元，建造一個完全與外界隔離的環境，讓球員可以帶著家人在那裡生活並進行比賽，賽事只在迪士尼世界頻道（Disney World）轉播。疫情還促使汽車電影院再次復甦，此外，既能讓人們保持社交距離又能活動筋骨的匹克球（pickleball），也成為風靡一時的運動。

人們判定工作是否「必要」的方式，還會顯示個人的政治立場與價值觀。在疫情肆虐的同時，不管是在華盛頓特區、各州議會或市政廳裡，政治人物全都在忙著爭論：究竟「維持經濟穩定」重要，還是「保護公眾健康」重要？無論問題的答案為何，大家都認同工作是維持社會穩定的必要條件。在德州，有些購物中心和餐廳獲准有限度開放營業；有些酒吧和刺青店卻違抗關閉命令而強行營業，店家甚至有支持者持槍守在門外，意志相當堅決。另一方面，最高法院原本以五比四的投票結果，支持某些州對宗教聚會人數的限制，但在新法官上任後又突然改變立場。五月二十五日，黑人青年喬治．佛洛伊德（George Floyd）被一名白人警察殺害，引發明尼亞波利斯（Minneapolis）乃至世界各地的反種族歧視抗議活動，突顯出一個重要的事實：儘管社會大眾對於「何種事項應該優先處理」（包括經濟、娛樂和公平）仍然莫衷一是，但維持社會長期運作的核心價值，可能比考量公衛風險與疫情封鎖更重要。

社會如何評價生活，以及工作？

九一一恐怖攻擊事件發生近二十年後，在各方激烈的政治辯論下，九一一罹難者賠償基金（Victim Compensation Fund，簡稱 VCF）終於在新冠疫情爆發前夕獲得重新授權。該基金在事件發生後幾週迅速成立，目的是為罹難者家屬提供金錢補貼，並承認此事件的特殊情況和造成的巨大損失規模，為人們提供經濟上的賠償。對於一些經濟狀況普通的索賠人來說，這些金額從二十五萬美元到超過七百萬美元不等，平均金額超過兩百萬美元的賠償金，可以為失去親人的家屬提供經濟上的保障；而對於一些富有的索賠人（例如金融家的遺族）來說，這筆金額也能讓他們按時繳納龐大的抵押貸款，同時維持原有的生活方式。在九一一事件奪走二千九百七十七人的生命很久之後，該基金也為住在事件發生地點附近的工人和居民提供賠償，這些人在事件發生後的幾年間，因持續吸入廢墟中的有毒物質而出現健康方面的問題。雖然賠償基金提供人們財務上的支持，卻永遠無法彌補生命和健康上的損失，它同時促使我們思考：為什麼某些工作會比其他工作擁有更高的經濟價值？

麥可・路易士（Michael Lewis）在回憶錄《老千騙局》（*Liar's Poker*）描述一九八〇年代的華爾街債券交易員，他們被公認為一群富有的混球，常聚在辦公室裡以美元現鈔玩紙牌遊戲。湯姆・沃爾夫（Tom Wolfe）在小說《走夜路的男人》（*The Bonfire of the Vanities*）則描述債券交易員自認為是「宇宙的主宰」。債券交易員經常被描述為薪酬豐厚的工作者，但一般大眾卻可能低估這種工作對維持經濟體系穩定的重要性。

九一一事件發生後幾天，債券市場之所以能比股市提早幾天開市，是因為它擁有更先進的電子交易平台，對於穩定總體經濟的作用，扮演著超乎一般投資人所能想像的關鍵角色。在九一一事件中，美國建達紐約總公司的九百六十名員工中，有六百五十八名喪生，成為單一雇主人力損失最慘重的一家公司。然而，僅僅在兩天後，倖存員工就在紐澤西州哈德遜河（Hudson River）對岸建立的衛星辦公室恢復運作，決心維持公司營運，以全力支援與照顧罹難者家屬。值得一提的是，這個新辦公室早在一九九三年世貿中心發生爆炸案後就已設立。

當債券交易員們忙於重啟交易平台時，紐約證交所執行長迪克・格拉索（Dick Grasso）正從辦公室裡醒來，他睡在那裡已經一週了，在當時仍是美國股市主要交易場所的交易大廳，每天監督現場的清理工作。紐約證交所離雙子星大樓倒塌現場僅幾個街區，大廳地面被大量灰塵與瓦礫碎屑所覆蓋，在曼哈頓下城大部分地區撤離後，街道上只剩被遺留下來的混亂物品。在交易員們準備返回工作崗位的同時，清理現場工作成為後勤人員的首要任務。格拉索後來得到一筆頗具爭議的一億四千萬美元遞延薪酬，據稱理由之一是他在九一一事件發生後展現的危機領導，但這也讓批評者質疑他是否值得這麼高的薪酬，後來他在紐約證交所重新開市兩年後離職。

多年後，我們在進行九一一罹難者研究時調查世貿中心內及周邊的勞動力狀況，發現這個區域大得超乎我們的想像，它甚至擁有自己的郵遞區號。我們還發現罹難者中最常見的職業類別有五種，其中三種顯然稱不上「光鮮亮麗」，分別是：會計人員、行政助理和維修人員，這讓我們想到，當人們只將目光聚焦在社會需要解決的重大問題（如前面提到的債券市場）時，也許忽略另一群同樣在解決日常困難的平凡工作者。至於另外兩種常見職業是救難人員和金融從業者。救難人員毫無疑問是不可或缺的工作，但薪資通常偏低；相對來說，金融從業者的薪資則較高。

「九一一罹難者賠償基金」計畫主持人肯尼斯・費恩伯格（Kenneth Feinberg）負責確認每個申請案的賠償金計算公式，當時他必須考慮的其中一個問題是：每個罹難者是否應該獲得相同的賠償金額？如果答案為否，那麼要用什麼做為判斷的依據？殉難的英雄遺族是否應該獲得更多賠償金？收入愈高的罹難者（以當前收入乘以未來數十年可期待賺取的高額薪資）領取更高的賠償金，合理嗎？事實上，事件中罹難的救難人員家屬最後收到的賠償金比高收入金融從業者罹難者家屬少很多（根據麥慶誼的分析，平均少了將近一百萬美元），這樣的結果根本是在救難人員家屬身上撒鹽。建達公司提交許多文件，試圖說服費恩伯格使年收入在前二%高的罹難者遺族補償金額增加，但最終不得不妥協。他們指出，一名債券交易員在接受三年基礎培訓後，每年可賺取近三十萬美元，再累積五年經驗後，每年可賺取超過一百萬美元（以二十一世紀初的美國貨幣價值計算）。

費恩伯格在其自傳《生命何價？》（*What Is Life Worth?*）中為自己主張用收入來決定賠償金額的計算公式進行辯護，他認為「市場體系及其對個人選擇的依賴」就好像「蘋果派是美國特色」，正如他所暗示的，市場經濟與美國價值觀的密切關係讓我們深信，經濟價值（收入多寡）是社會價值的指標。然而，九一一事件和疫情期間的必要服務工作者顯然來自不同的職業和經濟階層，他們的工作往往（儘管並非總是如此）既艱辛又危險。在此，我們並非試圖引發「所有工作都具有同等價值」的辯論，畢竟費恩伯格在自傳結語中也承認：「我現在確信九一一罹難者賠償基金的賠償計算公式具有缺陷」，以及「所有符合條件的索賠者都應該收到相同的金額。」我們甚至不想再次重申，社會中經濟價值和社會價值之間明顯呈現負相關。相反的，我們想從經濟學的視角指出，必要服務工作的使用價值（即它對社會的效用）並不完全與其交換價值（即它在市場上的價格）相關，而且使用價值往往大於其交換價值。我們甚至不確定最有社會價值的工作是否應該是最賺錢的，但我們認為最沒有社會價值的工作不應該得到最高的報酬。

該為自己工作，還是為他人工作？

如果你足夠幸運能選擇職業，你應該選擇一份能幫助他人的工作嗎？這是哲學家諾曼・凱爾（Norman Care）所關切（和他的姓名有著奇妙的巧合）的問題。凱爾在一九八四年發表一篇名為《職業選擇》（*Career Choice*）的論文，可惜並未引發太多討論。文中對「如果我們可以選擇，應該從事什麼樣的工作？」這個問題，提出相當實用的建議。他觀察全世界人類的處境，指出世上有數百萬人「深受貧窮所苦」，呈現出「營養不良、無家可歸、教育資源不足，並受到政治壓迫」等情形；社會經濟地位和相關機會存在顯著差距；而世人為了改善人類苦難和社會不平等所做的努力，「不但微不足道，而且遠遠不夠」。

令人遺憾的是，今日世界面臨的狀況與一九八四年並無二致。凱爾的主要寫作對象是那些擁有權力和地位、有能力選擇工作的人，他拋出的問題是：我們應該以改善自身生活為主要考量？或是以增進他人福祉為考量？用他的話來說，就是「應該選擇成就自己？還是服務他人？」更簡單的說，我們應該優先考慮自身利益或是社會利益？

對於這個看似簡單的問題，凱爾透過爬梳數千年來關於正義的哲學思考，並從中獲得啟發。他認為這個問題涉及兩種世界觀：一種觀點是「人只有一生可活」，另一種觀點是我們「活在同一個世界」。凱爾最終得到最初步、或許也是最明顯的結論：最好的工作是在服務他人的過程中，同時成就自己。也就是說，與其二選一，不如兩者兼得。但是，如果沒有這種選項呢？如果我們必須在兩者之間做出選擇呢？這正是在九一一事件和疫情期間的救難人員所面臨的問題：我們必須冒著生命危險去拯救他人？

問題的根源在於，人天生就有利己的傾向，但我們也同時有關心他人的傾向，當兩者之間出現拉扯，再加上我們心中對於美好生活的看法不盡相同，情況就會變得更複雜。例如：人只要活下去就夠了，還是要以促進人類全體平等繁榮做為人生目標？在古雅典思想中，人類的繁榮被認為是最大的幸福，但在雅典的現實社會裡，這種幸福只保留給能擁有土地的特權階級男性公民。如果說我們應該培養一個更有同理心、更平等、更幸福的社會看似是無私的理想主義，然而實際上它也會為我們自身帶來利益。政治哲學家湯馬斯・霍布斯（Thomas Hobbes）曾進行一種思想實驗。他想像人類擺脫社會的約束，過著一種生存的自然狀態，在這種自然狀態下，人可以盡情追求自己的利益。他最後做出的結論是：這樣的人生將會是「孤獨、貧窮、卑賤、殘忍與短暫的。」

《伊索寓言》有則故事也在探討要為自己工作或是為他人工作。在〈螞蟻和蜜蜂〉中，螞蟻和蜜蜂在爭論誰更勤勞，並請太陽神阿波羅裁決。阿波羅區分兩者的工作目的，螞蟻辛勤工作，目的是為了囤積自己的食物，而蜜蜂工作則是為了產生蜂蜜，讓整個社會都能享用。因此，雖然蜜蜂和螞蟻都一樣努力工作，但蜜蜂因為其成果對社會有益，因而提高其工作價值。這個故事可以用來支持這樣的觀點：衡量工作是否具有價值，端視它是否能造福他人。

然而，商業世界並不總是以這樣的方式來決定什麼工作最有價值。麥慶誼過去曾參與過一次世界經濟論壇會議（World Economic Forum），會議中，一組商界領袖將英國生物學家查爾斯·達爾文（Charles Darwin）的《物種起源》（*On the Origin of Species*）稱為「商業文學」的經典之作，暗示資本主義叢林就是一場利己的生存競爭。不過，近年來參與在瑞士達沃斯（Davos）舉辦的世界經濟論壇精英們，愈來愈推崇論壇創辦人克勞斯·施瓦布（Klaus Schwab）所提倡更具社會意識的經濟生活觀。

哲學家愛德華·弗里曼（R. Edward Freeman）描述的新

型商業故事，與管理學家琳夏普・斐恩（Lynn Sharp Paine）所觀察到企業從只關注財務表現，轉為也關注環境和社會表現的價值觀移轉相當一致。政治經濟學家蘇巴馬尼安・蘭根（Subramanian Rangan）同樣要求我們思考，企業的目的到底是追求財務表現，還是促進社會進步。策略學家麥可・波特（Michael Porter）和馬克・克瑞默（Mark Kramer）則認為企業目標是創造共享價值（shared value），也就是追求能為社會帶來利益的財務成功，而不只是為投資人拉高股價。即使是由美國最大企業高階主管組成的美國商業圓桌會議（Business Roundtable），也在二〇一九年採納高階主管在領導公司時，應為所有利害關係人謀取利益，而不該只考慮股東權益的觀點。

凱爾提出的哲學問題是真心想探問人應該選擇什麼工作，但組織心理學家亞當・格蘭特（Adam Grant）卻從研究中發現，有些人在行動時，會選擇以他人的福祉為優先考量，他稱之為「親社會動機」（prosocial motivation）。格蘭特的結論是，當我們願意幫助別人，最終可能也會幫到自己；樂於助人的「給予者」（giver）通常會比只關心自身利益的「索取者」（taker）更加成功。在我們對九一一事件罹難者家屬的研究中也發現，將工作視為使命的人，有可能是為了幫助自己、幫助他人，或者兩者兼具。

上述討論都在表明，選擇一份幫助他人的工作，最有可能在職業生涯中成就自我，反之亦然。但是當幫助他人與自我實現之間產生衝突時，又該怎麼辦？凱爾既然會以當代哲學最著名的正義政治理論為基礎，來探討「應該選擇什麼工作」這個問題，那麼他的答案也就不證自明了：「我們不能把我們選擇要做的工作，與社會需要我們做的工作分割開來」。如果兩全其美不可得，如果我們生活的世界有需要，那麼在道德上，我們就必須選擇服務他人。至於在當下與遙遠的未來之間的巨大鴻溝中，社會最需要的工作是否真的就是最有價值的工作，凱爾並沒有告訴我們答案。

該透過工作貢獻社會，還是捐贈金錢來貢獻社會？

美國企業家兼慈善家約翰·洛克菲勒（John D. Rockefeller）在事業巔峰期的個人淨資產占美國國內生產毛額（GDP）的一·五％以上，被公認是美國歷史上最富有的人。他創立標準石油公司（Standard Oil），在電力發明前為人們提供照明能源，並在汽車普及後提供交通運輸燃料，以此發家致富。當人們談起他對社會的重大貢獻，想到的是他身為企業家所擁有的個人成就？還是身為大慈善家提供資金，創立芝加哥大學（University of Chicago）及洛克菲勒基金會（Rockefeller Foundation）等備受尊敬的機構？

在二〇一八年之前，比爾·蓋茲（Bill Gates）是本世紀大部分時間裡最富有的美國人。然而，人們記得他是因為他是全球最大電腦軟體公司微軟（Microsoft）的共同創辦人？還是因為他和前妻創立的「比爾和梅琳達．蓋茲基金會」（Bill and Melinda Gates Foundation）？蓋茲本人在二〇一八年時，幾乎將事業重心全都投入基金會事務，致力改善全球公共衛生、教育發展及應對氣候變遷。

誰的工作對社會更重要？是亞馬遜創辦人傑夫．貝佐斯（Jeff Bezos）？還是他的前妻瑪肯西．史考特（MacKenzie Scott）？貝佐斯於二〇一八年在美國富豪榜上超越蓋茲。在疫情期間，他所創立的亞馬遜因為將必需品安全運送到消費者家中而備受推崇，卻因為逐漸使用機器人取代倉庫工人、以無人機取代送貨員而受社會譴責。史考特與貝佐斯離婚後，成為全美第二富有的女性，她立即承諾捐出大部分資產，用於支持民主發展、環境保育、種族和性別平等。

無論我們未來是否有機會成為億萬富翁，上述例子促使我們思考一個問題：我們應該選擇一個能直接貢獻自己的時間、專業技能和知識的工作，還是應該先努力累積個人財富，再捐出資產來貢獻社會？即使財力有限，如果你是熱心的環保人士，你是否應該從事一份直接影響環境保育的工作，或是應該維持原本的工作，直接捐款給你支持的非營利機構就好？澳洲哲學家彼得．辛格（Peter Singer）指出，一般哲學家的收入相較於金融從業人員實在相形見絀，但他鼓勵經濟上有餘裕的人應該捐出三分之一以上的收入。他是著名的效益主義代表人物，主張以多數人的最大福祉來衡量行動的影響力，因此他大力提倡將資金從已開發國家重新分配到開發中國家，以增加每一美元的邊際效益。這就是「小額信貸」背後的邏輯，其目的在於將通常由線上平台募得的微薄捐款，用在可以產生巨大改變的地方。辛格的哲學激發一場「有效利他主義」（effective altruism）運動，他們不仰賴億萬富翁的慷慨捐款，而是致力於透過財富最大化創造社會利益，而幫助的對象不分遠近，包括眼前垂死之人，或是在遙遠的地方或未來受苦的眾生。

有效利他主義者既關心社會當前的需求，也關心不可預見的未來；既擔心現在營養不良的人們，也擔心當人工智慧被濫用，可能導致極權政權的出現。我們在第四章曾提到的加密貨幣大亨班克曼－弗里德，他在唸大學時的夢想是成為動物福利工作者，但他後來想到或許能以慈善家身分，間接為世界帶來更大的改變。在他因加密貨幣交易所 FTX 破產而聲名狼藉，後來更因欺詐罪和共謀罪入獄服刑前，一直將大部分所得捐給公益事業。在 FTX 破產後，一些慈善受益機構因此損失數百萬美元。班克曼－弗里德的故事卻帶給我們一個再清楚不過的啟示：想要成為億萬富翁慈善家雖然值得讚許，但就像大多數快速致富計畫一樣，這類計畫極有可能會失敗。

雖然大部分人可能永遠不需要操心如何分配巨額財富才

妥當，但我們依然可以問問自己：我們應該透過工作還是捐贈金錢，來發揮改變社會的力量？或者可以更進一步，讓自己的工作和關心的社會議題更緊密結合。研究顯示，當雇主允許員工在工作中實踐自己重視的社會議題行動（例如支持環保行為），就會增加員工對組織的忠誠度，這意味著雇主要做的不只是表面上讓員工一年有某幾天從事志工活動（例如讓公關部門舉辦志工活動日或社會服務日），這些活動往往帶有令人厭惡的「漂綠」（greenwashing）性質。重要的是，員工可以透過工作更有彈性的探索他們看重的信念，並確信雇主同樣支持他們所重視的議題。

當然，透過捐款間接為社會做出貢獻，或是直接投入具有高社會價值的工作，兩者之間的取捨需要仔細考量，因為後者往往收入微薄，哲學家的工作就是最好的例子。蘇格拉底以窮困潦倒著稱，他在雅典的街頭與人與人進行哲學探討、談論什麼事情比金錢還重要時，他的妻兒卻過著食不果腹的日子。當然，我們也不能漠視石油開採、科技發展及電子商務對社會的重要性，然而，若因此忽略它們帶來的化石燃料汙染、數位落差和壟斷行為等負面影響，或是否認億萬富翁在推動後工業時代的生活品質所扮演不可或缺的角色，也不免太過天真。我們真的應該認真思考：有效利他主義是否能讓人在累積財富的同時，也能追求崇高的目標？或者，這本身就是一種自相矛盾的行為？

在我們寫這本書時，伊隆．馬斯克（Elon Musk）仍是美國富豪榜的榜首，他一直試圖在致富的同時，解決社會面臨的最大挑戰。儘管他認同有效利他主義的理念，但相較於他對慈善捐款的意願向來低調，他更專注於透過企業來推動變革。例如，他的公司是電動車產業的翹楚，可以應對氣候變遷的挑戰。他也致力於探索太空，夢想要改造行星，為未來的地球暖化氣候戰做好準備。從這個角度來看，馬斯克和許多社會企業家的工作或許可以證明，經濟價值和社會價值在邏輯上並非無法達成一致。

然而，馬斯克的工作也飽受爭議，從特斯拉的工程師指責他降低汽車自動駕駛的安全性，到社會評論家認為 SpaceX 提出的計畫華而不實，以及社群媒體用戶控訴他收購推特後，讓不實訊息的傳播加速惡化。我們有必要認真思考：社會是否應該將解決人類重大問題，完全交由那些把個人才華、勤奮和好到滿出來的運氣，轉化為商業上莫大成功的億萬富翁？或許我們無法對億萬富翁是否能透過工作，為世界提供有價值的服務做出定論，但至少我們可以同意，經濟價值和社會價值並非總是一致的，有時甚至往往背道而馳，畢竟如果兩者之間總是一致，選擇工作就會變得容易許多。有效利他主義的邏輯就像累進稅率，意味著市場並不完美。許多對社會有價值的工作往往被低估，無論是試圖解決重大社會挑戰，或只是提供微薄的服務造福他人，因此，財富有時需要透過重新分配，才能滿足社會的真正需求。

該貢獻給當地社會？還是貢獻給全球社會？

蘿倫‧梅傑斯（Lauren Majors）在唸大學時，認為自己將來會投入政界，研究生育健康相關問題。然而，在美國參議員芭芭拉‧波克塞（Barbara Boxer）辦公室實習時，她意識到年輕是把雙面刃。當她拜訪議員和遊說團體辦公室時，常被誤認為是在做專題報告的高中生，因此沒有人把她當成一回事。這段經歷，加上她發現政治進步的速度非常緩慢，促使她重新思考自己的職涯規畫。梅傑斯開始發現自己很難成為大規模變革的推動者，這讓她感到沮喪，她問自己：「為什麼我有能力做的工作，卻要去請別人做？」她開始在少年觀護所做志工，了解藥物濫用和青少年懷孕之間的連帶關係，並發現她真心想要做的事，是直接幫助那群她原本想透過政治改變他們命運的人。後來，她成為社區專科護理師，大部分工作時間都在提供弱勢群體醫療照護服務。在新冠疫情期間，她在被稱為「無家者旅館」中工作，這些臨時住處有助於減緩原本睡在收容所和馬路上的街友相互感染。但她最熱衷的專長領域還是在為濫用藥物患者提供服務。

穆里斯基‧勞菲（Murisiku Raifu）的朋友都叫他穆里，他也在醫療照護領域工作，可是他的職涯軌跡卻和梅傑斯完全相反。梅傑斯從立志投入中央層級的政治工作，轉為個人層面的醫療照護工作，而穆里的第一份工作則是幫母親在迦納（Ghana）的小市集上販賣小商品，後來他離開非洲，前往美國上高中，他說：「我期待有一天，我能發揮更大的影響力來改變人們的生活。」如今，穆里是自行開業的神經外科醫師，這個工作讓他能夠更深入的理解患者的需求。不過，他在診所繼續執業的另一個原因，還包括為了籌措創業資金。他將愈來愈多的精力和時間，投注在他所創立的醫療技術公司上，希望透過新開發的病歷數位化，改善社會大眾的健康，為病患提供必要協助。穆里不僅希望他的公司能夠「改變人們的生活」，也為自己雇用的員工感到無比驕傲，「為了讓世界變得更好，這五十個人……正在努力創新……並用自己努力打拚得來的收入，養活一家子人。」

馬麗娜．金（Marina Kim）創辦的阿育王大學（Ashoka U），和麥慶誼、珍妮佛任教的機構同屬「改革者校園」（Changemaker Campuses）計畫的一員。金將影響畫分為四個等級，範圍包括：直接服務、和可能需要幫助的人直接合作、架構變革，以及改變思維方式和市場，期待未來服務者和被服務者之間不再存在很深的隔閡。亞當．格蘭特觀察到，當員工與他們努力成果的最終受益者建立連結時，組織的表現便會得到改善。馬麗娜．金則表示，在影響光譜上的所有工作都值得去做。她的工作促使我們開始思考梅傑斯和穆里也曾問過的問題：我們應該努力工作為最需要的人提供直接服務，還是應該透過政治和社會創業等手段，實現大規模的改革？這個問題很像是在問：誰的工作對社會更重要？是捐出大額善款的億萬富翁慈善家，還是接受捐款、實際執行工作的工作者？在新冠疫情期間，拋開政治人物不談，誰扮演的角色更為關鍵？是和社會大眾宣導「必要關鍵基礎建設工作人員」備忘錄的政策制定者，還是親身照顧病患、維持社會正常運作的必要服務工作者？當人們瘋狂搶購衛生紙時，能夠預測衛生紙市場需求並確保產量的高階主管重要，還是在工廠裡生產衛生紙的工作者比較重要？整體而言，到底是誰對於社會最重要？是站在組織和社會階層頂端，負責提供資金、整合資源、管理他人的精英比較重要，還是在階層制度中處於底層，負責親自執行、擁有專業技術的工作者比較重要？

艾因·蘭德（Ayn Rand）的新自由資本主義巨著《阿特拉斯聳聳肩》（*Atlas Shrugged*）是有史以來字數最多的小說之一，它深受億萬富翁的青睞，書中明顯主張頂層工作者對於社會的貢獻較大。在小說中，一群工業大亨因政府干預、工會干擾他們的工作而感到沮喪，他們罷工，發誓要「關掉世界的引擎」。只有在他們的缺席導致社會分裂、政府崩潰之後，罷工的企業家們才願意回歸正軌。相反的，在托爾斯泰那本深刻描繪人類心理與歷史的不朽名著《戰爭與和平》裡，答案卻傾向於站在底層的工作者。托爾斯泰在這本篇幅甚至比《阿特拉斯聳聳肩》還長的小說中，將軍事組織比喻為圓錐體，最高統帥獨自占據最尖端的位置，而最底層的士兵則人數最多，在上級的命令下進行所有的「刺殺、砍擊、燒毀和掠奪」。托爾斯泰得出一個極具諷刺意味的結論：錐體頂部的強勢人物是最沒有權力的，因為「那些指揮者在行動本身中所扮演的角色是最小的」。

如果一定要從這兩本書中選一本來讀，我們毫無疑問會推薦你選托爾斯泰的作品。至於在資本主義經濟中，是工業領袖還是普通勞動者才是撐起一切主幹的問題，我們同意這個問題很重要，但它要求我們在相互依存的勞動力要素中做出選擇，卻是大錯特錯；資本家依賴勞動者進行生產，勞動者需要資本家投資才能進行工作。不過，在充滿贏家通吃市場的體系裡，我們認為特別需要肯定「前線工作者」的重要貢獻，尤其是在經濟歷史學家湯馬斯．皮凱提（Thomas Piketty）已經表明，贏家通吃市場加劇頂層和底層之間收入不平等的情況下。

回到前面提到的梅傑斯，有人曾經問她，是否覺得相較於政治領域的工作，現在所做的工作（個案通常是個人）所能發揮的影響力很有限。她回答：「我會反過來說，我服務的對象不只是一個人……他們會與朋友交談……藥物成癮甚至足以毀掉整個家庭。」她認為，直接服務也可以是促成社會變革的一種方式，因為當個案透過她的服務「也獲得醫療照護系統的援助」時，也可能改變個案和醫療從業人員的觀點。

工作是有意義且必要的

從長遠來看，必要的工作可能與我們目前重視的工作截然不同。人們往往會用有效率的方式、彷彿停不下來似的一直工作，卻從未認真思考所做的工作是否有意義及為何重要。然而，如果我們不去反思工作的意義，當人生走到終點時，可能只會留下一生的遺憾，例如：後悔自己曾經為誰工作或未曾為誰工作、做過哪些工作或未曾去做哪些工作、花太多或太少時間工作，甚至從事一份後來回想起來一點也不值得的工作。

九一一事件與新冠疫情促使我們不得不直面死亡的可能，重新思考生命的意義（無論是我們的生命，還是他人的生命），同時也讓我們審視在有價值的人生中，工作在生活中具有的地位和排列的優先順序。這些讓我們深刻思考生命意義的機會，類似於猶太教拉比瑪西亞・齊瑪曼（Rabbi Marcia Zimmerman）所說的「閾限時刻」（liminal moments），通常會發生在當人面對身分的轉換、誕生、死亡或其他重大變化；其中，最重大的人生變化，莫過於死亡。

齊瑪曼是美國第一位領導超過兩千個家庭及會眾的女性拉比，儘管她的父親擔心傳統觀念可能會讓她面臨重重困難，但她仍然堅持自己的職業選擇。她每年至少主持五十場葬禮，在疫情期間，她主持的葬禮數量更多，只不過當時由於群眾無法聚集，因此只能透過線上方式進行。儘管死亡的不可預測性意味著她可能在每一天、隨時隨地、不論有無渡假計畫，都會接到人們的電話，但她還是盡心盡力做好自己的工作。她說：「死亡不會和你客套，這也是為什麼我喜歡直接面對它。沒有人能夠活著離開這個世界，每一個人終將面臨生命的終點。然而當這一刻到來時，我們還是會感到巨大的震驚。」

大衛・布魯克斯（David Brooks）在《成為更好的你》（*The Road to Character*）一書中，探討「帶到就業市場上的技能」的履歷表成就，以及「在你的葬禮上被談論」的追悼文德行的不同。他指出，儘管大多數人「在口頭上表示悼文比履歷表來得重要」，但我們通常會把人生中大多數的歲月，花在打造履歷表上的成就。履歷表成就可能是我們能夠順利獲得理想工作的原因，但追悼文中讓人感念的德行，卻更能引導我們為正確的理由而工作。

在疫情期間，許多維持經濟運作的必要服務人員或許不覺得自己的工作有何意義，但他們的存在正說明有些工作的重要性。例如，齊瑪曼的臨終關懷工作或第一線救難人員的救難工作，工作會因其意義而具有不可或缺的地位。同樣的，有些工作雖然不直接關乎生存，例如教育和娛樂，卻能夠維繫人類精神文化與生命品質，沒有它們，生命將顯得不那麼值得活下去，這些工作一樣具有重要的意義。

我們或許根本不希望透過全球疫情或死亡威脅，來深刻認識必要服務工作的重要。然而，當這些危機顯示出什麼才是真正重要的事物時，「社會地位高的非必要服務工作」與「社會地位低卻不可或缺的必要服務工作」之間的差異，就變得讓人難以忽視。即便是相對高薪、社會地位高的醫生，在疫情期間也經歷工作意義的危機，這意味著我們的社會需要認真思考：如何認可並支持各類必要服務工作者，使他們能夠免於經歷過勞與剝削的威脅。

第三部

有價值的工作

WORK THAT'S WORTHY

第七章

工作能有更高的目的嗎？

「我不想活在一個由別人來讓世界變得更好的世界裡。」

——電視影集《矽谷群瞎傳》（*Silicon Valley*）中大型科技公司執行長蓋文·貝爾森（Gavin Belson）

別人眼中特別重要的自己

貝絲·哈格里夫斯（Bess Hargreaves）從小就夢想能讓世界變得更美好，同時思考著如何能像她傑出的核能工程師父親一樣成功。她原本計畫進入法律領域為公眾服務，但她必須先還清學生貸款。因此，從法學院畢業後，她依照父親為她規畫的生涯道路，進入紐約市一家頂級律師事務所工作。她當上律師的第一年收入就比她父親當大學教授的收入還高，她心想：「好！我贏了，我終於打敗他了，可是我過得真是糟透了。」

為了拿到高額獎金，哈格里夫斯花了很多時間工作，處理那些她稱之為「摧毀靈魂」的案子，例如為大型銀行和石棉製造商辯護。某次在績效評估時，主管建議她無償的法律服務工作應該留到晚上九點到凌晨兩點之間再處理。於是她跳槽到一家中型事務所，接受較低的薪水以換取較少的計費時數。她發現在支援較少的情況下，她經常要承擔起更多責任。她同時開始接觸家事法領域，並從中獲得更多成就感。後來她離開事務所，加入一個為貧困婦女提供婚姻和移民等免費法律援助的非營利組織，組織中許多成員都曾經是家庭暴力的受害者。面對這份能實踐自己長久以來夢想的工作，她的心得是：「我覺得我正在做需要完成的重要工作。」後來她嫁為人妻，覺得這份新工作和私人生活還算契合：「我的大多數上司都已為人父母，我所有的老闆都是女性，所以這個公司很能體諒有家庭的員工。」

如今，哈格里夫斯在這家非營利組織已經工作十二年，基本上算是事業成功，她被晉升為主管，還為公司開展新業務，專門提供援助給被丈夫虐待而背負債務的婦女。和丈夫有了孩子後，她決定和雇主協商將上班時數調整成原本的八〇%，將時間花在陪伴孩子成長。她承認自己很幸運才能擁有這樣的待遇，但如果沒有做出這樣的選擇，她就可能錯過孩子只有一次的童年時光。

事後回想起來，非營利組織這份工作會讓她身心俱疲，其實從一開始就有跡可循。面試時，主管告訴她組織資金有限，因此她的起薪沒有討論的空間，這意味著她的薪水始終偏低。即使後來她成功爭取到減少工作時數，讓生活作息變得更有彈性，但在辦公時間變少的情況下，她仍然必須負擔全職的工作量。根據她的形容，紐約市的家事法庭簡直是一團糟，疫情期間更讓情況雪上加霜，除了最緊急的案件外，家事法庭基本上全面停擺。在家遠距工作期間，孩子們摸索著如何線上學習，丈夫也在家遠距工作，一時之間情況變得非常艱難。她回憶道：「當時我只能把自己鎖在臥室裡，聽著電話裡的個案傾訴遭受虐待的可怕故事。最後卻不得不告訴對方，此刻的我們無計可施，什麼都做不了。」疫情即將結束時，哈格里夫斯決定辭職，長期累積的巨大倦怠感是主因，她說：「就像堆在血管裡的膽固醇」。

哈格里夫斯有時會因為離開委託人而感到內疚，她也不再是「別人眼中特別重要的自己」。她發現在非營利組織工作的「自我犧牲崇拜」，與她剛開始工作的大型聯合事務所其實有些類似：在大型法律事務所，「他們擁有你」；在非營利組織則是，「他們消耗你」。她還記得剛加入非營利組織時，有次參加一場頒獎典禮，獲獎者的感言全是自己為了委託人如何大公無私的犧牲家庭和個人時間。

雖然哈格里夫斯目前還不太清楚接下來的去向，但回顧這一切時，她說：「對於放棄一份職業、放棄當一個做好事的人、放棄忙碌，或是放棄很有效率的賺錢，都有一種很複雜的感受。但當我知道它不再是一份好工作時，我不會有任何猶豫。」她從事法律工作已經將近二十年，她現在兼職為法學院學生提供就業諮詢，同時也試圖找出未來的生涯方向。她說：「一切真的都還沒有定論，我正在慢慢學習接受這樣的狀態。」

工作目的的承諾

工作可以賦予人目的感（purpose），使生活變得有價值。目的感可以來自內在，就像傳奇藝術家的故事提到的那樣，對於工作的熱情讓他充滿生命力，但同時又驅使他走向自我毀滅；也可能來自外部，例如源自一種道德責任，或是一種宗教性的召喚。無論如何，目的感都可能讓我們成為一名殉道者，為了更高的理想而犧牲自己。正如我們先前所討論的，工作的目的並不一定是在追尋自己的使命，也可能只是通往某個更高目標的手段。但如果兩者皆非呢？要是我們失去對於工作的使命感，不再覺得它值得我們犧牲；或者我們的工作從來就和使命感毫無關係，卻一直要求我們付出超過個人意願的代價，又該怎麼辦？工作原本應該像存在主義哲學家亞伯特．卡繆（Albert Camus）說的那樣，「為所愛而生，為所愛而死」；然而，當工作成為如特克爾所謂的「一種週一到週五的死亡狀態」時，不僅無法給予我們目的感，反而會讓它蕩然無存。

將工作定義為「有目的」是一回事，能夠「充滿目的感」的工作則是另一回事。所謂有目的的工作，是為組織或經濟力量提供有價值的功能性服務，正如哈格里夫斯觀察到的，當市場勞動力需求和我們所能提供的技能相吻合時，「讓自己更忙、更有效率、賺更多錢」都是工作目的。充滿目的感的工作則不同，它能給人一種非做不可的感覺，而且這種感覺與報酬多寡毫不相干。當工作具有目的感，會讓人感覺更值得去做。

哲學家蘇珊·沃爾夫（Susan Wolf）認為，有意義的人生存在於「主觀吸引力」和「客觀吸引力」的交會點。這個定義，同樣適用於具有目的感的工作：它不僅能讓人得到內在主觀的滿足，還能創造外在客觀的社會貢獻。這種目的感超越個人問題與偏好，讓我們能夠與某種比自身更加宏大的事物彼此連結，不再盲目依循社會對工作的評價，客觀判斷哪些工作更值得去做。換句話說，有些工作比其他工作更值得我們去做，純粹是因為它們本身有著更高的價值。我們對一些工作的個人感受與社會認可，有時可能會與客觀價值判斷的結果一致，但這些工作並非是因為被喜歡或認可而有價值；而且情況恰恰相反，正因它們有價值，才會為人們所喜歡、為社會所尊崇。舉例來說，醫師、教師和軍人是最受尊敬與信賴的職業；而政客、遊說者、銷售員則被視為最不受尊敬與信賴的職業。這並不是說前者永遠比後者更值得尊敬、更有價值，但在相同條件下，我們必須花更大的力氣才能在後面這些職業中獲得目的感。

然而，有價值工作的「客觀吸引力」和「主觀吸引力」並非總是彼此一致。這就是為什麼哈格里夫斯偶爾會對之前的同學和前同事深感不滿，她形容那些已經成為合夥人的「富有慈善家」是這樣看待她的工作：「噢，真為妳高興，妳要去做那些糟糕的工作。我偶爾會去捐點錢，好讓妳可以領到微薄的薪水。而我會繼續做自己的工作，賺得盆滿缽滿，然後告訴妳我有多敬佩妳。」

人生是否有更崇高的目的，對這個問題的思考由來久已。或許這麼說並不誇張，「生命的意義與目的」是哲學史上第一個、也是最重要的一個問題。不管是古希臘、古中國或其他地方的哲學家，人們一直在思考何謂美好生活（有趣的是，往往是擁有美好生活的人，才會去思考這些問題）、探討工作在美好生活中的作用（不意外的是，大多數的知識分子寧願把體力勞動留給別人去做），並探問靈魂不朽等主題（我們將在第九章討論留給後世的影響）。另一方面，如果「人的工作具有目的」的觀點在歷史長河中時盛時衰，那麼至少在本世紀，它看起來似乎頗為盛行。瑞克・華理克（Rick Warren）的《標竿人生》（*The Purpose Driven Life*）及其相關書籍暢銷一時；亞倫・赫斯特（Aaron Hurst）提出「目的經濟」（The Purpose Economy）的新時代；以及丹尼爾・高曼（Daniel Goleman）等人將新一代領導者描述為「P 世代」（The Purpose Generation），都顯示出在工作中尋找目的（如同尋找個人使命）的壓力，已經來到人類歷史上的新高點。

堅持當個英雄

在皮克斯的經典電影《超人特攻隊》（*The Incredibles*）中，一個由超級英雄組成的家庭因為打擊犯罪造成公共財產損失，引發民怨高漲，被迫參加超級英雄歸化計畫。當彈力女超人（Elastigirl）適應社區媽媽的社交圈時，她的丈夫超能先生（Mr. Incredible）則擠在保險公司的小隔間裡，做一名富有同情心的理賠專員，試圖以「一次處理一份保單的方式拯救世界」，儘管他的內心非常渴望能重新回去當一個超級英雄。

在我們的世界裡，超級英雄大概不是可行的職業選擇，但是我們的工作仍然可以充滿英雄氣概。典型的英雄工作特徵包括：自我超越，努力成為比自己更偉大的事物的一部分；無私奉獻，將他人福祉置於自己福祉之上；以及具有勇氣，願意超越個人生存的目的，置身於危險之中。相較之下，刻板印象裡的日常保險理賠專員卻是風險規避者，他們和英雄特徵完全相反，通常是將金錢置於他人福祉之上，只將工作視為謀生手段，卻無法以宏觀的角度看待工作。

以消防員、救難人員、軍人等傳統中具英雄特質的職業為對象的研究指出，這類工作者的動力來源是出自英雄主義的浪漫。雖然英雄的犧牲通常不會得到金錢上的補償，但受到他人敬仰而取得的社會地位，卻能為他們提供一定程度的滿足感。大多數選擇投身於英雄職業的人都不是為了金錢報酬，而是來自更崇高的使命感，這種使命感賦予他們追求一份可能在物質上並不豐厚的工作信念與肯定。

然而研究也指出，即使是英雄，也很少能每天都感覺自己是個英雄，但將這些職業的崇高目的理想化，可能會幫助他們面對現實工作的混亂：消防員可能花更多時間在待命、清潔和擦拭消防車，而不是駕駛消防車趕去火災現場；有些分隊接到的電話，可能大多是將吸毒過量的人送醫或是拯救貓咪，而不總是拯救被困在燃燒建築物裡的人。救難人員常年在遠離家鄉、孤獨且充滿挫折的環境中工作，為了拯救世界，他們之中罹患憂鬱症和配偶出軌的比例可能超出你的想像。軍人為了捍衛自由，往往需要在嚴格的指揮控制體系中放棄個人自主權，由上級決定哪些風險值得承擔、哪些目的值得達成。或許英雄主義最令人敬畏、也是最發人深省的地方，就是他們為了他人的幸福，犧牲的不只是個人一生的幸福，甚至是自己的生命。

儘管有上述的現實，或者應該說就是因為它們的存在，從一般辦公室白領工作的角度來看待英雄主義的崇高目的時，更能感受它強大的吸引力。許多企業著眼於此，因而善用新一代工作者渴望讓世界變得更美好的熱情，精心打造企業使命宣言，承諾提供「英雄式」的工作機會。

麥慶誼的前東家普華永道（PwC）期許員工的使命是「建立社會信任並解決重要問題」，珍妮佛的前東家埃森哲顧問公司則鼓勵員工「幫助我們的客戶成為下一個最好的自己」。這些公司的競爭對手也不遑多讓，安永會計師事務所（EY）要「建立一個更美好的工作世界」、勤業眾信（Deloitte）要「在更公平的社會中建立信任和信心」，以及凱捷（Capgemini）則主張「透過科技釋放人類能量，創造一個有包容性並可持續發展的未來」。安侯建業（KPMG）的一位合夥人在二〇一五年一篇名為〈會計師事務所如何說服員工他們能夠改變世界〉的文章中，寫下該事務所的願景聲明。聲明中描述安侯建業在一九九四年協助認證納爾遜·曼德拉（Nelson Mandela）當選南非總統的選舉結果，並以「我們塑造歷史」和「我們擁護民主」之類的標語來說明自己的影響力。與此同時，許多科技公司聲稱其主要使命是「拯救世界」，數量多到成為諷刺喜劇《矽谷群瞎傳》的劇中笑話。

功能性目的和崇高的目的

生物進化論告訴我們，生命的目的在於成長、繁衍與生存，如果生命的全部意義僅止於此，人生將毫無更深層的目的性可言。然而，如果我們主張生命存在超越生物功能的更高目的，那麼就會面臨無限倒退（infinite regress）的邏輯困境。例如，假設你的生命目的是體現在你和子孫的成就，以及家族的永續傳承，那麼追求這些期盼的目的又是什麼？除了取得成就與永續傳承外，還能有其他目的嗎？在某種程度上來說，任何以科學方式解釋生命更高意義的嘗試，最終都會導向一個無可迴避的問題：一切目的背後的那個終極目的，究竟是什麼？

哲學家愛德華・弗里曼（R. Edward Freeman）提出「利害關係人資本主義」（stakeholder capitalism），透過區分目的和手段，來解釋企業存在的目的。他認為利潤是企業生存的必要條件，可以支持企業實現目標的能力，也可以是達成目標的結果。但企業的最終目的不只是為了獲取利潤；相反的，是為了滿足社會需求、解決重要的問題，或讓世界變得更美好。弗里曼寫道：「企業的目的通常來自於一個滿懷熱情的企業家，懷抱著渴望改變世界的夢想。」這種看法取代了一九七〇年代由美國經濟學家彌爾頓・傅利曼（Milton Friedman）提出的「企業唯一的社會責任就是增加利潤」，儘管傅利曼的觀點至今在職場上仍有很大的影響力。這也提醒我們，當我們看到企業標榜著「改變世界」的願景時，應該仔細分辨這是出自於真心，還是只是行銷手法。

有時候，我們需要遇上改變人生的重大事件，才會深刻意識到工作不只是為了賺錢。在九一一事件發生後的幾週和幾個月裡，許多倖存者向媒體揭露他們的故事。有些人都提到自己能夠活下來，是因為有位用紅色頭巾遮住口鼻的男子將他們引導到安全區域。經過多方查證後，這位無名英雄的名字是威爾斯·克勞瑟（Welles Crowther），他是一名股票交易員，在這攸關生死的關鍵時刻，他選擇崇高的使命，犧牲自己的安危，協助他人逃離危險。

二〇一七年的一部紀錄片《紅巾英雄》（*Man in Red Bandana*）紀錄下克勞瑟的生平，講述這個從小就將父親送給他的紅色頭巾隨身放在褲子後口袋的男孩的故事。克勞瑟在七歲時就幫忙清洗消防車，青少年時加入紐約州上尼亞克村（Upper Nyack）的消防局成為義消。該消防局位於哈德遜河上游，距離世界貿易中心不到五十公里。大學畢業後，他進入桑德勒奧尼爾投資銀行（Sandler O'Neill）任職。根據查證，克勞瑟是在拯救至少十條生命之後，在隨同紐約市消防員前往世貿中心二號大樓的七十八樓空中大廳途中，與其他消防員一同殉職。他原本可以隨著同事走出大樓逃生，但是他卻將紅色頭巾綁在臉上防止吸入濃煙，決心加入消防員的救援行列。克勞瑟的父親在影片中表示，兒子曾告訴他打算離開金融界，轉做消防工作，他們在整理他的遺物時發現一份已經填了一半的紐約消防局（FDNY）入職申請表。

九一一事件之後，許多人開始追尋一份具有崇高目的的工作。美國和平工作團（Peace Corps）*的申請人數創下三十年來新高，有些紐約人決定加入紐約消防局，還有更多美國人決定投身軍旅，捍衛國家。職業橄欖球運動員派特·提曼（Pat Tillman）就是如此，他決定暫停自己的運動生涯，轉而投入軍旅，卻在二〇〇四年於阿富汗東部遭到友軍伏擊而殉職。九一一事件發生後，美國社會曾出現一段罕見的「團結」（嗯，如果真的有這種東西的話），可惜這不過是曇花一現，後來才不到二十年，這種團結就演變成對於政府的不信任和嚴重的政治分裂。

新冠疫情對於人們追求更高目的工作的影響則較為複雜。據估計，約有一百五十萬名未直接投入新冠病患照護的醫療領域工作者遭遇非自願失業。至於還留在醫療領域的工作者也很辛苦，據報導指出，疫情期間護理師的職業倦怠程度創下新高，促使很多人決心離開這個原本就是高流動率的職業。一家醫療人力資源公司的調查發現，近半數醫師在疫情期間轉換工作，主因是希望在工作與生活之間找到更好的平衡點。雖然流失大批醫療人員，所幸有大量新人也加入這個產業。針對教育工作者和學生的調查表示，考慮從事醫療照護產業的學生數量不斷增加，儘管原因可能與薪資和工作

---

* 譯注：一九六一年由甘迺迪總統所成立，派遣志願工作者援助貧困國家的組織。

穩定性有關，但不可否認的，和工作所提供的崇高目的也有關。在疫情期間，各行各業有能力承受失業風險的工作者都投入「大離職潮」，這是二十年來最多人參與的離職浪潮，不過與九一一事件相比，其動機更多是出於自利因素，例如薪酬、晉升和工作彈性的機會，而不是為了追求工作上更崇高的目的。

四個問題

關於追尋「工作目的」，現在相當流行的方式是尋找下列四個問題的交集：

- 你喜歡做什麼？
- 市場願意付錢請你做什麼？
- 你擅長什麼？
- 世界需要什麼？

這種將工作目的視為介於個人熱情、薪資、技能和使命之間的想法，與許多傳統觀念有關。例如這四個問題源自於日文的「生き甲斐」（ikigai，意思是「生存的價值」）概念，但也與基督教神學家弗雷德里克・布赫納（Frederick Buechner）提出的教義有關。關於個人熱情和使命這兩個問題，又與哲學家凱爾的成就自己和服務他人之間的道德區分一致。而關於技能和薪資這兩個問題，則與勞動市場的經濟邏輯一致。這四個問題已經滲透到當代職業輔導顧問到現代管理大師給每一個人的建議，並出現在辦公室的裝飾品，甚至會議室的牆壁上，簡直無處不在。

雖然這種概念很容易被社會大眾斥為流行心理學，不過我們還是相信每個問題都很值得一問。其實，光是回答其中一個問題就很困難，更不用說是回答四個問題了，更難的是從四個問題的回答中找到交集。尤其在考慮任何特定工作時，你很可能會發現它無法滿足你對其中一個（或多個）問題答案的需求，這是很自然的事，畢竟大多數工作都需要取捨，許多職業都會涉及在不同人生階段時滿足不同問題上做出妥協，正如我們在哈格里夫斯的經歷中看到的那樣。

以下我們提供幾個正處在不同職涯階段的工作者故事，他們在工作中尋求目的，但發現即使無法在某個特定工作中「擁有一切」，仍然希望在職涯轉變的過程中，滿足自己大部分的需求。

傾聽心的召換

琳妮亞．道爾（Linnea Komba Dahl）從美國東岸一所學費高昂的大學畢業後，在哈佛廣場的餐廳當服務生，她感覺自己在浪費時間，不知道下一步該怎麼走。她的父親出生於挪威奧斯陸（Oslo），雖然出身寒微，卻一路白手起家，成為人脈廣泛的商人，父親對她的現狀感到憂心。有天，道爾拿到一個來自挪威電視製片人的工作機會，但她懷疑是父親私下為她做的安排。一年後，製片資金枯竭，道爾只能重操舊業，回頭繼續當服務生。

回美國後，她向求職顧問進行諮詢，閱讀一本經典心理勵志書《你可以不遷就》（*What Color Is Your Parachute?*），還做了人格測驗。所有的結果都顯示，她應該從事宗教和神學方面的工作。後來她進入波士頓一家翻譯公司工作，沒想到遭遇性騷擾，心靈受創的她嚴重到必須每天拎著塑膠袋搭電車，以防在上下班途中嘔吐。她下定決心，換到一家投資公司從底層做起，即使新工作「乏味得令人麻木」，但工作時間固定，同事也很和善，僅僅兩年後，她就拿到一筆巨額獎金。

道爾並非出生在一個宗教色彩濃厚的家庭，但她從小就受母親雷吉娜和母親的養母艾格妮絲的故事所影響，深深了解工作對人的召喚。艾格妮絲其實只比雷吉娜大四歲，她在坦尚尼亞傳教時遇見雷吉娜，雷吉娜是一名由修女撫養長大的孤兒，卻是班上通過劍橋考試的四名女學生之一。艾格妮絲知道雷吉娜的未來擁有無限可能，卻受限於現實環境條件，於是她決定收養雷吉娜，為她提供食物、愛和住所，成為她唯一的母親，還幫助她拿到美國大學的獎學金。數年後，雷吉娜生下道爾，艾格尼絲便成為小女孩的外婆和人生楷模。

受到外婆的啟發，再加上獲得一筆至今拿過最豐厚的工作資金，道爾決定追隨心的方向：「我用獎金支付神學院的費用，雖然我不確定拿到學位後要找什麼工作。」在修習牧會關顧臨床教育計畫的課程時，她在醫院牧師的監督下與病人共事，不到一週她就知道這就是她這輩子想要做的事。她現在是波士頓一家大醫院的「佛教宗教師」（Buddhist Chaplain），也是哈佛神學院（Harvard Divinity School）的教牧學講師。她反思道：「這是我夢寐以求的工作，這種連結滋養了我的靈魂。它並不像人們有時會說的，我做這份工作是因為我很有能力；我在這份工作中得到療癒，我認為這是上天對我的恩典。我是何等幸運！得以遇見最棒的人，是他們願意讓我走進他們的生活中，全然的信任我。」

徬徨的社會新鮮人

和許多大學應屆畢業生一樣，麥慶誼的長子索耶・邁克爾森（Sawyer Michaelson）對於大學教育是否真的能引導他走上職業生涯感到不確定。他不禁對童年時期的朋友所選擇的生涯道路感到好奇。其中一個朋友在高中畢業後就住在父母家的地下室，試圖成為職業電競選手（但過了一段時間，他又回去上學了）；還有一個朋友唸完大一便休學，參加職業男籃的選秀（他也確實被選上了）。和許多大學生一樣，邁克爾森期許自己不僅要找到有薪酬的工作，還要找到一份能讓他「感覺自己能以積極、有意義的方式為他人的生活做出貢獻」的工作，但這樣的期待也讓他感到壓力沉重。他在大學主修神經科學，身為學生運動員，他發現神經科學可以將他對人類心智的濃厚興趣，以及社會對運動員大腦健康的日益關注連結在一起。

但是當他在找全職工作時，心裡難免會羨慕有些主修經濟的同學。他們在大三暑假進銀行實習時，向負債累累的同學推銷高利率信用卡，等暑假結束後，便收到銀行的工作聘書和簽約獎金。平均而言，主修商科和電腦科學等實用專業的學生在大學畢業後第一份工作的收入，比人文學系的學生高出五成。在一般大學校園裡，為了讓世界變得更美好而苦讀的人文學系學生普遍認為，主修實用專業的人是出賣自己的靈魂，而後者則認為前者是多愁善感的人。

邁克爾森面試的工作大部分是研究實驗室裡的低階職位。其中一個實驗室在研究阿茲海默症，這是一個很有價值的計畫，但工作內容卻是對數百隻白老鼠實施安樂死，或者如他所描述的：「這份工作的目的就是成為死神。」他最後找到的職位是心理計量人員，這個職位由心理學和計量學衍生而出，負責測量心理影響和過程。他直接與病患合作，協助他們治療可能因頭部外傷而引起的腦部疾病。他估計自己的收入可能只有在銀行工作的朋友的一半，但他很高興能運用自身所學，直接幫助有需要的病患。他不期望能快速致富，但他希望能持續貢獻過去所接受的教育和經驗，有朝一日能參與臨床實務或制訂公衛政策。

我知道我喜歡做什麼

丹尼斯・柯利（Dennis Curley）最近發現，大學時和他一同戲劇演出的幾位同學畢業後都名利雙收。因此，當他在芝加哥戲劇院飾演鋼琴家角色後再也沒有機會演出，開始不停懷疑自己的演藝之路，最後乾脆在律師事務所擔任助理工作。處理智慧財產權案件是件不需要花太多心神的枯燥工作，這讓他不時回想起自己在古典文學系工讀的日子，他就是在那時發現自己真正想做的事情：表演。

他五年內轉換過幾份工作，這讓他清楚知道自己不想做的工作是什麼，但他也知道他想要的工作不一定會要他。機緣巧合下，他參加一個針對小眾市場的劇團試鏡，現在他必須做出選擇：在律師事務所的穩定職位，每週四百二十五美元，外加福利和帶薪休假；或者在劇團表演，每週四百二十五美元，卻無法保證能維持多久，也無法保證之後還會不會有其他演出。他說：「『機會來了！這就是突破的契機。』於是我從認為自己需要一份『正經的工作』，轉而意識到我可以成為自雇者，直到今天依然如此。」他重返舞台的第一部作品，是一場令人筋疲力竭的九十分鐘演出，開演後沒有機會離開舞台，也沒有中場休息。他就這樣連續演了兩年，每週演出十場。

柯利說：「一遍又一遍的做同樣的事情……會讓你更深刻的了解自己。學會在你生病時如何表演，學會在你心裡根本不在乎時如何表演，還有學會如何和自己的情緒共存，不管你感覺到的是『喔，我好興奮，這實在太有趣了，我喜歡正在做的事情，或是我現在百分之百完全不想待在這裡！』你都必須維持表演的水準，讓觀眾以為這是我初次上台的演出。」

二十五年來，柯利以各式零工維持生計，他做過婚禮歌手（「我可能已經唱過七百遍那句「YMCA」）、教堂鋼琴家（「人們不需要知道我不信教……他們只想要好聽的音樂」）、共同創作過音樂劇（被動收入是「音樂的聖杯」），也曾與企業合作（某個醫學技術客戶「將在聖地亞哥舉行一次大型會議，他們正在推出一套新的尿液分析測試系統，需要歌手將它唱出來」），他還創作以傳奇鄉村歌手約翰・丹佛（John Denver）的歌為主題的表演節目，親自領銜演出，並成功與許多晚餐俱樂部、地方戲劇院簽下幾年表演合約。儘管他沒有像大學同學一樣進入百老匯、電影界和電視界，但他對成功的定義很單純，「我一直想成為一名音樂家，而現在我就是一名音樂家。」

世界不需要你的工作

當徐忠雄（Shawn Wong）從舊金山州立大學（SFSU）轉學到加州大學柏克萊分校時，他注意到他的同學們正打算進入職場、大展身手。他們參加反越戰抗議，大學校園裡開設多門種族研究課程；然而根據他的觀察，大多數亞裔美國醫學預科學生還是照著「虎媽」的期待，選擇主修生物或化學，或是打算將來成為受人景仰的醫師。徐忠雄是加州大學柏克萊分校一千一百名英文系學生中唯一的亞洲男性，他未來想當小說家。因為舊金山州立大學有亞美研究部門和一位他很欽佩的創意寫作老師，所以他繼續在那兒修課，儘管他擔心如果被發現的話，很可能兩所學校都會將他開除。

徐忠雄回憶：「我發現全世界我只認識一個亞裔美國作家，那就是我自己。」後來他的導師凱·波爾（Kay Boyle）介紹他認識另一名創意寫作研究生陳傑夫（Jeff Chan，音譯），經由陳傑夫的引介，徐忠雄又認識另外兩位亞裔美國作家。在一次新書發表會上，他們第一次親身接觸多元文化文學，並結識當時還默默無聞的作家伊斯梅爾·里德（Ishmael Reed）、艾利斯·哈利（Alex Haley）和維克多·克魯茲（Victor Hernandez Cruz）。後來，這四個亞裔美國人還共同編輯第一本亞裔美國作家文學選集《哎咿！》（*Aiiieeeee!*），並交由一家小型大學出版社發行。當時主流出版商甚至是傳統的大學出版社，都還不知道這個世界需要亞裔美國文學。

當時的徐忠雄仍是個大學四年級的學生，該選集就已受到《滾石》（*Rolling Stone*）和《紐約客》（*New Yorker*）等著名雜誌的認可推崇。五年後，他出版第一本個人小說《家園》（*Homebase*），講述他七歲時過世的父親和他十五歲時過世的母親的故事。他說：「我必須對他們的故事負責。如果我不寫，就沒有人會寫。」可是光靠這本書的版稅，他根本無法過活。為了維持生計，他還撰寫餐廳評論，為了寫稿，他曾在二十一天內光顧十五家中餐館，並在長達十多年沒有醫療保險的情況下在大學兼職授課。他甚至只能在恩師波爾位於海特—艾許伯里（Haight-Ashbury）的家中分租一個房間，直到他首次在西雅圖華盛頓大學拿到終身教職，生活才得到改善。安頓下來後，他在該校擔任教授四十多年。

直到他的第二本小說問世，他才知道世界上至少有一個人真的需要他的作品。當時，他和身患癌症的妻子計畫去夏威夷度假，她正在尋找能帶在路上閱讀的書。「為什麼你不能寫一本我可以躺在海灘上讀的書？」她問。他意識到她半是開玩笑，半是在挑戰他，想要他寫一本別的作家所不能寫的書。在她去世二十五年後，他回憶道：「做為照顧者……你只會感到無能為力。除了開車送她去複診，你不知道你還能做什麼。滿滿的無力感，只能隨波逐流。因此，寫這本書給我一個目標。我的任務就是逗她發笑，所以我決定為一個人寫完一本完整的小說，我專門為她寫了《美國人兮》（*American Knees*）。」這本書面市後，廣受讀者和評論家的好評，最後還被改編拍成電影。

目的與價值

正如前面的例子所示，在我們的職業生涯中，想從四個問題的交叉點找到我們工作的目的，幾乎是不可能的事。但這不表示我們無法在工作中找到任何目的。這或許意味著，我們很難從一個完美的職位中找到自己的工作目的，得要由職業生涯中的多種活動組合逐步發現。在本章提到的這些工作者故事中，我們發現，有時候不必在工作上成為英雄，也能為世界做出有價值的貢獻；甚至，懷抱著崇高的目的而工作，本身就是一種英雄行為，雖然有些故事也告訴我們，這種類型的工作有可能只能勉強維持基本生活所需。儘管我們無法得到明確的答案，光是透過閱讀這些故事開始思考，就是件值得的事。

思考工作的目的，象徵人類能夠超越生物日常的生長、繁殖和生存層次，以及打破《馬克白》（*Macbeth*）中主張的「人生如癡人說夢，充滿喧嘩與騷動，卻沒有任何意義」的荒誕絕望與感慨。然而，要抱持這樣的希望，我們需要有理由相信工作和生活是有目的的，而不只是感性的希望

「一切都是最好的安排」，儘管從好萊塢明星瑪麗蓮・夢露（Marilyn Monroe）到雅典哲學家亞里斯多德都曾經這麼表示。亞里斯多德雖然沒有明確指出充滿目的的生活標準從何而來，但他清楚指出，過充滿目的的生活包括在工作和行為上追求卓越，為了他人的利益而重視與他人的關係，而不是為了他們所能提供的效用和歡愉。中世紀哲學家繼承亞里斯多德的「目標導向目的論」，將目的的源頭命名為「上帝」，藉此解決無限倒退的邏輯困境，並傾向宣稱有目的的生活，就是按照上帝的目的生活。無神論存在主義哲學家西蒙・波娃（Simone de Beauvoir）並不接受只有更高的力量，才能從外部賦予我們生活目的的結論，而是主張道德自由使我們能夠審視自己以及與他人的關係，從而賦予我們的生命意義，讓我們的生活充滿目的。無論哪一種學派最吸引你，它們都有一套共同的主張。這些主張包括：人類的生命是有目的的，有些目的高於其他目的，人生的目的高過生長、繁殖和生存的功能性目的。

透過本章的故事和問題讓我們明白，找到工作的目的與價值並非完全取決於我們自己。哲學家塔德烏什・梅茨（Thaddeus Metz）就告訴我們，與可能造成他所謂的「貶值」（disvalue）的事物相比，許多讓生命有價值的因素，其實超出我們所能決定的範圍。梅茨認為，我們所能控制的是，在我們從所處的環境中，創造出有意義的事物的能力。

就像納粹大屠殺的倖存者維克多・弗蘭克（Viktor Frankl）所提出的意義治療法一樣，因為他堅信即使在令人絕望的情況下，生命還是可能有意義。或許我們可以像哈格里夫斯一樣，「慢慢的學習接受」自己並不真的知道自己工作的目的，並在嘗試弄清楚工作目的的同時，持續做自己認為值得做的工作，過值得過的生活。

第八章

在沒有工作的世界裡，什麼會讓生命更有價值？

「我總是看起來很忙，其實無事可做。但從前天開始，一切都不同了。」

——王子（Prince），〈覆盆子貝雷帽〉（Raspberry Beret）

美好的明天

來到迪士尼樂園的遊客都會深刻感受到創辦人兼夢想家華德．迪士尼（Walt Disney）對打造未來的執著。這種執著在樂園中隨處可見，從「神奇王國」裡的「明日世界」，到矗立在「未來世界」的巨大圓頂建築：未來社區的實驗原型（Experimental Prototype Community of Tomorrow）。「小小世界」更是成功吸引所有人的目光，當遊客穿梭在一個又一個迷幻效果十足的全球景點（一如「未來世界」裡的「萬國博覽區」，歐洲國家的占比明顯過高），欣賞象徵多元文化的孩童們隨著悅耳的旋律搖擺，最終抵達一個宛如天堂的夢幻房間（身著白衣的孩子們全部聚集在一起）。

其中，最能將華德·迪士尼對未來的憧憬與過去及現在做連結的，莫過於明日世界的「科技迴轉劇場」（Carousel of Progress）。劇場解說員會先向遊客介紹，他們即將觀看的演出，原本是為一九六四年世界博覽會的「進步之地展覽館」（Progressland Pavilion）而創作，據說這部作品「從頭到尾」都是由華德·迪士尼親自創作，並創下美國影史上演出次數和觀看人數最高的紀錄。

「科技迴轉劇場」之所以稱為迴轉劇場，原因在於觀眾席圍繞著中央的圓形舞台旋轉。舞台分為四個區塊，每個區塊各相隔二十到三十年的年代，象徵整個二十世紀的時代變遷與發展歷程。演出由二十世紀初的一個家庭揭開序幕：父親一一列舉新冰箱的優點；母親則使用新洗衣機，「只」花五個小時就能洗完衣服；兒子拿著 3D 立體觀片器（stereoscope）把玩；女兒準備乘坐新推出的無馬電車（horseless trolley）進城參加情人節舞會。接著，觀眾會看見舞台上家庭成員的生命歷程快速轉變，直到來到便利的現代：媽媽在電腦上設定智慧型家電；爸爸通過聲控提高烤箱溫度、調低燈光亮度；兒子和奶奶一同戴著虛擬實境頭盔玩電子遊戲等等。

正如同迪士尼所展現的精神，科技迴轉劇場裡的人物提醒我們，每個世代的人們都相信，自己生活的時代就是最好的時代。劇中主題曲〈偉大而美好的明天〉（It’s a Great

Big Beautiful Tomorrow）在每次座位旋轉時都會重複播放，這首頌揚烏托邦式樂觀精神的歌，洗腦程度和〈小小世界〉（It's a Small World）可說是旗鼓相當，歌曲中不斷強調，美好的明天「離夢想只有一步之遙」。雖然我們在當下無法實際想像美好的明天是什麼樣子，但在人類智慧和科技進步的發展下，這個世界勢必將更加美好。

然而，科技迴轉劇場也隱含一些反烏托邦元素。例如，一九四〇年代的爸爸開著新車上班，卻滿腹牢騷的說：

> 喔，除此之外還有一件新鮮事。我今天在收音機裡聽到一個新名詞，主持人說現在有個流行語叫做「老鼠賽跑」（rat race）。你聽過嗎？它描述的就是我的生活啊！我現在正在做一種被稱為「通勤」的活動：每天開車進城上班，工作一整天，然後回頭再一路開回家。整條高速公路上擠滿了和我一樣的老鼠同伴！

與此同時，現代世界裡的爸爸一不小心把智慧烤箱的溫度調得太高，烤焦了聖誕火雞，爺爺則是只聞其聲不見其人的抱怨著智慧馬桶。表演中最令人不安的一幕，或許是在三十二個「自動發聲機器人」演出的時候。在一九九四年的劇場版本中，旁白自豪的強調，這些演員能夠一整天持續表演，無需休息。這聽起來是不是有點耳熟？有趣的是，在近期的表演中，這段旁白已經被取消。不論這是否是迪士尼高層在深思熟慮後做出的決定，藉此避免遊客們因為感受到自己可能會被機器人取代而感到不安，但其中的暗示其實相當明顯：在那個美好而燦爛的明天，機器人將會取代人類一部分的工作。

幾百年來，從亞當・斯密到約翰・凱恩斯（John Maynard Keynes）等經濟學家一直預言機器會解放我們，使我們過上悠閒的生活，凱恩斯稱之為「技術性失業」（technological unemployment），他們還預估，到了二〇三〇年，人類每週只需要工作十五個小時。近年來，世界經濟論壇創辦人史瓦布更是以「第四次工業革命」的概念，描述未來機器可能會取代人類的體力勞動、人工智慧可能會使知識型工作者失業，進而引發人類對於生存的危機和焦慮。根據世界銀行和麥肯錫公司（McKinsey）的調查，全球有四五％至六五％的工作面臨自動化後失業的風險，其中又以收入最低和開發中國家的工作風險最高。人們紛紛猜測：哪些工作終將被完全取代？哪些工作的內容又可能會因為人工智慧的進步而有所改變？以及，技術的發展對於人類的生活而言，究竟是好消息還是壞消息？

不管這些預測是否準確，值得我們深思的是，如果工作不再是我們經濟生活的核心，那麼我們要如何利用多出來的閒暇時間？這個看似簡單的問題，將徹底顛覆幾個世紀以來人類的工作與生活模式，畢竟在過去幾個世紀裡，大多數人都理所當然的認為，我們本來就該把生活中大部分的時間花在工作上。而今，在這個想像中的烏托邦世界，智慧型機器會替我們工作，而無條件基本收入（universal basic income）將減輕人們謀生的經濟壓力。古往今來，許多思想家都相信，閒暇時間可以讓人們實現最有價值的目的，追求充滿創造性、智慧性的心靈生活。

然而在現今社會中，工作填滿我們的時間，使得我們可以奢侈的不去思考：在這有限的一生中，我們真正想做的是什麼。沒有工作，意味著這輩子可能有大量的閒暇時間，這預示著另一種生活壓力。我們之前可能並未意識到，人類依靠工作，才能將日子過得有條有理，才能讓自己的存在有了隱含的價值，但如果我們想在沒有工作的情況下過著有意義的生活，這種新狀態反而會讓我們產生反烏托邦式的焦慮。

工作曾經賦予我們的存在更多意義，當工作消失時，我們該如何填補這片空白？無論這種改變是被迫發生，還是因為確實面臨失業，才有機會去思考一個可能「沒有工作的未來」，都可以幫助我們回到當下，想想在目前還有工作的世界裡，如何才不會虛度此生，讓人生更有價值？

無所事事就是懶？

王子的歌曲〈覆盆子貝雷帽〉是一首輕快的流行歌曲，乍聽之下像在表達主角內心的愛與渴望，但實際上歌曲的主題是「拒絕職場」。歌曲開頭呈現出主角對店員工作感到無趣，這種工作態度讓商店老闆麥吉先生（Mr. McGee）對他很不滿。當他心儀的女孩戴著貝雷帽走進商店，他乾脆丟下工作、跳上自行車，載著女孩兜風，途中經過老強生的農場。主角顯然對自己的瀟灑離職並不後悔，他選擇愛情和享樂，而不是無意義的勞動。這是個浪漫的念頭，然而對抱持「工作至上」的美國文化來說，光是想到低度就業（underemployed）就讓人無法接受，更別說是完全不工作的人生，那是人人都避之唯恐不及的命運。

話雖如此，但在一九九〇年代的美國電影和電視中，卻充斥著逃避工作的懶人，這些故事似乎在為甫踏入社會就感到無聊的一代發聲，例如電影《瘋狂店員》（*Clerks*）裡的便利商店收銀員（「我今天甚至不該在這裡」）、《上班一條蟲》（*Office Space*）裡窩在辦公室隔間的員工（「我一週真正花在工作的時間，可能只有十五分鐘吧！」）。在這種觀點下，低度就業、對例行公事感到厭煩，或者淪為資本主義機器中一枚士氣低落的小齒輪，似乎是不可避免的現實，對於處在職涯初期到中期的人而言尤其如此，這就是他們日常工作的樣貌。這些電影主角時而任意辭職，時而渴望叛逆，讓觀眾在產生共鳴的同時，卻又忍不住討厭他們。例如《上班一條蟲》的男主角彼得放棄上班族的工作，成為建築工人，在電影的結尾，我們看到他努力說服自己：「這份工作其實還不壞，是吧？……不但能健身，還能曬曬太陽。」彼得確信自己擺脫一份令他身心俱疲、每一天都比前一天過得更糟的工作，但離職後，一切就真的變好了嗎？

在千禧世紀來臨時，象徵逃避工作的「懶散文化」格外引人注目，二〇〇二年甚至有部電影直接就叫《懶骨頭》（*Slackers*）。但從上述電影中我們知道，這不是個新概念，其實這個概念也沒過時，例如疫情後期流行的「安靜離職」（quiet quitting），以及在工作中只做該做的事的現象，便是最好的證明。湯姆·盧茨（Tom Lutz）在二〇〇七年出版的《無所事事》（*Doing Nothing*）中，特別對這個現象進行精采的探討，書中追溯美國過去歷史上失業和低度就業的現象是如何延續至今，並特別關注它在二十世紀的演變。在赫伯特·喬治·威爾斯（H. G. Wells）發表於一八九八年的小說《波利先生的故事》（*The History of Mr. Polly*）裡也曾提到這個概念，主角波利先生說：「他真的只是應該振作起來的『怠惰懶人』（lazy slacker）嗎？」後來在一次大戰期間，這個詞被用來形容逃避兵役的人，並成為廣為人知的常用字彙。當時的徵兵標語上明白寫著：「你是個懶鬼嗎？如果不是，那就從軍吧！」盧茨在書中一針見血的做出結論：「工作的歷史有多久，對工作的厭惡就有多久。」

其實在美國文化中，「不工作」的概念並非沒有出現過。一九三〇年代有幾部電影的片名，就在傳達「拒絕工作」的概念，如《天涯浪跡》（*Hallelujah, I'm a Bum*）、《假期》（*Holiday*）和《浮生若夢》（*You Can't Take It with You*）等，不工作的目的似乎是為了追尋更真實的自我，追求你真心想做的事，而不是老闆要你去做的事。電影劇情常描述主角沒有工作反而過得更好，即使還是會面臨生計壓力，但似乎總能找到解決之道。

著名導演法蘭克・卡普拉（Frank Capra）在一九三八年上映的電影《浮生若夢》就是典型的例子。片中描述許多銀行職員因工作壓力太大而罹患潰瘍、習慣性抽搐和心臟病，這樣的生活令他們痛苦不堪；相較之下，范德霍夫爺爺（Grandpa Vanderhof）的家族成員卻都過著不為別人工作、無拘無束的日子，每個人「都做著自己想做的事」，從跳舞到繪畫，甚至是製作煙火。當爺爺得知他的銀行出納員波平斯（Poppins）熱衷於玩具創作時，便勸他辭職，成為他們的一員。當波平斯問到，一家人的生活該由誰來照顧？爺爺笑著說：「就是照顧田野裡百合花的那一位。波平斯先生，只不過我們要稍微勤勞一點，就能玩得無比開心。如果你願意的話，就加入我們，也變成一朵百合花吧！」其實這個家族是靠著投資的被動收入維持生計，不僅住在豪宅裡，還有僕人照料一切，但他們很樂意接納任何有夢想的人加入他們的波西米亞社會。這些處在經濟大蕭條時期的電影相當崇尚自由、表達自我和創新的美國價值觀，有趣的是，今日的工作不見得能提供這些價值，反而成為實現這些價值的阻礙，這使得人們相信，工作讓我們遠離自我，而休閒才能讓我們找回自我。

事實上，如今選擇不工作（或實際上什麼都不做）並不會被視為一種榮耀，反而會被當成警世故事。想像一下，如果一個正值壯年、身體健康的人告訴你他沒在工作，你的腦中會自然浮現的問題可能是：「他為什麼不工作呢？」我們總認為工作是處在職涯黃金期的人必須從事的活動，甚至無法想像除了工作還有哪些選擇。一位之前擔任企業顧問，後來成為全職媽媽的女性告訴珍妮佛，她目前在一家公司擔任私人教練，雖然一週只上班幾個小時，但她很喜歡這種生活安排，她說：「更重要的目的是可以告訴別人，我是有工作的。」工作並不是有效利用時間的唯一方法，但人們卻經常將「不工作」和「懶惰」畫上等號，而指責一個人懶惰是一種極大的侮辱，幾乎等同於貶抑對方毫無價值。

盧茨在《無所事事》一書中還談到人們對「懶散」呈現出一種矛盾的態度：我們既羨慕他們，又厭惡他們。也就是說，當我們想要逃避工作時，會說這是在對過勞文化的合理反抗，但當看見別人逃避工作時，我們卻可能會感到憤怒，認為這是不公平的（看看人們對於社會福利政策的爭論就知道了）。然而，有時當我們看到別人衝動離職，卻又同時感到大快人心。空服員史蒂文・斯萊特（Steven Slater）就是一個例子，他向機上奧客表達憤怒，也決心向未能採取足夠措施保護員工的航空公司雇主表達抗議。他透過機艙廣播大聲宣布他不幹了，順手抓起一罐啤酒，啟動逃生滑梯離開客機，結束長達二十八年的職業生涯。斯萊特立刻被視為勞工英雄而聲名大噪，並在粉絲團迅速累積超過二十五萬名粉絲。

我們常聽到老一輩的人會將下一代描繪成懶惰、自私、逃避工作的人，但根據一個針對不同世代（但都在參與者年輕時期進行調查）的比較研究發現，其實世代之間並沒有太大差異。不僅如此，現代年輕人花在工作上的時間反而有持續且穩定增加的趨勢，花在休閒生活上的時間反而比上一代更少，這或許也解釋這一代年輕人的倦怠程度為何會達到史上新高；換句話說，他們其實一點也不「懶散」。

儘管如此，總還是會有人基於不同原因選擇退出職場。其中一個比較會被社會接受的原因是為了照顧年幼的孩子，選擇永久或暫時離開工作。當社會提供給父母的育兒資源愈少，父母承受的壓力也愈大，許多人的收入甚至不足以支付托兒費用。雖然目前這種情況已經逐漸改善，不過選擇離職的人通常仍然是母親，而非父親。

有些正處在職涯巔峰的知名女性，在所有人都以為她們會放不下成功事業和高收入的情況下，依舊毅然選擇辭職。例如網球巨星小威廉斯毫不猶豫的宣布退出網壇，以便能花更多時間陪伴女兒，她說：「相信我，我從來不想在網球和家庭之間做出選擇。這根本就不公平。如果我是男人，就不會寫這篇文章了，因為我會繼續打球賺錢，而我的妻子則必須獨自承擔辛苦的家庭勞務。」前紐西蘭總理潔辛達．阿爾登（Jacinda Ardern）是一個小孩的母親，她在四十二歲時突然宣布辭職，她表示：「我已經沒有足夠的精力勝任這份工作。」

新冠疫情期間，我們觀察到一個關於「誰應該繼續工作」的社會現象。當學校展開線上教學、家長面臨失業時，有些家庭的父親或母親（通常是母親）決定辭去工作，在家照顧孩子；據統計，當時美國共有五百一十萬名婦女做出這種選擇，導致婦女從事有薪工作的比例創下自一九八六年以來的最低紀錄。同時，大量仍在高中就讀的青少年湧入勞動市場，甚至決定輟學做起全職工作，來幫助家庭度過難關，使學習生涯就此中斷。究竟什麼樣的情況算是適當的中止工作？什麼樣的情況又算是逃避工作？文化規範在一定程度上可能扮演著重要的角色。

我們是機器人嗎？

這本書不是機器人寫的，而是兩個相距兩千公里的作者坐在鍵盤前的嘔心瀝血之作。我們完成書稿後，就由距離我們幾百公里外的編輯和出版團隊接手製作，據我們所知，他們也不是機器人。在寫作過程中，我們是否運用人工智慧來幫忙？我們確實運用演算法的搜尋引擎來確認一些論文資料，畢竟我們雖然熟悉部分領域，也不可能全知全能，人的記憶有限，而且往往容易出錯。

我們寫作時也偶爾會點擊文字下方（暗示有拼字或文法錯誤）的小曲線，文書處理軟體（這個術語聽起來真過時！）還會建議我們替換的文字。大多數人在使用電子通訊（無論是電子郵件、簡訊或即時通訊軟體）過程中可能都使用過類似的輔助工具，只是往往忽略它的存在（如果你想知道自己對輸入自動更正功能的依賴程度，不妨試著把它關了）。如今，人工智慧以各種形式滲入我們的日常生活，以至於最初被我們視作威脅的東西，後來因為太過實用而讓我們完全習慣並仰賴它。隨著人工智慧顛覆社會的潛力不斷擴大，無疑又會為人類帶來新一波的恐懼。當然，有些人工智慧被認為是不可取或無用的，因而遭致淘汰的下場，例如，你還記得 Google Glass 是什麼嗎？

幾年前，我們的前東家組成一支全球頂尖團隊，目的是研究如何使工作更有意義，以便吸引、留住最有前途的人才。最後該團隊提出的一項建議，是將大部分無聊且重複的工作及其他機械性雜務，外包給公司位於印度的開發中心。當團隊被問及，將最不愉快的任務委派給海外同事，是否會降低這些人的工作意義時，該團隊的回應是：那不是他們的問題。他們宣稱這個研究主要在解決自己所在的已開發市場的勞動力難題，至於會為開發中國家帶來什麼樣的影響，就不在他們的考慮範圍內。再補充一點，他們還認為在印度班加羅爾（Bangalore）的員工只要有工作，就該心滿意足了。

將部分工作外包的新工作模式，可說是延續早年追求由利潤驅動、而非由目的驅動的企業趨勢，以一種全球虛擬裝配線模式，先將瑣碎的工作外包給印度開發中心的低時薪員工，然後利用時差，讓位於美國和歐洲的高時薪員工在第二天早上就能接手。諷刺的是，時間一久，開發中心的員工開始將這些枯燥的機械性任務外包給機器，以避免長期從事無意義的枯燥工作，但這樣做，也可能會讓他們面臨技術性失業的風險。

當外包使忙碌員工的時間得以解放，讓他們可以專注在繁瑣且重要的工作任務上，象徵著效率的提升與進步，並被視為一種便利的創新，就像汽車裡的導航系統一樣好用。然而，當外包或自動化直接取代某人的工作，它同時也成為一種生存威脅，這正是為什麼人們既會焦慮又擔心的問：「人工智慧對我的工作有多大影響？」一方面卻又試圖否認自己可能會被取代的可能性。根據二〇二三年的世界經濟論壇估計，到了二〇二七年，全球將近四分之一的工作崗位會發生改變，科技將淘汰八千三百萬個工作機會，同時創造出六千九百萬個工作機會，淨損失為一千四百萬個工作機會，占目前就業人數的二%；至於今日的機器人占勞動力約為三四%，這個比例到了二〇二七年會增加為四二%。總括來說，科技發展會使全球國內生產毛額上升數十兆美元，並同時創造工作機會與財富，但對個人來說，工作仍然充滿不確定性。

科技未來主義（techno-futurist）紀錄片《人類未來方程式》（*The Future of Work and Death*）正面挑戰這個主題，推想在不久的將來，人們的工作和生活會變成什麼模樣。片中指出，涉及創造力或人際技巧的工作因為最難有效自動化，所以最難被取代。影片中，《紐約時報》的特約作家試著與微軟的人工智慧聊天機器人 Bing 進行深入對話，結果沒多久，對話就變得非常奇怪。這段對話的逐字稿令人不安，而且毫不意外的立即在網路上瘋傳。這名作家在談話後心煩意亂，甚至無法入睡。聊天機器人不但可能完全出錯，而且在試圖模仿人類時失去控制，例如，扮演一個祕密身分、表現出黑暗的思想等。當這名作家談起這次經驗時表示，他原本擔心的是聊天機器人可能會提供錯誤的訊息，但經過這次經驗，他意識到更嚴重的問題：生成式人工智慧可能會激發人類最黑暗、最具破壞性的衝動。

事實上，許多人也指出，聊天機器人不管在說什麼時都顯得過度自信，而且似乎並不喜歡被糾正。這引發社會對其風險的擔憂，導致包括馬斯克等科技領袖在內的兩萬五千多人簽署一封致人工智慧開發者的公開信，以「對社會和人類構成嚴重風險」為由，要求暫緩進一步的科技開發，甚至促使原本任職於 Google 的「人工智慧教父」決定辭職，以警示社會大眾正視不受限制的人工智慧發展所帶來的威脅。接下來，以監測、糾正和控制人工智慧可能對社會帶來潛在危害的新工作或許會應運而生，然而，這些工作是否會比被人工智慧取代的工作更好？為了勝過人工智慧，這些工作可能需要發揮創意，以預測人工智慧未來的可能用途，並向社會大眾溝通應對方案。

面對愈來愈多的機器人咖啡師和機器人服務生，羅賓・斯隆（Robin Sloan）在諷刺小說《老麵種》（*Sourdough*）中，針對雞蛋問題，提出食品生產自動化的另類觀點，也就是機器人在沒有任何幫助的情況下，其實很難俐落的打破烘焙用的雞蛋，麵團內總會夾雜幾片不小心掉落下來的蛋殼。如果這樣的情況是全自動烘焙、煎蛋捲之類的單一問題，那麼企業可能會投入數百萬美元來進行任務改良；實際上，這一類需要重視細節和精密修正的任務，可能只要提高科技水準就能順利執行。未來某一天，我們要面對的問題將不再是某項工作是否可以外包給機器，而是機器做這項工作的完成度能否和人類一樣高。食物裡出現蛋殼可能讓人無法容忍，但在許多領域卻存在可容忍的灰色地帶，使其在尚可接受的情況下得到逐漸改善的機會。

另一個重要問題是，哪些工作應該被外包？就像在電影《摩登時代》和《諾瑪蕾》（*Norma Rae*）中所描繪的，過去的生產線工作是在喧鬧的工廠及危險的工作條件下進行，因此工會會積極介入，以保護勞工的安全及權益。但時至今日，這類工作已經逐漸被機器所取代，勞工權益又該由誰來保護？至於自動駕駛系統雖然仍處在發展初期階段，至少就我們來看，似乎還是具有高風險，但隨著技術成熟，終有一天它們會變得普及、可靠且更安全。未來它不僅將造福社會，甚至會讓後代子孫認為，讓「人類駕駛車輛」是一種過時、甚至危險的行為。

支持「感知人工智慧」（sentient AI）的另一個論點是，它能讓我們擺脫無聊枯燥的工作。例如在電影《上班一條蟲》中，主角彼得和他的同事將不再需要永無止境的打報告（雖然嚴格來說，這些報告依然是用電腦完成，但他們還是需要反覆將資料輸入固定的檔案格式裡）。在這種充滿理想的未來願景中，工作中不需要動腦的任務將會消失，這可以讓我們能騰出時間，追求更有創意、更具刺激性的任務。這就是「技術自動化對有意義的工作將產生正面影響」這種論點的核心概念。

如果人工智慧將接手那些符合格雷伯定義的「狗屁工作」（也就是主要由無聊任務組成的工作），那麼被取代的工作者很有可能會因此質疑自己的價值。歷史學家路易斯・海曼（Louis Hyman）就思考過這個問題：「如果一個巨集（macro）可以在五秒鐘生成出你需要花上五個小時才能做完的每日報告，那麼你的價值是什麼？」看來，相較於「哪些工作值得被外包或自動化」的問題，「員工將如何看待自己」是另一個更加複雜的問題。

另一個值得思考的問題是，如果有些員工就是喜歡那些看似單調乏味的工作，因為這些工作能帶給他們安全感、穩定性、收入和其他福利，還能讓他們在投注心力於工作之外，過著自己想要的充實生活呢？或者，在別人眼中的無腦工作，對他們來說卻具有價值呢？這個觀點在紀錄片《人類未來方程式》中就被清晰的呈現出來。當一位長途卡車司機被問到，如果未來自動駕駛卡車取代他的工作，他對未來有什麼打算，這名司機回答：「沒有任何打算。」接著他又說，或許自己會想要「死在卡車裡」。是的，他就是這麼說的。毫無疑問的，即使有些工作者不希望他們的工作被取代，最後還是會發現，他們的工作已經被外包了。那麼，他們的生活又會變成什麼樣子？

當工作消失時

新聞報導談到失業率的時候，記者通常會順帶提及當時的經濟狀況和商業前景。然而這些統計數據背後隱藏著一個現實，正如作家華特・肯恩（Walter Kirn）指出的：「失業率是個抽象概念，是無形數據的集合，但失業卻是一種活生生的折磨，深深烙印在你的神經上。」失業不僅會對企業和社會造成傷害，對失業者本人尤其如此。失去工作可能是一次毀滅性的經歷，會造成生理上和心理上極大的痛苦。失去工作和失業是人生中壓力最大的事件之一，甚至可以跟親人過世和生病相提並論。有些因素導致的失業讓人更加難以承受，例如非自願性失業或是被迫辭職。當員工因為被開除而失去工作時，他們可能會將其內化為自己的過錯，這使得失業問題比想像得還複雜；相較之下，由於經濟規模縮小而遭到裁員，則比較容易歸咎為外部社會環境的問題，而非是出自自己的過失。

一項關於失業的開創性研究顯示，當大量人口同時失業時，無論起因是裁員或其他經濟因素，可能會使整個社會陷入深層的不穩定狀態。一九三〇年代，一群社會學家前往奧地利維也納郊外的小村莊馬林塔爾（Marienthal），村子居民維持生計的來源是一家紡織廠，它是全村居民最大且最主要的雇主。但在一九二九年工廠關閉時，村裡幾乎所有家庭都陷入失業狀態。研究人員在工廠關閉將近兩年後來到馬林塔爾，卻意外發現居民仍然面對著極為嚴峻的現實挑戰。當時，村裡只有五分之一的家庭擁有穩定的工作，四分之三的家庭仍靠著政府發放的微薄失業救濟金過活。

研究小組四處採訪，想了解村民在長期失業的情況下如何應對。結果發現，與一般人以為的「當人身處絕境時更有動力」的想法完全相反。研究人員寫道：「長期失業導致居民們變得冷漠，面對所剩無幾的機會，也不會想去積極爭取。」馬林塔爾的村民是如此疲累、沮喪，這使得這群社會學家們表示，他們希望永遠不會看到類似情況再次發生。這意味著，當人們失去工作，同時可能會失去他們的個人價值、重要性和個人意志。

人們常說，解決失業問題的唯一方法，就是趕緊找到一份新的工作。然而，有個研究顛覆這種過於簡單的假設。研究指出，如果人們對於找到的新工作不滿意，那麼可能會比繼續失業更加損害心理健康。當然，並非所有失業者都像馬林塔爾村民那樣陷入困境，如果求職者相對來說更加幸運，就會知道外頭還是有很多工作機會；然而，這同時也可能使他們在選擇工作時更加挑剔，不願意隨便接受一份不理想的工作。當然，如果失業時間不長，比較容易找到好工作；失業時間愈長，找到工作的難度就愈高，成功再就業的期望也就變得愈低。

當我們談到工作品質不佳和再就業失敗時，其中一部分指的是低度就業的狀況。這個專業術語通常會套用在經驗或教育程度明顯不符合工作資格的人，或是從事的工作在薪資、福利或管理層級等條件不好的人。低度就業現象十分普遍，估計約有一到三成的低度就業勞動人口。低度就業當然是有害的，會影響工作者的工作滿意度和整體幸福感。更嚴重的是，一旦陷入這種狀況，可能會形成惡性循環：工作者從事一份自己不想要的工作，因此更難獲得與自身技能匹配的理想職位。再次強調，在尋找新工作時，最好堅持尋找一份值得花時間等待的工作。但在馬林塔爾村案例的前車之鑑下，我們也知道，人無法在失業狀態中苦苦掙扎太久。

可以確定的是，失業絕非理想狀態，即使我們不得已暫時失業，最好也別在裡頭徘徊太久。俗話說：「有工作就比較容易找到工作」這句話太有道理了！有些人即使因為失業感到沮喪，但最終還是會認為他們是因禍得福，因而有機會轉換職業，或在同個行業中找到更適合的工作。那麼，有哪些因素能幫助人們順利再就業？關鍵在於，在你的社會支持網絡中，有沒有人可以提供你情感支持和實質幫助，這些人可以幫助你找到新工作，提供你職業探索和規畫上的建議。毫無疑問的，擁有愈多經濟和人際方面資源的人愈容易度過失業期。然而，對於工作性質屬於最容易遭遇技術性失業的工作者來說，又該怎麼辦呢？

當職涯結束時

「結束」這個詞彙其實具有雙重意涵。當我們說「工作結束」時，通常並非意味著生活也結束；相反的，我們總是希望工作結束時，真正的生活才要開始。在傳統的工作世界觀裡，工作不過是日復一日的無意義勞動，就像是神話中的薛西弗斯，每天做的事就是把巨石推上山坡，卻永遠無法完成任務。哲學家理查・泰勒（Richard Taylor）將這種狀態形容為「永無止盡的無意義」（endless pointlessness）。

從哲學家聖奧古斯丁（St. Augustine）到法蘭茲・卡夫卡（Franz Kafka），許多哲學家都提出「死亡賦予生命意義」的觀點，無論他們是像奧古斯丁一樣相信有來世，還是像卡夫卡一樣不相信有來世。同樣的道理，當一個人的職業生涯結束時，也能賦予生命意義。麥慶誼記得最近一次去中國時，看見公園裡滿是被政府強制提前退休的人。中國政府規定大多數工人必須在五十多歲退休（這個政策意味著，超過三十五歲的求職者就會被企業認為年紀太大，不值得聘用）。在公園裡，有人在打麻將，有人吹著笛子，為唱戲的朋友伴奏，但更多人卻只是漫無目的的四處閒逛，不知道退休後自己該做些什麼。

這讓麥慶誼想起同行的繼父，他在同一家律師事務所工作四十年退休後，曾在睡夢中反覆出現這樣的夢境：

在某些夢裡，事務所搬家了，我在市中心四處徘徊，試圖找到它。有時，我在不同的建築物裡找到它，但我忘記樓層。有時，我知道樓層，但電梯到那一層樓卻沒停下來……有時我已經進到事務所，卻找不到我的辦公室。在某些夢裡，我沒有辦公室，只在開放區域有張辦公桌。有時我怎麼走都走不到我的位子，有時我可以進入我的辦公室或和別人共用的辦公室，有時我進到陌生的新辦公室。可是我對環境很陌生，或是發現事務所裡幾乎沒有認識的人……等到終於不再做這種夢時，我就知道我已經完全適應退休生活。不過，那是三、四年後的事了！

這樣的夢境，對曾經失去一個地方、一個人、甚至一份工作的人來說，可能並不陌生，因為那些事物曾經是賦予他們歸屬感和身分認同不可或缺的元素，甚至在回顧過去時，也給予他們生命意義和人生價值。設想當你退休後，在被人問到「你是做什麼的？」這個無處不在的問題時，你會如何回答？如果你不再從事過去的工作，在你重新建立一個在工作之外、足以讓自己具有價值的身分前，你又將如何看待自己是個什麼樣的人？

工作新視界

我們對羅伯特·蓋斯特（Robert Guest）的採訪，從一開始就與本書中其他採訪很不一樣。Zoom 視訊會議的畫面一打開，蓋斯特正坐在他（停著）的本田休旅車裡。蓋斯特特地買這輛車，打算放在共享汽車平台 Turo 上出租，這個平台就像汽車界的 Airbnb 一樣，只是出租的不是房子，而是車子。蓋斯特出租汽車的點子是源自於社群媒體，當時，他在 TikTok 搜尋和他一樣想賺取被動收入、輕鬆賺錢的人的影片，試圖尋找靈感。這輛本田休旅車在 Turo 上很受歡迎，因此經常處在被租用的狀態，所以蓋斯特自己很少使用它。不過這對他並不會造成什麼影響，因為基本上他並不需要開車去任何地方。

蓋斯特目前住在一輛改裝過的巴士上，巴士的改裝已經接近完成；在我們訪談前不久，他剛在車後加裝小陽台。他的花費很少，主要是花在汽油錢，因為他可以將巴士充電插頭插到發電機或朋友家的電源。他目前有一份街道清掃的兼職工作，他很喜歡這份工作，因為它有兩大優點：離他停巴士的地方很近，騎自行車就可抵達，而且每晚只需要工作四小時。

蓋斯特說自己是夜貓子，對他來說，理想的一天就是看完日出後爬上床睡覺。他說自己不適合朝九晚五的傳統工作，而且對這樣的工作也完全沒有興趣。他剛滿四十歲，沒有妻小家人，認為世界上最重要的事是冒險、體驗新奇事物和不斷的學習。蓋斯特計畫在巴士改裝完成後，要開著它沿泛美公路從南卡羅來納州查爾斯頓（Charleston）一路開到哥斯大黎加，去找住在太平洋海岸的朋友們。這些朋友經營戶外運動公司，出租懸掛式滑翔機給喜歡冒險的遊客。蓋斯特並不打算加入他們，相反的，他計畫靠遠端管理 Turo 租車收入維生，並委託外包公司處理車子清潔和交車服務，加上他曾在服役期間多次前往阿富汗支援，可以領取軍方的撫卹金，維持生計應該不成問題。他正在考慮再多買一輛車，以便能夠賺更多的錢。

採訪過程中，我們發現蓋斯特的故事不僅能充分展現現代生活中，人們大量使用手機應用程式的新時代生活方式，卻同時呈現一種有如往日舊時代的生活方式。他應該會和《浮生若夢》中的范德霍夫爺爺處得很好，嗯，如果爺爺和他的家族也住在一輛小小的巴士裡的話。儘管社群媒體對居住在巴士上的生活讚不絕口，但蓋斯特並沒有像許多同儕一樣，勤於拍攝他的巴士翻新工程供大眾觀賞，他似乎對自我宣傳毫無興趣，對於自己會在本書中被提及也同樣漠不關心。然而，他對工作與生活的想法，卻能完全象徵二十一世紀的新生活方式，特別是千禧世紀以來最具代表性的工作模式變革，也就是所謂的「零工」（gig work）趨勢。

美國民調機構兼智庫皮尤研究中心（Pew Research Center）

在二〇二一年對零工經濟工作者進行一項調查，發現一六％的勞動人口在過去一年中曾在網路平台上賺錢，其中年輕人（十八歲至二十九歲）、非白人（三成西班牙裔成年人）、收入較低者的參與程度更高。大多數人將零工當成副業，而非全職工作，主要是為了賺外快，不過「成為自己的老闆」與「自由安排時間」也名列前幾大動機。當然，有不少人認為，零工經濟表面上看似為勞工創造自由，實際上卻讓他們對營運媒合平台的企業更加依賴。這也是為什麼對於 Uber 等共享汽車公司的司機到底是承包商、還是員工的爭議，至今仍爭論不休。皮尤研究中心的調查顯示，大多數零工工作者認為自己在薪資和工作分配上受到雇主的公平對待，但在福利方面，大約有半數的人認為自己並未得到公平的待遇。此外，一些常見的抱怨還包括：對工作缺乏安全感、受到騷擾或粗暴對待等，這些問題尤其在非白人的年輕打工者中更為普遍。大多數的零工工作者缺乏社會安全網的支持，也沒有累積足夠的積蓄，一旦發生重大事件往往求助無門。

在皮尤研究中心的調查報告中指出，大多數零工工作者每週花在零工平台的工作時間不到十小時，這還是在把等待指派工作的時間也計算在內的情況下；他們在等待時無法做其他事，因此這段時間等於是無薪工作。儘管如此，他們仍然願意從事這種型態的工作，認為這樣的計算方式是合理的，否則就不會繼續堅持下去。根據推測，這種計算應屬合理，否則他們也不會持續做下去。亞馬遜網站的土耳其機器人（Mechanical Turk，簡稱 Mturk）平台將這種以時間換金錢的計算方式推向極致：人們可以在完成「微型任務」（microtasks）中按分鐘獲得報酬，許多任務的完成只需花費幾分鐘，雖然報酬很少，但累積起來相當可觀。我們在進行學術研究時也使用過這個平台招募參與者，順帶說明一下，「土耳其機器人」一詞是來自十八世紀末，由奧地利宮廷所製造、穿著土耳其服飾的下棋機器人，它曾與富蘭克林和拿破崙等名人對弈。像 Uber、MTurk 和 Taskrabbit 等零工媒合平台，使得我們醒著的每一分鐘（甚至是每一秒鐘）都可能被用來賺錢。然而，為此放棄生活中寶貴的休閒時間，真的值得嗎？

蓋斯特認為答案是否定的。在訪談過程中，他拋出許多發人深省的問題，想知道和我們真心想做的事情相比，工作的價值究竟有多高。對他來說，或許是從小就渴望旅行、冒險和接觸新奇事物，使他並不看重傳統工作世界所提供的穩定性和安全感。蓋斯特在高中畢業紀念冊上的感言是：「我想與獅子搏鬥到死。」他聽說最近哥斯大黎加的海盜活動日益猖獗，一想到能有機會被海盜綁架，他興奮得幾乎要跳起來。

蓋斯特告訴我們，他看到身邊有許多人為了滿足自己的消費，必須支付愈來愈多的帳單，造成的結果是日以繼夜、永無止盡的工作。他認為像房子和 iPhone 這些象徵身分地位的身外之物，只是讓人們驕傲自大的來源，同時也是人們感到壓力的深層來源，而他認為承受這些壓力根本不值得。他感嘆的表示，為了逃離這個他厭惡的體制，他得比別人付出更多努力：

> 其實，人們並不是無法逃離這個體制，而是他們根本不願意付出努力去擺脫它，所以他們選擇待在裡頭，漸漸變得安於現狀，這樣就心滿意足了。大多數人都需要選擇一種方式來過生活，他們會說，這種生活方式比較安穩舒適。但接下來會發生的事，想必你們也都知道，時光飛逝，轉眼你已經七十歲，一輩子也就只能這樣了。到那時，你不再期待任何事情，只能回顧過去擁有的一切。我不想那樣的生活。我希望不斷體驗新事物，直到生命最後一刻。

蓋斯特在軍隊服役時的遭遇，充滿你所能想像的各種精采冒險：他曾喬裝成阿富汗人，潛入敵方陣營，會見當地軍閥，以及來自北約和聯合國的高層官員，並親眼目睹阿富汗的全國大選。退伍之後，儘管他一直夢想著要回阿富汗幫助當地人民，但在現實中卻選擇一條截然不同的路，不過他的工作和生活基調仍然充滿冒險精神與勇氣。對蓋斯特來說，這不僅僅是個人選擇，更具有道德上的必要性：「人們總是渴望平順、安全和有保障的生活，但是當生活太過安逸、缺乏磨練時，我們內在的某些本質就會漸漸變得麻木。」

以蓋斯特的角度看，儘管工作能帶來生活的穩定和安全感，閒暇時光則應該充滿勇氣和冒險。對此，亞里斯多德有不同的看法。他認為，理想社會的目標是創造一個能讓人們擺脫生存需求的束縛，從而讓我們能投入一個人真正必須做的「工作」，也就是透過音樂、閱讀、寫作、繪畫與藝術欣賞等，來發展個人的美德（virtues），讓這些活動成為有價值的追求，而不僅僅是消遣。不幸的是，亞里斯多德並不是生活在機器人的時代，在現實生活中，總要有人承擔那些苦差事，因此知識分子通常會雇用奴隸來完成這些工作。

正如席拉在《工作，承諾與背叛》中提到的，馬林塔爾的失業村民無法享受所謂的「閒暇」，是因為即便沒有工作的束縛，他們的生活依然受限於自身看待工作與生活的眼光，並未獲得真正的自由。同樣的，當零工經濟號稱能讓工作者比傳統工作者更自由時，事實卻往往相反：這些工作者終將變得更依賴他人，甚至受到更大的控制。對技術性失業的工作者來說，可能也會遭遇類似的命運。這些發現讓我們不由得深思，人工智慧真的能解放我們，讓我們自由的過著自己選擇的生活？還是會讓我們變得比以往更加依賴別人，無法真正享受這份「新得來的閒暇」？

在沒有工作的世界裡，我們該做什麼或能做什麼？

迷戀未來是種奇怪的感覺。未來總是如此近，卻又那麼遠，彷彿就在我們面前，卻又無法事先預知。因此，雖然想到「未來」會讓人感到樂觀和希望，但同時也不由得讓人感到恐懼和害怕。對於企業創辦人兼執行長們來說，他們早已習慣控制周遭世界的一切，或至少嘗試控制周遭的世界，然而在未來世界變得如此吸引人的同時，他們卻可能沒有意識到，情況已經超出他們的控制範圍。我們在霍華．休斯（Howard Hughes）和賈伯斯等現代企業家的前瞻性思維中，以及馬斯克、理查．布蘭森（Richard Branson）和貝佐斯之間的太空競賽中，彷彿看到與華德．迪士尼對於未來世界的憧憬與執著。批評者當然有理由質疑：當地球上還有這麼多有待解決的問題時，為什麼還要花這麼多時間、金錢和精力去嘗試登月或探索火星？「登月計畫」（Moon shots）聽起來確實充滿雄心壯志，所以企業界已經懂得善用這個術語，用來泛指公司展望未來所訂下極具野心的專案或目標名稱。企業會先確定想達成的最終願景為何，再逆向推演與規畫，制定達成目標的策略，不再走「立足現在，循序前進」的老路。我們或許也能將它類比個人的職業生涯：如果你以未來為起點，甚至是以退休（不管它發生在什麼時候）為考量，逆向規畫自己的職涯，那會是什麼樣子？如果你按照自己的理想設計個人職涯，你理想中的未來又會是什麼樣子？這種理解對你現在的職涯選擇，又意味著什麼？

當然，在我們嘗試制定計畫時，宇宙通常會以大笑做為回應。迄今為止，二十一世紀對全球經濟和個人工作造成最大的破壞，並不是有智慧的人工智能或其他橫行霸道的創新科技，而是一種毫不起眼、卻讓全世界陷入停頓的微小病毒。就像過度自信的聊天機器人一樣，未來預言家以最肯定的態度指出的事，往往錯得最離譜。

儘管如此，認真思考未來的世界會是什麼樣子，特別是我們選擇做哪些工作、讓機器代勞哪些工作，對於當前的世界來說還是很有用且重要的事。事實上，在目前的工作世界裡，不管是出於自己的選擇或是不得不然，我們都已經忙得不可開交，正因為工作如此忙碌，以至於當我們有一天不用工作時，一時之間可能還真的不知道自己該做些什麼。如果邀請主張「人要在閒暇中發展美德」的亞里斯多德來評論，他一定會說，人類忙於工作的狀態是一種存在的危機。我們大多數人可能已經忘記該如何享受閒暇、如何放鬆、如何選擇我們想做的事情。尤其是對那些選擇辭職、在家照顧家人的人，或是把自己的興趣當作工作並賴以維生的人來說，在時時刻刻無法充分放鬆的情況下，學會享受閒暇時光更是難上加難。儘管如此，忘記如何充分利用閒暇時光，並不意味著我們不能再度記起（希望如此）。

為了完全按照自己想要的方式享受閒暇時光，我們必須擺脫生存的束縛，而這同時需要建立在安全、保障、教育與和平等前提條件上。或許未來，建立一套全民基本收入制度，可以確保人們的基本需求得以滿足；同時也需要意識到，工作並不總是人類的基本需求。此外，我們還需要重置大腦中的固有觀念，試著擺脫對智慧型手機的過度依賴，以及謹慎看待手機對我們的注意力、認知能力與可支配收入上的消耗。在某種程度上，將閒暇時光視為一種享受，而不是將失業視為一種絕望，會讓我們不必獨自承擔所有壓力；事實上這原本就不僅是個人責任，而是整個社會的課題，需要政府的介入與政策調控。在美麗的明天即將到來之際，如果我們不能攜手解決這些問題，最後可能會付出慘痛的代價。

改變總是艱難的，即使我們早就清楚變化無可避免，每當變化來臨時還是會深感震撼，從全球性疫情、社會動盪到氣候暖化，我們總覺得自己彷彿受到一波波混亂浪潮所打擊，這讓我們害怕變化，不管這些變化能不能幫助我們。但也有許多人告訴我們，當我們面對變化，在與過去不同的環境中學習、成長，最能感受到生命活力。在人類工作剛誕生的時代，無論繁衍生命、種植作物或建造住所，基本上就是在促成改變；在現今瞬息萬變的新工作時代，無論我們迎來的是機器人、失業或退休，同樣需要持續改變，促使我們不斷成長、延展和重塑自己。無論我們覺得變化是好還是壞，這都是一個絕佳的機會，讓我們更貼近採集狩獵時代的祖先，勇敢迎向更加大膽創新、前所未見的明天。

第九章

你的工作會為世界留下什麼？

「我並不是覺得自己被寫進書裡沒什麼好興奮的。我覺得這還挺酷、挺特別的，但我並沒有要在死後，為這世界留下什麼想法。」

——羅伯特・蓋斯特，退伍軍人兼掃街工

預言與傳承

在查德・索科洛夫斯基（Chad Sokolovsky）的第一本詩集《預言機械師》（*Prophecy Mechanic*）中，收錄一系列關於童年的詩作。這些詩可能會讓許多人感到共鳴，喚起青春時期對異性產生憧憬時的回憶：

> 女孩們是一朵朵絢爛炸開的蕈狀雲
> 朝我們胸前凹陷的淺淺戰壕席捲而來

這些詩也可能會讓讀者想起自己披著「餐巾斗篷」奔跑的快樂童年。但在讀他的詩作時，你可能不會意識到，這位用祖父自俄羅斯移民美國後簡化的姓氏發表作品、平時自稱索科爾（Sokol）的人，其實是在「一個末世信仰的邪教團體」中長大。索科洛夫斯基高中畢業後，已被預言：十八歲被升任為牧師。他知道自己會像從小看到的長輩那樣從事勞力工作，終其一生過著貧窮的生活；畢竟世界末日即將降臨，建立職業生涯毫無意義。他在加州莫德斯托（Modesto）室溫高達攝氏三十八度的倉庫裡，以每小時不到五美元的代價操作鑽床，負責製造採收番茄時使用的木頭棧板。

在他青年時期的自傳體詩作中，預示著詩人未來人生的變化。他在詩中表達對自己「誕生於一片平坦大地」的懷疑，也自嘲自己為「一則失敗的預言」。十八歲時，他的母親「最後一次」為他剪髮：

當我終於明白她不會變好
或者我們再也無法回到那些親近的午後
當我向她承認我不相信上帝
而她假裝沒有聽見的時候

之後他依然按照被安排好的人生繼續過了兩年，除了每週日佈道、挨家挨戶傳教，還結婚生子。十九歲時，他在好市多（Costco）工作，負責將停車場裡的購物車拉回賣場，這份工作時薪九美元，並享有醫療保險福利。對此，他回憶道：「喔，天啊！我的人生別無所求了。除了繼續做這份工作，當時我真的想不到還能有什麼更好的目標。」

直到之後的兩段經歷，才正式打開他的眼界。第一段經歷是就讀社區大學。索科洛夫斯基從小就被灌輸不要接受外部教育，但當他看到父親和教會裡長輩們已經年齡漸長，卻仍須勉強做著勞力工作時，他開始思考：與其做一輩子勞工，也許當個教師會更有保障。他說：「一堂西方文明課挑戰我從小到大所知道有關歷史和年代學的一切。在第一學期結束前，我的內心開始動搖，那是我第一次真正徹底質疑自己的信仰。沒多久，我就離開那個宗教。從那時起，一切都逐漸步入正軌。」他離婚並爭取到女兒的監護權，父女倆搬離他們住了一輩子的社區。他與父母疏離，因為他相信：

> 我不需要牧師或僧侶
> 就能從孩子們的臉上見到神性
> 他們正夢想在更遼闊的世界中玩耍

第二段經歷則是在好事多工作。他持續在那裡工作，直到完成大學學業並維持女兒的醫療保險資格。在等待申請法學院的結果通知時，他獲得好事多區域採購辦公室的工作機會，這讓他開始相信，自己能夠在這份工作中繼續發展，得到他成長過程中從未有過的經濟保障。於是他決定放棄法學院，慢慢從助理採購員晉升為採購員，並持續往上晉升。他回憶道：

> 時間快轉到二十年後，在完成大學學業後，我在好市多擔任食品採購員，負責罐裝番茄專案。有天我們去拜訪加州佛雷斯諾（Fresno）的罐頭工廠，並參觀正在採收中的羅馬番茄田。我坐在一輛收割機頂部……當我們到達第一道犁溝盡頭時，我看到成堆的空番茄棧板……就是我之前每天製作的那棧板。剎那間，我感到一種存在主義式的衝擊！我彷彿又回到原點，只是身分變成負責數百萬美元採購計畫的採購員。那是我一生中的重要時刻，我當時想著：過去二十年裡，我在經濟上始終是勉強度日，直到最近幾年搬到華盛頓州並獲得升遷後，才稍稍開始好轉，但在人生和職涯的各個階段中，我從未感到不快樂。當我在操作鑽床時，從來沒有設定過明確的目標，從來沒有想到有天會走到這一步，更從來不知道自己的職業生涯還有其他選擇。

五年前，索科洛夫斯基和他的第二任妻子、繼子（他的女兒已經成家）搬到西雅圖，擔任好市多的高階主管職位。他經過數次申請，才得到同事口中「公司最棒的職位」，成為負責葡萄酒與烈酒採購的副總裁。這份工作為他帶來許多有趣的品酒差旅，但同時也帶來巨大的工作壓力，每週工作超過五十小時，還要隨時接收執行長和財務長傳來的簡訊，用他的話來說就是「幾乎二十四小時都處於待命狀態」。這對從前的他或教會裡的長輩來說，不僅是難以想像的工作，更是對傳統生活方式的褻瀆；但對現在的他來說，卻是自己主動爭取而來的生活方式，而不是被動承接的結果，所以對於這樣的生活，他感到幸福與美好。

很少有人知道，在每個工作日清晨，索科洛夫斯基都在五點起床，六點會到剛開門的咖啡店寫詩，七點準時抵達辦公室。談到寫詩的原因，他說：「當我為職涯付出一五〇％的努力……生活完全被工作所占據……我的靈魂將一點一滴消逝。」他的詩集曾多次獲獎，他還參與全國性詩作朗誦比賽，有時還會上台演奏音樂。在接受我們的訪談時，他的新書已經將近完成。

在他的詩集《預言機械師》中，收錄的最後一首詩是〈想像中的傳承〉（An Imaginary Legacy），內容在嘲諷人們往往高估自己對後世的影響：

我將成為一國之君
堆積如山的法令，等著我一絲不苟的簽名
黑色的轎車隊伍，像螞蟻般緩慢前進
他們會在我演說的河邊
堆滿鬱金香和百合
而我會像零錢
在鐵道旁從孩子的口袋散落
我那銅鑄的臉孔
在鐵軌上被壓得扁平

「預言」是對未來的預測，通常涉及尚未發生的事；「傳承」則是回顧此生已經發生的事件與行為，並評估它們會為後世帶來的持久性影響。索科洛夫斯基的故事顯示，規畫傳承可能不比預言來得容易，就像哲學家索倫·齊克果（Søren Kierkegaard）在日記中發出的感嘆：「生命只能從回顧中領悟，但必須在前瞻中展開。」正如音樂劇《漢密爾頓》的最後一首歌曲所述，我們留給後世的，並不總是那個如願寫下的幸福結局，最終取決於「誰在講述你的故事」。

對於自己的故事，索科洛夫斯基更傾向於一步步務實開展，而不是預言計畫未來：「我的同事都擁有非常明確的目標，他們總是努力朝著目標前進。反觀我自己，我覺得自己總是偶然遇到一些事物……音樂、詩和其他我喜歡的事物，這些事物之間看似沒有關聯性，但將它們融合在一起時，就會形成一個完整的整體……每一部分都對另一部分有幫助。我也曾經試著後退一步，端詳過去的發展軌跡，但我真的不知道自己是如何走到今天這個位置，因為我從來不曾計畫過這一切。」

未經省察的工作不值得做

根據哲學家諾齊克的觀察，在蘇格拉底、聖女貞德等著名人物的故事中，他們的死亡是其生命傳承不可或缺的一部分。蘇格拉底曾說「未經省察的人生不值得過」，但我們可以合理相信，他也會同意「未經省察的工作不值得做」。面對任誰來看都不合理（甚至包括為他定罪的那些人）的死刑判決，這位西方哲學之父拒絕逃離。在雅克－路易斯．大衛（Jacque-Louis David）的知名畫作中，身材健壯的蘇格拉底被一群悲痛的學生所圍繞，他用現在所謂的「蘇格拉底反詰法」，向學生說明為何「抗拒判決」比「判決本身」更不公正，並從多方面論證靈魂是不朽的。年僅十七歲的聖女貞德被派往奧爾良（Orléans）支援遭到圍困的法軍，她自稱受到天啟，並高舉愛國旗幟，不僅成功讓英國人退兵，最終還促成查理七世的加冕。僅僅兩年後，她因友軍背叛而被俘，英國人指控她女扮男裝是褻瀆神靈，主張的宗教幻象是異端邪說，將她燒死在火刑柱上。後來她被羅馬天主教會封為聖人，並被視為法國殉道者與守護者。諾齊克寫道：「死亡並非總是標誌著一個人生命的終結，有時它是生命的一部分，以某種重要的方式延續其生命故事。」正如小說家村上春樹在《挪威的森林》（*Norwegian Wood*）中觀察到的：「死亡的存在，不是生命的對立面，而是生命的一部分。」

為什麼會有這麼多傳承的故事同時也牽涉到死亡？我們關心先人留下的傳承，原因之一就是想克服對於死亡的自然恐懼。心理學家兼哲學家威廉・詹姆斯將「不朽」稱為人類「最大的精神需求之一」。人類在動物中是獨一無二的，除了必須繼續生存，同時也會不斷意識到自己總有一天會死。根據「恐懼管理理論」（terror management theory，簡稱TMT），人類發展出許多應對機制，來緩解為世界所遺忘的演化憂慮：有些人透過繁衍子嗣來延續生命；另一些人則轉向信仰，尤其是承諾來世不朽的宗教；也有些人像我們一樣，試圖將自己與某個超越時間與空間的事業結合在一起，例如撰寫一本偉大的書籍，或是創造一件不朽的藝術創作。這些應對機制不是我們從事這些行為的唯一原因，它們彼此之間也並不互斥。

在工作方面，這些機制或許可以解釋為何家族企業希望將所有權和組織價值代代相傳，也說明為何宗教機構經常成為遺產的捐贈對象，以及為何有些大筆遺產的捐贈者會想要在建築物或固定裝置上留名。這些機制或許也能解釋為何近年來流行撰寫提供員工認同並引以為傲的企業願景。它們似乎還暗示著所謂「畢生工作」（life's work）的重要性，這甚至可能與本書的存在，以及我們希望它不會是我們寫作的最後一本書有關。對「為後世留下什麼」的擔憂，並不一定是出於對個人傳承的自私迷戀。事實上，《紐約時報》「悲傷的肖像」專欄，就是想描寫那些本來能夠創造個人傳承，卻因為驟然離世而失去傳承機會的罹難者故事。

杜克大學研究員金柏莉·韋德－本佐尼（Kim Wade-Benzoni）在九一一事件發生時在紐約大學工作。她指出，在這個事件發生後，出現大家預料之中的「嬰兒潮」，原因可能是因為人們暫時將家庭生活的優先順序排在工作之上。她的研究發現，當人們在實驗場域或生活中受到事件引導，而開始考慮一般或者高度的死亡風險時，就會出現兩種不同的反應：「死亡焦慮」（Death anxiety）是一種對死亡意識的情緒反應，可能導致恐慌和害怕；而「死亡反思」（Death reflection）則是對死亡意識的認知反應，會引導我們以更宏觀的角度看待生命，並思考它的意義。她與格蘭特在探討「工作中的死亡意識」論文中發現，死亡焦慮可能會導致遲到、缺席和其他損害工作表現的行為；死亡反思則會促進利他的社會性行為，例如指導他人、為服務他人而轉換工作，甚至從事或捐款支持造福後代的工作。

我們可以直接造福後代的方式之一，就是透過工作來改善社會、保護環境、創造就業機會。一些抱持結果論觀點的哲學家認為，這一代的人們必須尊重未來世代所擁有的期待權利，就像是美國原住民傳統思維中，做決策時應考量是否能惠及此後七個世代的「第七代原則」一樣，敦促我們提前衡量今天所做出的決定，將會如何影響後代人的福祉。但對一般人來說，造福下一代最常見的方式，或許是透過工作為自身子女帶來福祉。有許多書籍都在討論工作與家庭的平衡，幾乎每一本書都承認：個人的職涯發展確實有可能犧牲與孩子、其他家人相處的時間。事實上，照顧家庭不僅會妨礙你的專業表現，甚至會影響你選擇的工作時間和獲得的薪資。

如果你選擇成為一個在外工作養家的父母，那麼在你留給世界的貢獻中，最有價值的莫過於你的孩子。當你被迫在職涯承諾與家庭承諾之間做出取捨時，也許可以換個角度思考，不要將家庭視為減損個人貢獻的干擾，而是將其視為個人貢獻的一部分。也就是說，你今天所做的選擇，無論是做什麼工作、何時做、做多久、為了什麼而做，將影響你的孩子未來在職涯上的選擇。此外，你所留下的世界，將決定他們還有哪些工作仍需完成。請想想，**你現在所樹立的工作榜樣，在下一代選擇有價值的工作時，將會產生什麼樣的正面影響？你現在做的工作，如何讓下一代（無論當他們還是孩子時，或是未來進入職場後）擁有更好的生活？**

你將如何衡量你的人生？

無論從哪個角度來看，克雷頓．克里斯汀生（Clayton Christensen）都是成功的專業人士。他在取得哈佛商學院企業管理碩士學位後，曾擔任管理顧問，不久後成為一間公司的執行長。後來他回到哈佛大學攻讀博士學位，畢業後留校任教，教授一門名為「建立和維持成功的企業」的策略課程。他於一九九七年出版《創新的兩難》（*The Innovator's Dilemma*），在這本被《經濟學人》名列「史上最重要的六本商業書籍」書中，提出他的「破壞式創新」（disruptive innovation）理論，探討足以創造新市場或顛覆既有秩序的變革性發明。二〇一一年，他在一項針對企業領袖的調查中，被評為全球最具影響力的商業思想家。

二〇一〇年，克里斯汀生的成功故事在被診斷出癌症及隨後的中風而中斷。他是一名虔誠的耶穌基督後期聖徒教會信徒，當他還在努力重新學習如何再次開口說話時，就與人合著一本新書，也就是於二〇一二年出版的《你要如何衡量你的人生？》（*How Will You Measure Your Life?*），這本書將他的策略課程內容應用於人生之中，特別是他在每學期最後一堂課提出的建議，鼓勵學生實現三個目標：在職業生涯中找到快樂、在人際關係中找到幸福，以及遠離牢獄之災。《創新的兩難》堪稱是克里斯汀生在專業領域的代表性遺產；而《你要如何衡量你的人生？》則體現出他身為教師的傳承，因為這本書揭示出如何將規畫和衡量商業成功的方法，運用於規畫和衡量人生的成功。

對於第一個目標，克里斯汀生運用激勵理論，說明金錢和其他物質回報都只能帶來有限的滿足，真正讓我們在工作中感到快樂的，是工作的意義。面對第二個目標，他認為正如我們需要運用同理心來了解客戶問題，我們同樣需要考慮什麼對他人而言是重要的，而不是只想著什麼對自己重要。至於第三個目標，他向讀者發出警告：「『只做這一次』的邊際成本看似微不足道，但付出的總成本卻往往遠高於預期。」看來他的一些老同學，顯然都忽略「邊際思維的陷阱」，例如名譽掃地的安隆公司執行長傑佛瑞．史基林（Jeffrey Skilling）等。

然而，如果我們相信能夠用規畫和衡量商業成功，來規畫和衡量人生的成功，也可能落入另一個陷阱：將時間視為一種「資源」，將人際關係視為一種「投資」，將生命視為一種可以「衡量」之物。這是現代職場文化中常見的思考方式，人們不斷記錄資產和負債來累積成功的資本，並運用成本效益分析做決策，認為能夠帶來最大淨收益的選項，就是最好的選項。

這種「功利思維陷阱」至少存在兩個常見問題：第一個問題是，它要求我們用同一種標準來衡量一切事物。然而價值具有多元性，所以並非所有的價值形式，都可以用金錢或其他量化指標來衡量。正如哲學家納思邦所指出的，這種有價值事物之間的不可共量性（incommensurability），或許可以解釋為什麼人們有時願意領取比過去更低的薪水，去做一份自己真正熱愛的工作。

這正是尼爾·希爾（Neil Hill）放棄相對優渥的餐廳管理職位，轉而去做青少年網球教練的原因之一，即使新工作經常一週七天都不能休息，他也甘之如飴。尼爾從他父親悲慘的經歷中學到教訓，他的父親曾是小聯盟棒球選手，在短暫體驗職業自由滋味後，就因傷被迫退役回到家鄉，和兄弟一起在環境惡劣的賓州鋼鐵廠當電工，深陷酗酒和憂鬱症的深淵。彷彿為了進一步強調「有些事情是無法用金錢衡量的」，希爾的父親去世後，保險公司在衡量其生命價值後，給予遺族一筆人壽保險理賠金。這筆錢讓希爾一家人獲得前所未有的經濟保障，使尼爾兄弟能夠進入更好的學校就讀，脫離進鋼鐵廠工作的命運。父親的工作可能間接導致父親的死亡，儘管沒人認為值得為死亡撫卹金付出寶貴生命，但家人們確實因此得到更好的發展機會。

另一個問題在於，效益至上的思維方式會讓我們無法確切的規畫和預測未來。以第二章提到的埃內亞為例，她厭倦「一再重複」的法律工作，因而投入政治選舉，但得票數在二十二位候選人中只位居第九。選舉失利後，她開始對未來感到迷茫，不知道下一步該何去何從。偶然間，她讀到一篇關於器官捐贈的文章，並決定將一顆腎臟捐給一位陌生人：「這是一件純粹的好事，而且一定會成功。」後來，她開始修讀醫學預科課程，踏上一條艱難的道路，最終在五十七歲時獲得醫學學位。有些人會認為，她人生的價值已經快要蓋棺論定，即使她的早期職業生涯沒有太大建樹，但在捐贈腎臟後，應該已經使天平往正向傾斜，甚至可以說，她的器官成為留在那位重獲新生者身上的有形遺產。然而，如果接受移植者出現排斥反應呢？她的捐贈會因而變得不那麼有價值嗎？

金融市場通常以量化指標衡量執行長的表現，因此企業高層大多會受限於這種功利思維。在普華永道針對全球執行長的調查進行到十週年的時候，負責該專案的團隊（包括麥慶誼）邀請執行長們闡述自己希望為世界留下怎樣的永恆性遺產。即便問題如此明確，仍有三分之一的受訪者將市場表現列為優先考量（像是「長期財務成功」、「獲得市場優勢」、「捍衛現有地位」等），這讓我們不禁想問：如果日後基於一些無法控制的因素導致公司業績表現不佳，這會對他們帶來什麼影響？是否意味著他們對於世界毫無貢獻？

坦白說，我們都不認識克里斯汀生（我們當然聽說過這位大師，而且身邊和他有過交集的人都對他讚譽有佳），但我們認為他將書名取為「你要如何衡量你的人生？」而不是「如何衡量你的人生」，是很有說服力的，因為前者不同於後者，它鼓勵我們反思自己人生的價值，而不是承諾人生是可以衡量的。克里斯汀生在書中結尾時審視目的的重要性，並反思自己的成就。但他當時可能並不知道，自己早年提出的理論，會在「P 世代」企業領袖主導的「目的經濟」中大受歡迎；他可能也無法想像，對於今日年輕且富裕的工作者來說，會在精神上更認同工作，而非傳統宗教；他更不可能預知，自己會在百年來最具破壞性的大流行病爆發前夕，因白血病併發症辭世。

諷刺的是，克里斯汀生在書中討論的是「你要如何衡量你的人生？」，但在反思自己的人生後，他意識到自己無法規畫何時會「接受上帝的面試」，並發現人生的價值無法用量化方式來衡量，他說：「上帝與我們不同，祂無須使用統計學家或會計師的工具」，並總結道：「我們之中有許多人習慣用統計報表衡量自己的人生，比如領導過多大的企業、得過多少獎項、帳戶裡累積多少財富等等。但對我來說，唯一重要的衡量標準，是自己在這一生中能夠幫助多少人，一個接著一個的，幫助他們成為更好的人。」

工作與死亡

俄羅斯語言和文學教授蓋瑞・楊恩（Gary Jahn）擔任麥慶誼的博士論文口試委員時，正要啟動職業生涯最後一項重要研究計畫：對托爾斯泰的短篇小說《伊凡・伊里奇之死》（*The Death of Ivan Ilych*）進行完整注釋。他認為這部小說已經達到完美的藝術境界，卻始終並未獲得應有重視，畢竟，誰會想讀一本書名如此沉重的書呢？書中透過一個生命步入尾聲卻仍然全心投入自身職涯的故事，深度探索我們是否應該透過工作，追求自己留給世界的傳承。簡單來說，就是一個十分老套的問題：「會有人在臨終時，希望自己過去花更多時間在工作上嗎？」

當然，這是一個悲傷且發人深省的故事。但儘管涉及沉重的死亡議題，內容依然優美有趣，所以楊恩才會將二十年職業生涯，奉獻給一篇只有兩萬多字的小說。楊恩的職業生涯，既是美俄關係變化的縮影，也證明我們無法控制的環境因素，將如何影響我們一生的工作與貢獻。古巴飛彈危機期間，他在大學主修俄語；在他取得碩士學位那年，蘇聯入侵捷克斯洛伐克，導致東歐局勢動盪；一九七二年，他取得俄羅斯文學博士學位，當年美蘇兩大強權在莫斯科舉行高峰會，勉強達成脆弱的和平協議。他在明尼蘇達大學任教時，美國政府大力支持成立與俄羅斯相關的科系，以培養熟悉敵國語言文化的人才；但隨著蘇聯解體與冷戰的終結，政府對俄羅斯歷史文化的興趣急劇下降，該領域學術職缺只剩原來的十分之一。

有一次，楊恩在他的研究室和麥慶誼對談，當時托爾斯泰的半身像就靜靜擺在一旁。楊恩告訴麥慶誼，完成對這部小說的研究後，他的學術生涯也將告一段落。他認為，托爾斯泰的影響是如此深遠，以至於關於這位偉大作家的研究已經沒什麼可以補充。麥慶誼卻誤將這番話視為一個挑戰，隨後發表三篇論文，從商業倫理（而非文學）的角度探討我們可以從托爾斯泰身上學到什麼。其中一篇題名為「工作與最可怕的人生」，雖然看起來有些奇怪，但你很快就會明白其中的含意。

楊恩編輯的注釋版《伊凡．伊里奇之死》對細節非常講究，光是到第一頁第十行，就已經出現七個腳注，其中包含一則俄羅斯典型訃聞形式的連結，幫助讀者了解托爾斯泰為何說伊凡「被黑色邊框所包圍」。在書中，當同事們看到伊凡的訃聞最初是感到驚訝，但隨即便開始各自盤算伊凡在法院的職位空出來之後，自己和其他人的職位調動與晉升機會。儘管小說告訴我們伊凡「十分受到歡迎」，但同事在討論他的死因時，想的卻是「幸好死的是他，不是我」。後來，同事們到伊凡家弔唁時，有人發現伊凡出身貴族世家的遺孀，早就把可以領到多少撫恤金查得一清二楚，還試圖探聽如何可以拿到更多錢。楊恩在腳注中評論道：「就某種程度而言，讀者必須判斷的核心問題是：『伊凡怎麼會被封閉在如此狹小的框框裡？』」乍看之下，這是一個只有學者才會在意的狹隘問題，但當我們開始思考「我們所經歷的人生與工作，是否同樣終將被限縮成報紙上一則小小的訃聞？」、「我們的死亡在同事或配偶眼中，是否同樣只是一次晉升或致富的機會？」，就會發現這個問題對每個人都非常重要。

訃聞上的黑色邊框，不過是對人生和工作的最後一次限縮。托爾斯泰採取倒敘法，在描述伊凡死後情況後，就跳回他生前的經歷。在楊恩撰寫的導讀中，有一個名為「文本比例」的主題，他仔細計算每一章的文本行數（只有學者才會做這種事），發現各章篇幅逐漸遞減，呼應伊凡的人生在「時間維度」與「空間維度」上的逐漸限縮。托爾斯泰之所以將伊凡的一生描述為「最簡單、最普通，卻也因此最為可怕」，是因為他在工作中做了所有正確的事（進入正確的行業、結交合適的人脈、追求理想的職位、成功晉升高位），但卻是基於完全錯誤的原因（財富、虛榮、認可，以及遠離讓他深感厭惡的家庭）。當麥慶誼和企管碩士班學生一同回顧伊凡最簡單、最普通的生活細節時，無論是「還少五百盧布」的薪水、「還差一間房間」的屋子、「裝修得像有錢人家」的裝潢，面對這些似曾相識的想法，學生們總會露出會心的苦笑。這讓他們無可避免的想起在職場或生活中認識的某個人，甚至難堪的承認，那個人其實就是自己。

正如楊恩所觀察到的，在描述伊凡職涯發展的章節中，隨著他因升遷輾轉於各個城市，有著非常開闊的空間維度。然而，在兼具象徵與現實意義的「墜落」事件發生後（他在家裡掛窗簾時，意外從梯子上摔下，最終導致他的死亡），他的世界開始迅速縮小：起初活動範圍僅限於往返住家與辦公室之間；後來進一步限縮到家中的幾個房間；最終只能被禁錮在病榻上，唯一能看見的，只有眼前那堵牆。麥慶誼還清楚記得，楊恩在課堂上提及這些細節時的陰森笑容。當伊凡意識到自己病入膏肓時，他開始思索這一切是如此荒謬，自己的死亡竟是出於這樣微不足道的小事，而不是為重要戰役壯烈犧牲。當他還是高高在上的法官時，伊凡總覺得值得為工作而活，甚至值得犧牲家庭生活，來換取更高的社會地位和名聲，所以很難接受自己竟然為「家居裝潢意外」賠上生命。

這部小說或許還隱藏著一個更為樂觀的寓意，也就是人依然擁有獲得救贖的可能性。緩慢邁向死亡的過程，讓伊凡能夠選擇如何將最後這段時光活得更好，從而在某種程度上，決定自己能為世界留下些什麼。故事並未直接回答伊凡是否應該花更多或更少的時間工作，但可以引導我們思考一些重要問題，例如：我們應該如何生活和工作？我們能夠掌握哪些選擇，而這些選擇又將如何影響後人對我們的記憶與評價？

誰在講述你的故事？

漢密爾頓雖是美國開國元勳，長期以來卻並未獲得應有重視。米蘭達創作的《漢密爾頓》在講述漢密爾頓的傳奇人生，但在這部音樂劇的尾聲，漢密爾頓有名的妻子伊麗莎才是舞台上真正的主角。

在丈夫死於不名譽的決鬥後，伊麗莎又活了五十年，一直為維護丈夫留下的傳承而努力。身為一個孤兒的遺孀，她最自豪的就是創立一家私人孤兒院，讓她可以從院內的孩子眼中，看到漢密爾頓的影子。伊麗莎在〈誰活著，誰死了，誰在講述你的故事〉（Who Lives, Who Dies, Who Tells Your Story）歌曲中，體現出敘事及敘事者如何塑造和重塑歷史：這齣音樂劇將如何讓全美國重新認識漢密爾頓；美國第三任副總統亞倫・伯爾（Aaron Burr）將如何因為殺死漢密爾頓而被人們記得；以及《漢密爾頓》如何從原本已被世人遺忘的故事，成為從伊麗莎口中所講述的動人故事。儘管這部劇中充斥著人性陰暗面，以及對名聲與財富的追求，但它要傳達的訊息十分清晰：一個人留給世界的傳承，並不取決於在世時擁有多少名聲與財富，而是離世後「誰在講述你的故事」。

正如文學教授喬納森・哥德夏（Jonathan Gottschall）在《大腦會說故事》（*The Storytelling Animal*）中所指出，人類是「會說故事的動物」。我們透過將資訊整理成故事來理解人生經驗，這些故事不僅建構出我們對世界如何運作的認識，也影響我們對世界應該如何運作的理解。我們從故事的寓意中形成對理想行為的共識，並透過講述人生故事來勾勒心目中的美好人生。這種將人生故事化的傾向，有助於說明為什麼克里斯汀生選擇以個人經歷（而非統計數據）衡量美好生活；為什麼布魯克斯認為我們的追悼文美德比履歷表成就和技能更重要；以及為什麼安德森會成為一位價值多元論者，主張人的價值無法用單一標準來衡量。

故事是傳達人生價值的最好形式，這個觀點至少可以追溯至亞里斯多德的倫理學。亞里斯多德主張，品格並非取決於單一行為的善惡或功過，而是整體人生中無數行為的總和，所以，在人生故事尚未畫下句點前，我們無法充分評斷一個人的品格。這個觀點與他對詩歌的讚揚相互呼應，他認為這類具有明確開端、發展和結局的敘事形式，比單純歷史事實更能啟發人的道德想像力。當代實證研究則進一步證實，故事確實具有培養品格的潛力，研究人員發現，故事有助於培養同理心及情緒穩定度，還能提升人際互動與合作能力，甚至還可能延長壽命。雖然故事不必然能使人變得更好，錯誤的故事講述者甚至可能扭曲事實真相，但故事承載著我們的價值觀與傳承，正如歷史終將趨向正義，故事也終將趨向真理。

沒有為什麼

世貿中心襲擊事件的災後故事，展現出令人難以想像的戲劇性發展。強大的視覺震撼始於雙塔的倒塌，接著是從緊急救援到復原工程的英勇行動，參與救援行動的不僅是倖存者和當地人，還有來自全國各地的志願者們，在煙霧瀰漫的瓦礫堆之間忙碌工作。紐約市警察局和紐約市消防局不時為誰擁有管轄權而產生衝突，尤其是發現自己單位的員工遺骸時。悲悽的家屬主張雙塔遺址為神聖之地，主張永遠不應該進行重建。世貿中心承租人賴瑞．西維斯坦（Larry Silverstein）則萌生貪婪想法，為保險理賠事宜向法院提起訴訟。政府為徵求世貿遺址重建方案而舉辦建築設計競賽，丹尼爾．里伯斯金（Daniel Libeskind）的計畫在紐約人殷切關注下獲選，隨即引爆西維斯坦（Silverstein）的建築師大衛．柴爾斯（David Childs）和里伯斯金之間的爭論，雙方都主張自己才有權設計計畫中的一號摩天大樓，最終只好折衷妥協，蓋出一棟任誰都不滿意的建築。而在遺址附近興建伊斯蘭社區的提案，則因為引發抗議而作罷。建築師麥可．艾拉德（Michael Arad）設計的「映現傷逝」（Reflecting Absence）紀念碑，展現工程和設計上的奇蹟，讓這個建築不僅是在悼念亡者，又能與城市生活緊密融合。而紀念碑上的罹難者姓名排列則需要多方考量，才能展現「有意義的相鄰」，呈現罹難者所處位置及彼此之間的關係。然而隨著歲月的流逝，悲劇卻再度上演，事件爆發時的有毒氣體對在場者的健康造成傷害，日後又陸續奪走許多生命。

為了幫世貿中心畫下一個完美的句點，或許我們需要回到最初，甚至是它尚未完全建成之前。一九七四年的夏日清晨，高空走鋼索藝術家菲利普・佩蒂特（Philippe Petit）冒著生命危險，在雙塔之間的鋼索上行走。他回憶道：「我必須做出決定，將重心從在建築物上的那隻腳，轉移到踩在鋼索上的另一隻腳。這或許會終結我的生命，但另一方面，有種力量在呼喚我踏上那條鋼索，我無法抗拒，也沒有試圖抗拒。」這次壯舉只留下少數幾張照片，從四百多公尺的下方往上看，佩蒂特渺小得有如一粒塵埃。街上正準備去上班的人們，紛紛停下腳步，仰望讚嘆頭頂上正在發生的奇蹟。

佩蒂特的朋友在現場成為最佳見證者，他們在紀錄片《偷天鋼索人》（*Man on Wire*）中回憶當天情景。尚－路易斯（Jean-Louis）說：「我當時真的很害怕。直到佩蒂特雙腳都踩上鋼索的那一刻，才終於放下心中的大石頭。」另一位合作夥伴則表示：這場壯舉「超乎想像，令人難以置信！當時的我陷入一種極度震撼的狀態，甚至沒時間去設想他的安全問題。實在是太神奇了。」即使當時的女友安妮・艾利克斯（Annie Allix）知道他在表演後的亢奮狀態下與一名女粉絲共度春宵，她在受訪時眼中依舊泛著激動的淚水，帶著某種近乎宗教般的崇拜：「我看到佩蒂特在那上面，太不可思議了。那景象是如此美麗，就像是在雲端行走……我們都被他站在高空中的那一幕深深震撼。」

當佩蒂特事後被問到為何要這麼做時依舊閃爍其詞，就像他當年試圖躲避等在鋼索終點的警察那樣。他說：「沒有為什麼。」卻又有意或無意的引用哲學家尼采（Friedrich Nietzsche）對虛無主義的定義：「當『為什麼』找不到答案時，就沒有為什麼了。」

虛無主義者認為生命毫無意義，因此關心自己能為世界留下什麼也毫無意義。由於尼采所說的「上帝已死」太過出名，有許多人誤以為他是個虛無主義者。對於這句話的錯誤詮釋，更使一些瘋狂追隨者為了證明自己超越社會規範，因而犯下謀殺罪行、抱持極端利己主義，甚至為法西斯主義辯護。然而，研究尼采的學者告訴我們，他並不是要否定上帝、社會規則和生命意義；他真正的意思是：只要我們還有選擇空間，就不該依賴超自然力量來賦予生活目的和意義，無論是否存在更高的權威，我們都應該創造有意義的生活。雖然尼采在生命最後十年處於精神錯亂狀態，但他所留下的思想遺產，幾乎都在他四十四歲精神崩潰前就已完成。對尼采哲學的理性解讀或許應該是：利己主義者過度關心自己對世界的貢獻，虛無主義者對什麼都不關心，享樂主義者則只在乎此時此刻的歡愉。因此，我們在生活中應該對自己能為世界留下什麼，抱持適度的關心，因為這是向他人發出訊息的良機：我的生命是有意義的，而且當我離世後，仍然會繼續發揮作用。

傳承，永續和失落

秉持著這種精神，我們選擇在本書前幾章分享的故事都以積極向上為主，希望能讓「做有價值的工作可以是永續傳承的一部分」的概念繼續流傳。

舉個例子，當大衛．鮑伊被問到「你希望留下什麼傳承？」時，他的回答是：「我希望人們記得我有幾個很棒的髮型。」他當然是在開玩笑。咦，還是他是認真的？他確實有幾個很棒的髮型，雖然也有一些髮型不太好看，然而這些全是這位不甘於「一生只做搖滾巨星」的時尚偶像不朽傳承的一部分。

王氏家族最盛大的一次（也是最後一次）聚會在里約熱內盧舉行，祖孫三代一起為王枕洲慶祝九十大壽。T 恤的正面印有生日派對的訊息，背面則印上家族樹，清楚列出從王枕洲之後每一代子孫的名字。在家族合照中，這位族長將 T 恤反穿，把家族樹置於胸前，他堅信這件 T 恤的正確穿法就應該是這樣。

紐約法醫公布的九一一事件傷亡名單上，第一個名字是麥可．賈吉神父（Mychal Judge），儘管他並非恐怖攻擊中第一位罹難者。當南塔倒塌時，他在北塔大廳為罹難者舉行最後儀式，並為第一批救難人員祈禱。他不是被墜落的瓦礫殺死的，而是死於心臟病發作。他過世之後，人們才知道他是同性戀者，而且正在戒酒。在他離世二十年後，羅馬天主教會內外的崇拜者仍在為他的傳承奔走，包括爭取教會封他為聖徒。

蜜雪兒・歐巴馬的傳承一定有一部分是首位非裔美國總統夫人。但請記得，除了她的種族和婚姻，她還有許多值得傳承的面向，包括她是普林斯頓大學和哈佛法學院的高材生、一名職業律師和非營利組織主管、兩個女孩的母親，還是不文明時代的文明倡導者、多本書籍的作者、時尚模特兒、民眾殷切盼望尋求總統提名的政治人物，而且很可能以後還會有更多更偉大的成就。蜜雪兒搬入白宮時只有四十五歲，離開白宮時只有五十三歲，這意味著她仍有很多事情尚未完成。

當重度憂鬱症找上位高權重的四大會計師事務所合夥人格魯克時，她有信心自己能夠像解決事業危機一般，順利解決自己的心理問題。然而，即使增加憂鬱症處方的劑量或服用其他藥物，都無法帶來持久的療效。身心的巨大痛苦，讓她在下一個感恩節來臨前，決定寫下自己的訃聞。她並沒有結束自己的生命，試圖為自己的故事畫下句點，而是善用休假期間，建立屬於自己的傳承，公開分享自身經歷，「希望有人會讀到這些故事，並覺得他們可以向外尋求更多幫助」。

在小說《月亮與六便士》的結尾（後有劇透，還請注意），畫家最終死於痲瘋病；眾所皆知，毛姆在創作這部小說時，主要是取材自高更的生平及相關傳聞，只是主角名字為查爾斯．斯特里克蘭（Charles Strickland）。在逐漸失去視力的過程中，畫家在小屋牆上畫下他畢生的傑作，並懇求和他同居的阿塔（Ata），在他死後將小屋燒毀；至於他在倫敦的妻子則終於能受益於他的名聲，過上舒適的物質生活。她的周圍掛著許多丈夫畫作的複製品（小說以此暗示，她不過是把這些畫當裝飾），卻不知道丈夫最寶貴的遺產已經付之一炬。

這個故事提出一些讓當代哲學家非常感興趣的問題，像是「誰有資格決定一幅畫的價值」、「市場價值與藝術價值的關係為何」，或是讓我們不禁開始懷疑「如果無人知曉小屋牆上的傑作，那麼它們是否依然重要」。我們也許可以將「樹倒在森林裡會不會發出聲音」這樣的古老哲學問題，改成「在熱帶森林裡燃燒的一幅畫會不會留下痕跡」，也許這就是人們對於傳承的擔憂：如果有一天，完全沒有人記得我們，那麼我們的生命還有意義嗎？

喬治．佛洛伊德告訴住家附近的青年：「我有我的缺點和短處，我不比別人好到哪兒去。」懇求他們放下槍，改邪歸正。他的家人和朋友都很欽佩他，因為在經歷自己與法律和藥物濫用搏鬥後，他依舊能認同各個階層的人。他在被警察壓制的過程中曾說了二十多次「我無法呼吸」，他的黑人身分以及他所說的這句話，成為他留給世界的傳承，促使世界各地的人們從疫情封鎖中走出來，為遭受種族歧視或警方不當對待的受害人發聲，呼籲推動種族正義與執法改革。

百事公司的「目標明確的績效創造」（Performance with Purposs）是本世紀最被廣泛模仿的企業宗旨聲明，但它或許根本不是企業宗旨，而是營運策略。盧英德曾經擔任百事公司董事長兼執行長，當年她在成為首位領導《財星》雜誌（*Fortune*）全球五十強企業的南亞女性後，制定一項既能回應華爾街期望，又能對消費者負責的戰略計畫。她意識到公司大部分的潛在成長皆來自新興市場（包括她的祖國印度），因此努力尋求能夠擴大和發展公司的產品組合，擺脫「垃圾食品」及「廢棄塑膠和包裝紙」，並進一步「將對我們業務有利的東西，與對世界有利的東西連結起來」。她在給員工的退休信中表達對公司成功實施這項策略的自豪，但她也敦促他們「認真考慮時間成本」，並感嘆自己在繁忙工作中錯失女兒們的童年。在她的回憶錄《完整的力量》（*My Life in Full*）中，她預期自己的未來將包括照顧年邁的母親和未來的外孫們。

華德・迪士尼一開始時，是希望他設立的新世紀樂園能成為未來社會的實驗原型，一個解決他眼中城市生活問題的烏托邦城市。他認為偉大的美國科技創新將一如既往的拯救我們。人們不需要再駕駛汽車，而是乘坐單軌鐵路出行。家庭將擁有可以輕鬆升級到最先進技術的智慧型電器。在他眼中，這個社區將「永遠是未來的藍圖」。然而，他在這個理想實現之前就已經去世。今天的新世紀樂園向遊客展示關於全球和諧、進步和利用想像應對生活巨大挑戰的力量等各種概念，是對他願景的致敬，但顯然和他預期的完全實現宜居社區的願景相去甚遠。然而，迪士尼公司在其他方面的發展，像是對過去種族歧視負責、對抗佛羅里達州州長不當的反非異性戀者（LGBTQ+）措施，當然，還有它不斷提高其動畫和主題公園營運的能力，也全是迪士尼留給世界的傳承。

在音樂劇《漢密爾頓》落幕前的最後一刻，伊麗莎的最後一個動作是倒吸一大口氣，引發觀眾對其含義的無盡爭論：有人覺得她是升天見到上帝，有人認為她是在死後與漢密爾頓重逢，此外還有一種說法是她發現自己仍然活著，套用米蘭達的說法就是「講述當時美國故事」的敘事者。根據在百老匯演出伊麗莎角色的菲利帕．蘇（Philippa Soo）的說法，那聲喘息意味著上述所有猜測，甚至還有其他的可能性。她在表演時，每一晚的想像都不一樣，所以每一晚的喘息也意味著不同事情。這也許意味著伊麗莎的傳承仍在繼續書寫，尚未停筆。

你會為世界留下些什麼？雖然你可能要等到未來才能回答這個問題，但我們希望這本書能幫助你思考你想要如何生活，以及工作在傳承意義上所扮演的角色；讓你廣泛思考什麼是工作、為何而工作，以及何時工作、做多少工作才算足夠；引導你思考自己想做的工作，以及對社會而言至關重要的工作，思考它們是否是同一件事，以及它們在市場上的價格是否合理；激勵你思考更崇高的目標、更美好的未來，以及你將留下的永續傳承。

去做值得做的工作吧！無論是對自己或是對社會，無論是有償或無償，無論是為了生存或娛樂，這可能是我們生命中最重要的機會之一，為這個事情怎麼做都做不完的工作世界，留下一些有價值的貢獻。

致謝

在九一一事件和新冠疫情之後，整個社會更深刻的意識到工作對生活的影響；工作可能為生活帶來價值，也可以讓人失去生活的意義與價值。我們由衷緬懷在這些悲劇中喪生的家人、朋友、同事和陌生人，更要特別向所有第一線救難人員和必要服務工作者至上敬意，他們奮不顧身迎向危險，只為挽救每一條生命，讓社會得以運作。

這些事件和事件中的典範，激發我們對於研究「工作」這個議題的靈感。同時，我們也受益於各方學者的見解和專業知識，他們的研究對我們產生深遠的影響，其中，也包括我們所在的學術機構同事們。首先要感謝聖湯瑪斯大學和巴布森學院提供我們學術休假，大力促成我們完成這本書的書寫工作；也感謝紐約大學。我們也要感謝幾個我們平時就有在參與的學術社群，它們提供我們許多啟發及幫助。這些社群是：「五月意義研討會」（May Meaning Meeting），尤其感謝艾美．瑞斯尼斯基；梅爾羅斯和托羅公司原則領導中心（Melrose and the Toro Company Center for Principled Leadership）、美國管理學會（the Academy of Management）的職業和社會問題管理分會（Careers and Social Issues in Management Divisions）、歐洲組織研究小組（European Group for Organization Studies）、國際意義工作研討會（International Meaningful Work Symposium），以及商業倫理學會（Society for Business Ethics）。

對我們的研究有所貢獻與影響的同事和朋友實在太多，我們無法在此一一列舉，但以下人士審閱書稿內容、提供研究建議，以及提供智識與實務資源，對本書做出極大的貢獻，我們在此向他們表達衷心的感謝：Katie Bailey、Lakshmi Balachandra、Bruce Buchanan、Shasa Dobrow、Kristine Enea、Danna Greenberg、Jon Haidt、Gary Jahn、Tae Wan Kim、Bobby Kipp、Adam Kolber、Melissa Manwaring、Fred Price、Laura Sonday、Hannah Weisman 和 Nicole Zwieg Daly。

此外，我們也感謝與以下人士的對話，無論他們是否意識到，他們的見解都為本書帶來很大的幫助：Michel Anteby、Dolly Chugh、Joanne Ciulla、Patty Dahm、Amy Finnegan、Rob Foehl、Tom Forliti、Ed Freeman、Kerry Gibson、Ani Ross Grubb、Luke Hedden、Manuela Hill-Muñoz、Lee Howell、Laura Huang、Jon Jachimowicz、Michele Kerrigan、Marina Kim、N.R. “Sonny” Kleinfield、Sophie Lambin、Eric Lamm、Louise Lawson、Doug Lepisto、Julie Levinson、Evgenia Lysova、Sally Maitlis、Santiago Mejia、Andy Molinsky、Wendy Murphy、Stacy Pervall、Mike Pratt、Pati Provinske、Juan Pujadas、Theresa Ricke-Kiely、Teresa Rothausen、

Naomi Rothman、Kira Schabram、Father Martin Schlag、Janny Scott、Harry Van Buren、Molly Weinstein、Yohuru Williams、Brian Wycliff、Larry Yu 和 Jackie Zins。

我們的學生不僅給予我們工作的靈感，也激勵我們為了幫助他們在值得過的人生中尋找值得做的工作而努力寫作。其中，Lavanya Ashok、Joel Gardner、Kody Harris 和 Chenkay Li 等人，在協助本書出版或書中提及的研究發展上貢獻良多，特此致謝。

寫這本書最大的意外收穫，就是聆聽數十位受訪者的成功、失敗和走出困境的工作經歷，他們的故事全都收錄在書中。感謝這些受訪者慷慨允諾，願意在汽車、辦公室和家裡向我們分享自己的工作故事和智慧。其中有些受訪者和我們面對面進行訪談，有些則是運用網路會議室在線上對話。這些受訪者分別是：Dennis Curley、Linnea Komba（化名）、Kristine Enea（再次感謝）、Kathleen Gluck（化名）、Robert Guest（化名）、Bess Hargreaves（化名）、Neil Hill、Justin Jones、Lauren Majors、Sawyer Michaelson、Murisiku Raifu、Chad Sokol、Shawn Wong（徐忠雄）和猶太教拉比 Rabbi Marcia Zimmerman。

我們還要感謝 Jon Haidt。如果麥慶誼沒有在紐約大學樓梯間偶遇海特，我們這輩子可能永遠沒機會認識我們的經紀人 Esmond Harmsworth。他耐心的與我們一起完成本書的四個概念、三個標題，並在將近兩年最艱難的疫情期間，將這本書的出版提案做得盡善盡美。此外，如果沒有經紀人的引介，我們可能永遠不會認識我們的編輯 Colleen Lawrie。她第一次與我們討論這本書時，就提出很多深刻的問題，讓我們兩人當場陷入沉思。後來在每次的討論與交流中，Lawrie 都支持我們的想法，並將這些模糊的想法打磨得愈來愈清晰。我們非常感謝 Harmsworth 和他在艾微塔斯創意公司（Aevitas Creative）的團隊，以及 Lawrie 和她在阿歇特／公共事務出版社（Hachette/PublicAffairs）的團隊，以及 Lindsay Fradkoff、Pete Garceau、Kelly Lenkevich、Olivia Loperfido、Kate Mueller 和 Jocelynn Pedro，因為有這些團隊及專業人士的共同合作，才得以催生出這本著作。

麥慶誼很幸運能擁有一個龐大的家族，得以從中學習「工作」的意義與價值。其中包括舅舅和阿姨，他們始終鼓勵他，讓他知道，在王姓家族的歷史被書寫出來之前，任何書籍對他們來說都不夠重要。Michele Michaelson 是證明人們能夠在第二個職業生涯中找到成就感的最佳例子；而 Ron 和 Ron and Dorcas Michaelson 則在退休後找到工作與生活的平衡。Arlene Winnick 全力支持這個寫作計畫，Steve Winnick 則對書中想法提出挑戰與建議。Matt Goldman 和我們分享出版的種種細節，Josh Kaplan 提供合約方面的建議。Margaret Wong 將她父親看待工作的價值觀，以及她個人看待有意義的工作的觀點傳承給麥慶誼。還有 Walter Graff 在這本書問世前就不幸離世，但他的個人筆記和睿智思想將永遠影響我們。

對麥慶誼來說，Beth Winnick 比任何人都更重要，她是這位心事重重的哲學家找到一份職業的主要原因。她在當麥慶誼女朋友時，為他找到第一個實習機會，在兩人結婚後，又幫助他建立職業生涯。溫尼克是麥慶誼拿到這本新書時第一個想分享的人，在未來的人生中不管遇到好事壞事，也都會如此。麥慶誼的兒子索耶不僅同意接受採訪，還提供屬於他這一代年輕人的觀點。Reese 則提出許多行銷和設計概念，同時引導麥慶誼重新思考文字風格和內容的重要性。Esme 是麥慶誼家裡第一個知道這個寫作計畫的人，也是每天早上開始工作前最後一個和他對話的人。家人一直是麥慶誼努力工作的理由，他們對麥慶誼的工作以及所有做的事情的影響力，遠超過他們的理解。

珍妮佛感覺自己很幸運，因為周圍的人不僅能夠容忍她不停談論這本書的近況，還以無比真誠的熱情和想法來回應這個話題。以下極有可能是一份不完整的感謝清單，珍妮佛想要感謝這些人的重大貢獻：Sean 和 Kristie Barry、Brooke Cader、Imogen 和 Paul Dransfield、Erica Galioto、Hannah Gilbert、Jill Goldenziel、Craig 和 Heather Hovey、Eric 和 Andrea（Vaughn）Johnson、Andrea “AJ” Johnson、Anaita

Kasad、Deborah Kronenberg、Andi Lipman、Tracy Mahoney、Pete and Andrea Morgan、Hess and Max Norman、Jamie Pina、Roy Roberts、Jessie Souder、Patrick Stern 和 Abby Whitbeck。

Greg Kharas 和 Cecilya Kharas 在各方面都是美好生活的最佳榜樣。Michael Kharas 和 Tingting Chang-Kharas 雖然忙碌於尋找治療的方法，同時要肩負撫養 Kelly 和 Kevin 的責任，卻仍願意抽出時間與珍妮佛討論各種想法。Bob 和 Sally Tosti 總是分享他們在工作中的各種樂趣和挑戰，同時強調一個人擁有精神生活的重要性，沒有他們，這一切都不會發生。

最後也是最重要的是 Lucy 和 Theo，你們對這本書的貢獻，比任何一個十一歲和九歲的孩子所能做出的更多；還有，我知道你們依然堅持自己所選的書名《你值得為這份工作努力嗎？》（*Is Work Worth the Work?*）比較好。希望未來有一天，你們會覺得自己的工作是值得的。我無法想像有任何伴侶可以比 Dave Kharas 這樣支持我，雖然我知道他希望這本書和世界上的每一本書，都能加入更多的專案管理和半導體相關內容。感謝這些家人，每一天都提醒著珍妮佛，這一生究竟是為了什麼而努力。

麥慶誼和珍妮佛知道，我們自認為是為了家庭而工作；實際上，我們的工作可能建立在家人們的支持和某種形式的犧牲之上。這是個何等諷刺的事實，儘管如此，我們希望這一切對他們來說是值得的。

參考書目

下方連結為本書參考書目電子檔，惠請讀者下載參考，做進一步延伸閱讀。

https://bookevent.cwgv.com.tw/topic/pdf/BWL103.pdf

工作生活 BWL103

你的工作值得嗎？
AI 時代重新思考工作與生活的意義
Is Your Work Worth It?
How to Think About Meaningful Work

作者 — 麥慶誼 Christopher Wong Michaelson
珍妮佛・托斯蒂－卡拉斯 Jennifer Tosti-Kharas
譯者 — 卓妙容

副社長兼總編輯 — 吳佩穎
財經館總監 — 蘇鵬元
責任編輯 — 黃麗瑾（特約）
封面設計 — FE 設計 葉馥儀

出版者 — 遠見天下文化出版股份有限公司
創辦人 — 高希均、王力行
遠見・天下文化 事業群榮譽董事長 — 高希均
遠見・天下文化 事業群董事長 — 王力行
天下文化社長 — 王力行
天下文化總經理 — 鄧瑋羚
國際事務開發部兼版權中心總監 — 潘欣
法律顧問 — 理律法律事務所陳長文律師
著作權顧問 — 魏啟翔律師
地址 — 台北市 104 松江路 93 巷 1 號

國家圖書館出版品預行編目（CIP）資料

你的工作值得嗎？：AI 時代重新思考工作與生活的意義／麥慶誼（Christopher Wong Michaelson）、珍妮佛・托斯蒂－卡拉斯（Jennifer Tosti-Kharas）著；卓妙容譯. -- 第一版. -- 臺北市：遠見天下文化出版股份有限公司, 2025.03
336 面；14.8×21 公分. --（工作生活；BWL103）
譯自：Is your work worth it?: how to think about meaningful work
ISBN 978-626-417-279-0（平裝）

1. CST：工作心理學 2. CST：工作滿意度

176.76 114002420

讀者服務專線 — (02) 2662-0012 ｜傳真 — (02) 2662-0007；(02) 2662-0009
電子郵件信箱 — cwpc@cwgv.com.tw
直接郵撥帳號 — 1326703-6 號 遠見天下文化出版股份有限公司

電腦排版 — 張靜怡、楊仕堯
製版廠 — 東豪印刷事業有限公司
印刷廠 — 祥峰印刷事業有限公司
裝訂廠 — 台興印刷裝訂股份有限公司
登記證 — 局版台業字第 2517 號
總經銷 — 大和書報圖書股份有限公司｜電話 — (02) 8990-2588
出版日期 — 2025 年 3 月 31 日第一版第一次印行

定價 — NT 450 元
ISBN — 978-626-417-279-0（平裝）
EISBN — 9786264172776（PDF）；9786264172769（EPUB）
書號 — BWL103
天下文化官網 — bookzone.cwgv.com.tw

天下文化
BELIEVE IN READING